Kohlhammer

Günther Schöffner

Ein Arbeitsplatz ist keine Einbahnstraße

Für ein faires Geben und Nehmen zwischen Unternehmern und Mitarbeitern

Verlag W. Kohlhammer

1. Auflage 2026

Gesamtherstellung: W. Kohlhammer GmbH, Heßbrühlstr. 69, 70565 Stuttgart
produktischerheit@kohlhammer.de

Print:
ISBN 978-3-17-045703-4

E-Book-Formate:
pdf: ISBN 978-3-17-045704-1
epub: ISBN 978-3-17-045705-8

Inhalt

Vorwort

Vor knapp drei Jahren hat sich in Deutschland eine seit dem Zweiten Weltkrieg noch nie dagewesene Wirtschaftskrise breitgemacht. Drei Rezessionsjahre in Folge. Schon allein das weist darauf hin, dass es sich diesmal um eine andere Qualität handelt als bisher. Und das Ende ist noch nicht abzusehen. Obwohl sich die Problematik erst im Jahr 2023 so richtig bemerkbar gemacht hatte, waren im Jahr 2019, im Zenit der Boomjahre, schon ihre ersten Anzeichen erkennbar. Die darauffolgenden Corona-Jahre haben deren Weiterentwicklung etwas gebremst und die Symptome zugedeckt. Doch danach merkten viele schnell, dass die deutsche Wirtschaft diesmal nicht nur konjunkturelle, sondern auch strukturelle und gesellschaftliche Probleme hat. Gerade sie machen die Krise so besonders, weshalb sie allein mit den bislang üblichen Maßnahmen nicht überwunden werden kann. Darum dauert die Rezession auch schon so lange. Die gesellschaftlichen Probleme, die auch zu einer spürbaren Veränderung der politischen Landschaft geführt haben und dadurch die Überwindung abermals erschweren, haben sich in den letzten 10 bis 15 Jahren schleichend eingestellt. Ein deutliches Zeichen hierfür ist der drastische Wertewandel, der in diesem Zeitraum stattgefunden hat. Er hat bei den Menschen und speziell bei den Beschäftigten ein Anspruchsdenken erzeugt, das zu einem erheblichen Teil für die derzeitigen Schwierigkeiten mitverantwortlich ist. Dies ist bislang aber kaum zu hören, weder in der Öffentlichkeit noch im Privaten. Wie in den vielen Krisen und Jahren zuvor werden in den Köpfen vieler Menschen auch jetzt wieder überwiegend dieselben Gruppen für die Malaise verantwortlich gemacht: Die Manager und ihre sprichwörtlichen Fehler, die Politiker, die nicht die richtigen Weichen stellen und die Wohlhabenden, die sich nur am »kleinen Mann« bereichern. Aussagen dieser

Art konnte man schon in den Achtzigern hören. Doch Schuldzuweisungen dieser schnellen Art reichen in der derzeitigen Lage nicht mehr zur Problemlösung. Dieses Buch will aufzeigen, wie und warum auch viele Beschäftigte mitverantwortlich an der momentanen Situation sind und wie sie durch die Veränderung von Verhalten und Ansprüchen zur Verbesserung beitragen können. Dieser Ansatz ist unbequem und zieht schnell Kritik nach sich, wenn man ihn anspricht. Man hört dann auch meist sofort Ratschläge und Patentrezepte, wer stattdessen kurzfristig was tun müsste, damit das Problem schnell gelöst würde. Doch erstens haben Patentrezepte noch nie gewirkt und zweitens gibt es bei systemischen Problemen wie den derzeitigen fast nie nur einige wenige Ursachen und damit auch fast nie einen oder zwei einfache Lösungsansätze, die schnell zum Erfolg führen würden. Dementsprechend sollten sich jetzt auch die Arbeitnehmer an die eigene Nase fassen und fragen, welchen Anteil sie selbst an der Krise haben und was sie zu deren Lösung tun können und müssen. Natürlich haben Unternehmen, Staat und Führungskräfte wie so oft auch ihren Anteil daran, dass Deutschland in der Zwickmühle steckt. Die Beschäftigten aber eben auch. Wie erwähnt: Auch wenn das vielleicht unangenehm sein mag, so muss es trotzdem ausgesprochen und diskutiert werden. Denn in schweren, existenziellen Krisen darf es keine Tabus geben. Die Mitverantwortung der Arbeitnehmerseite muss also thematisiert werden. Denn die Schieflage muss überwunden werden, wenn Deutschland in den nächsten Jahrzehnten auch nur halbwegs das gleiche Maß an Wohlstand und sozialer Sicherung finanzieren möchte wie in der Vergangenheit. Und dazu müssen wegen ihrer Schwere diesmal auch alle zur Verbesserung beitragen, auch wenn sie das vielleicht nicht gewohnt sind oder es entsprechende Ansätze bislang nicht oder kaum gab.

Dieses Buch ist zum Beginn meines vierzigsten Berufsjahrs fertig geworden. All die verschiedenen Perspektiven meiner Berufserfahrung sind darin eingeflossen. Die des Azubis, des Facharbeiters, des Ingenieurs, des Managers, des CEOs, des Geschäftsführers, des Aufsichtsrats, des Beraters oder des Trainers. Es sind auch die Erkenntnisse aus unzähligen Gesprächen und Diskussionen eingeflossen. Erst durch diese Vielzahl an persönlichen Begegnungen, Erfahrungen, Erfolgen und Misserfolgen, Fehlern und richtigen Entscheidungen ist es mir möglich geworden, in einem Buch meine Sichtweise des beschriebenen Themas sowie meiner Meinung nach geeignete Maßnahmen zur Krisenüberwindung niederzuschreiben. Denn es handelt sich hier nicht wie bei meinen bisherigen Büchern um ein Fachbuch, das sich an Fachleute wendet, sondern um ein Sachbuch, das für die »breite Masse« gedacht ist. Dementsprechend gebührt unzählig vielen Personen mein Dank für ihre Inputs, ihre Meinungen und ihre Unterstützung, ohne die dieses Buch wahrscheinlich so nicht entstanden wäre. Auch wenn ich möchte, kann ich sie alle hier gar nicht aufzählen. Weil ich aber weiß, wie wichtig es ist, sich bei anderen für ihre Mühe zu bedanken, möchte ich dies hier kurz in einer eher allgemeinen Form tun. So geht mein Dank an alle meine Kollegen und früheren Chefs, die mich in meinen Lehr-, Lern- und Erfahrungsjahren auf die aus heutiger Sicht richtigen Pfade lenkten. An alle Menschen, mit denen ich mich über Berufliches austauschen durfte, denn sie haben zur Bildung meiner Meinung beigetragen. An die vielen Menschen, die mir so viel beigebracht haben, denn durch sie hat sich mir erst so vieles erschlossen. Des Weiteren danke ich den vielen Zeitzeugen, die ihre Erlebnisse der Zeit von 1949 bis in die 1990er-Jahre mit mir geteilt haben. Diese sind für dieses Buch besonders wichtig gewesen. Ein expliziter und ganz besonderer Dank geht, und deswegen möchte ich ihn auch namentlich erwähnen, an Dr. Uwe Fliegauf vom Kohlhammer Verlag in Stuttgart. Nur durch seine großartige Unterstützung konnte dieses Buch erst zustande kommen.

Für den Leser erschließt sich das Buch mit seinem Anliegen am besten, wenn er es von vorne bis hinten durchliest. Wie alle meine Bücher ist auch dieses im generischen Maskulinum verfasst, weil dies die Lesbarkeit vereinfacht. Gleichberechtigung und Gleichwertigkeit sind für mich nie Dinge gewesen, die es zu diskutieren gibt. Weil sie für mich seit jeher Selbstverständlichkeiten sind, die nicht infrage zu stellen sind und daher auch sprachlich nicht explizit berücksichtigt werden müssen. Ich bitte die Vertreterinnen und Verfechter der geschlechtergerechten Sprache hierfür um Verständnis und Rücksichtnahme auf andere Meinungen. Dies gehört auch zur Vielfalt dazu.

Ich wünsche den Lesern neben dem Lesevergnügen, das sich hoffentlich auch einstellt und auch ein wenig dazugehört, gute Erkenntnisse aus den Fakten und Argumentationen. Jene, die meine Meinung nicht teilen können, bitte ich um Toleranz bezüglich meiner Ansichten und um angemessenen Respekt vor Menschen, die eventuell ganz andere Vorstellungen vom Zusammenwirken von Arbeitnehmern und Arbeitgebern in den Betrieben haben. Wir leben ja zum Glück in einer freien Gesellschaft, die andere Meinungen zulässt, auch wenn uns diese nicht gefallen. Daher muss ich mich ja Gott sei Dank auch nicht der Sichtweise derer anschließen, die die Verantwortung für wirtschaftliche Krisen nur auf einer Seite sehen. Für mich ist und bleibt aber ein ausgewogenes Geben und Nehmen zwischen den Menschen allgemein und zwischen Arbeitgeber und Arbeitnehmer im Speziellen die Grundlage für ein zukunftsfähiges gedeihliches Miteinander.

Ingolstadt, im November 2025 — Günther Schöffner

Prolog

Deutschland hat sich in den letzten 10 bis 15 Jahren so spürbar verändert wie zuletzt nach der Wiedervereinigung 1990. Die politische Landschaft ist vielfältiger geworden, der politische Diskurs schärfer und gegensätzlicher. Ähnlich sieht es im gesellschaftlichen Leben aus, in dem verstärkt zwar Vielfalt gefordert, aber abweichende Meinung scheinbar immer weniger toleriert wird. In der deutschen Wirtschaft ist spätestens seit dem Ende der Pandemie 2023 der Lack ab. Es herrscht eine noch nie dagewesene, strukturelle Wirtschaftskrise mit einer sich im dritten Jahr fortsetzenden Rezession. Trotz der demografischen Entwicklung und des Fachkräftemangels ist die Arbeitslosigkeit nach Jahren der Vollbeschäftigung wieder spürbar angestiegen. Großunternehmen bauen Personal ab oder kündigen sogar Beschäftigungssicherungsverträge, zahlreiche Traditionsunternehmen gehen in die Insolvenz, eine Pleitewelle dünnt die industrielle Basis unseres Landes unaufhaltsam aus. Die Menschen hören und spüren es nun selbst, dass die deutsche Wirtschaft schwerwiegende Probleme dabei hat, ihren Spitzenplatz in der Weltwirtschaft zu halten. »Modell Deutschland ist am Ende« tönt es, »Deutschland im Sinkflug« oder »Made in Germany ist out«. Plötzlich merken die Menschen wieder, dass eine florierende Wirtschaft für Deutschland wichtig ist, denn ohne sie können weder Sozialstaat noch Wohlstand finanziert werden. Zugleich ist es schwierig, die Spaltung, die sich schleichend eingestellt hat, zu überwinden: Die angeblich raffgierigen Unternehmer hier, die ausgenutzten Mitarbeiter und der sie scheinbar schützende Staat dort. Die Reichen und Wohlhabenden hier, die übervorteilten und hilflosen kleinen Bürger da. Es scheint kaum mehr eine Mitte zu geben, kein Miteinander, kein Geben und Nehmen, kein Leben und leben lassen, kein sowohl als auch. Dagegen fast nur noch gegeneinander, nur mehr ein Nehmen, »das steht mir zu«, ein entweder oder. Infolgedessen scheinen viele trotz ausgewiesener Krise am Arbeitsplatz immer mehr zu fordern und immer weniger leisten zu wollen. Mehr als die Hälfte der Beschäftigten gibt laut Umfragen regelmäßig nicht ihr Bestes im Job, macht nur noch Dienst nach Vorschrift oder sieht sich nicht mehr an ein Unternehmen gebunden. Sie leisten also nicht die 100 Prozent, die sie leisten könnten, wollen aber alle im Gegenzug 100 Prozent ihres Einkommens – kaum mehr geben, aber alles nehmen. Was würde passieren, wenn es andersherum wäre? Nicht auszudenken. Und trotz der beschriebenen Schwierigkeiten der deutschen Wirtschaft fordern viele immer noch mehr: Vier-Tage-Woche mit 32 Wochenstunden bei vollem Lohnausgleich, obwohl bei Produktivität und Wettbewerbsfähigkeit vieles im Argen liegt. Mehr Freizeit, mehr Homeoffice, mehr Mitsprache, mehr Benefits, mehr Arbeiten ohne Zeitdruck. Aber mehr geben wollen viele nicht. Die Arbeitsbeziehungen im Unternehmen scheinen sich zu einer Einbahnstraße hin zu entwickeln bzw. entwickelt zu haben, in der die Arbeitgeberseite nur gibt und die Arbeitnehmerseite überwiegend nur nimmt. In der die gesunde Balance zwischen Geben und Nehmen, bei der jeder seinen ausreichenden Nutzen und beide Partner gemeinsam Vorteile haben, verloren gegangen ist. Und die Forderung nach immer mehr verschiebt diese Balance auch immer mehr in diese Richtung. Doch so kann Wirtschaft auf Dauer nicht funktionieren. So können Unternehmen im Wettbewerb nicht länger erfolgreich sein. Wenn sich an diesem Ungleichgewicht nichts ändert, wird es mit der deutschen Wirtschaft auch weiterhin nicht wieder bergauf gehen, wenn nicht ein Wunder geschieht.

Wirtschaftskrisen hat es in den letzten Jahrzehnten immer wieder gegeben. Mit staatlichen Konjunkturprogrammen und durch Reformen konnten sie stets relativ schnell überwunden werden. Doch die derzeitige Krise ist anders, wie man schon an ihrer Dauer sehen kann, wir treten in das dritte Rezessionsjahr. Mit den bisher erfolgreichen Werkzeugen lässt sich diese Krise auch aufgrund der geänderten politischen

Konstellationen nicht mehr so einfach überwinden. In Anbetracht der globalen wirtschaftlichen und technologischen Veränderungen wird die Wettbewerbsfähigkeit deutscher Unternehmen ohne spürbare Verbesserungen bei Produktivität, Qualität und Veränderungsfähigkeit kaum mehr in die Spitzengruppe zurückfinden können. Hierzu können aber Staat und Unternehmen nur beschränkt etwas beitragen. Es kommt auch entscheidend auf die Mitarbeiter an, die hier entscheidende Beiträge leisten müssen, denn Unternehmenslenker und Führungskräfte können nur die Weichen stellen. Und genau darum geht es: Die Mitarbeiter müssen wieder verstärkt ihr Bestes für den Unternehmenserfolg geben, gemeinsam mit den Führungskräften. Es muss wieder ein verstärktes Miteinander geben, ein ausgewogeneres Geben und Nehmen zwischen Unternehmen und Mitarbeitern. Denn das ist in den letzten Jahren verloren gegangen. Zweifellos hat es in den letzten Jahren auch die in solchen Fällen immer schnell genannten Managementfehler gegeben. Aber es hat auch definitiv Fehlentwicklungen auf der Beschäftigtenseite gegeben. Die gilt es nun durch richtiges Handeln wieder zu korrigieren. Genau dazu soll dieses Buch dienen. Es zeigt die Entwicklungen auf und versucht, die Gründe dafür zu identifizieren. Dabei ist zu beachten, dass es sich beim Beschriebenen nicht um einen Kontext handelt, der einer Maschine gleicht, die genau untersucht und bei der Fehler exakt lokalisiert werden können. Es handelt sich vielmehr um Prozesse, die sich auf Menschen beziehen, es geht um Belegschaften und um die ganze Gesellschaft. Dort gibt es viele Ursachen für bestimmte Entwicklungen, die an verschiedenen Stellen alle mal mehr, mal weniger auftreten und unterschiedlich zusammenwirken. Bei näherer Betrachtung und Analyse der verfügbaren Fakten lassen sich Ursachen erkennen, die diesen Entwicklungen zugrunde liegen. Auf dieser Grundlage werden Handlungsempfehlungen für den Ausweg aus der Einbahnstraße, die auch zu einer Sackgasse werden kann, gegeben. Diese richten sich an alle Berufstätigen, damit sie ihr berufliches Tun und Denken reflektieren und eventuell auch daran Korrekturen vornehmen. Es handelt sich dabei nicht um besserwisserische Vorschriften. Denn die haben sich im Laufe der letzten zehn Jahre stark gehäuft, seitens verschiedener selbsternannter Expertengruppen, Interessensvereinigungen oder sonstiger Institutionen.

Dieses Buch will aber zur Reflexion des eigenen Denkens und Handelns animieren, um im besten Falle eine Veränderung des Verhaltens der Menschen am Arbeitsplatz zu erreichen. Damit die deutsche Wirtschaft wieder einen Spitzenplatz in der Weltwirtschaft erreichen kann, für dauerhaften Wohlstand in Deutschland. Dabei ist eine Sache sehr wichtig: Die Ansätze und Handlungsempfehlungen dieses Buches sind nur ein Ansatzpunkt unter vielen anderen. Es gibt auch andere Wege zur Verbesserung der Wettbewerbsfähigkeit. Doch auch diese werden nicht umhinkommen, den Beschäftigten die Notwendigkeit von Veränderungen in ihrem Denken und Handeln aufzuzeigen. Denn die Mitarbeiter haben entscheidenden Einfluss auf die Prosperität eines Unternehmens, einer Branche und einer Volkswirtschaft. Die Unternehmenslenker, die Führungskräfte oder gar der Staat können es ohne die Mitwirkung der Beschäftigten nicht richten. In den 1970er- und 1980er-Jahren warb der Mineralölkonzern Esso in einer ähnlichen Krisensituation mit einem Slogan, der es in diesem Zusammenhang auf den Punkt bringt: »Es gibt viel zu tun. Packen wir's an.« Genau das will dieses Buch bewirken.

1
Diagnose einer Schieflage

Nach dem Ende der Pandemie schlitterte Deutschland 2023 nach gut zehn Boomjahren plötzlich in eine Wirtschaftskrise. Diese entwickelte sich zu einer handfesten Rezession, die in den Jahren 2024 und 2025 andauert.[1] Zwei Jahre in Folge mit wirtschaftlichem Rückgang statt des gewohnten Wachstums hinterließen in den Köpfen der Menschen ihre Spuren. Die Gefahr der Arbeitslosigkeit ist nach vielen Jahren der Vollbeschäftigung zurückgekehrt. Fast schlagartig war nicht mehr der Klimaschutz das Thema Nummer eins in der politischen Diskussion. Es war neben den Folgen des Ukraine-Kriegs vor allem die wirtschaftliche Lage in Deutschland. Immer mehr Bürger erkannten oder erinnerten sich wieder daran, dass der Wohlstand in Deutschland nur dann erhalten werden kann, wenn die Wirtschaft floriert. Das war anscheinend für lange Zeit aus dem Bewusstsein vieler Menschen verschwunden. Die sich nach der Finanzkrise ab 2010 entwickelnde Vollbeschäftigung hatte die Menschen zu dem Glauben verleitet, dass darin ein Automatismus läge, dass sich wirtschaftliche Prosperität quasi von selbst einstellt: Dass die deutsche Wirtschaft immer florieren müsse, dass sich der Wohlstand fast wie von selbst einstelle oder der Staat dafür sorgen könne und es dementsprechend immer genügend gut bezahlte Arbeitsplätze geben würde, sodass sich die Menschen ihren Job nach Belieben und ganz nach ihren persönlichen Bedürfnissen aussuchen oder einrichten könnten.

Doch für viele überraschend rollte 2024 eine Pleitewelle durch Deutschland, die sich auch im Jahr 2025 fortsetzt.[2] Es vergeht kaum ein Tag, an dem man in den Zeitungen keine Meldungen über Insolvenzen oder Schließungen von Unternehmen mit teilweise langer Tradition lesen kann. Zugleich musste der damalige Wirtschaftsminister Robert Habeck die Wachstumsprognose für 2025 auf null setzen. Es schien und scheint immer noch keine wirkliche Besserung in Sicht zu sein. Es folgt der in solchen Situationen übliche Ruf nach staatlichen Gegenmaßnahmen wie sie nach der Finanzkrise 2008/09 folgten. Damals war es eine staatliche Abwrackprämie für Altfahrzeuge, die für einen schnellen Aufschwung sorgen sollte.[3] Das war damals auch in gewisser Hinsicht erfolgreich, nun sollten in ähnlicher Manier Prämien für den Kauf von E-Autos oder Investitionen in die deutschlandweite Ladeinfrastruktur die entscheidenden Impulse geben.[4] Dass der aktuellen Krise auch andere Ursachen zugrunde liegen könnten und dass der Staat diese nicht durch ein paar punktuelle wirtschaftspolitische Maßnahmen, vor allem in Form von Geld und Subventionen, würde beseitigen können, wurde Politik, Wirtschaft und Bevölkerung erst später klar.

1.1 Zwischen Boom und Bruch: Übergang von satten Jahren zur Ernüchterung

Es zeigte sich nun, dass es im globalen Vergleich nicht nur vielen deutschen Produkten, sondern auch dem Wirtschaftsstandort Deutschland insgesamt an Wettbewerbsfähigkeit mangelt.[5] Als vermeintliche Ursache konnte nicht länger die Corona-Pandemie genannt werden, die reflexhaft immer angeführt wurde, wenn es um die Erklärung von Fehlentwicklungen und Missständen ging.[6] Dazu kamen strukturelle Probleme wie die jahrzehntelange Vernachlässigung von Straßen, Brücken oder Schienenwegen.[7] Dazu kamen im Vergleich mit anderen Ländern hohe Lohn- und Lohnnebenkosten bei gleichzeitig geringerer Wertschöpfung, die deutsche Wirtschaft war auch im Hinblick auf die Produktivität zurückgefallen.[8] Mit einem Mal war Deutschland nicht mehr der Wirtschaftssuperstar der Boomjahre. Viele waren plötzlich verunsichert: Ist in Deutschland im internationalen Vergleich doch nicht alles so glänzend, wie man lange glaubte? Können wir die aktuelle Krise vielleicht doch nicht so schnell überwinden? Hat das kurz- oder mittelfristig vielleicht sogar wirtschaftliche Auswirkungen auf mich und mein Leben? Diese und ähnliche Frage trieben die Leute auf einmal um. Deutschland war nach dem Ende der Pandemie als Wirtschaftsstandort und als Exporteur von Spitzenprodukten offenbar nicht mehr so gefragt. Doch obwohl diese Erkenntnis erst im Laufe des Jahres 2024 publik wurde, zeigten sich diese Entwicklungen schon in den Jahren zuvor deutlich.[9] Bereits vor Corona waren erste Anzeichen dafür erkennbar, dass Deutschland hinsichtlich seiner globalen Wettbewerbsfähigkeit nicht mehr das war, wofür es jahrzehntelang weltweite Bewunderung genossen hatte. Die wirtschaftlichen Folgen der Pandemie hatte dies dann überdeckt, sodass diese Entwicklung kaum wahrgenommen worden und nicht hinreichend in die Aufmerksamkeit der Öffentlichkeit gerückt war. Dementsprechend stark waren Überraschung und Verunsicherung der Menschen, als sich diese Erkenntnis als herrschende Meinung etablierte.

Nun sollte man wissen, dass in den Medien häufig übertrieben wird. Dahinter steckt nicht selten politisches Kalkül oder einfach nur das Ziel, in der Informationsflut wahrgenommen zu werden und eine möglichst hohe Auflage bzw. Reichweite zu erzielen. Im Digitalzeitalter ist das mit der Zahl der Klicks gleichzusetzen. Langweilige Meldungen werden kaum angeklickt und gelesen. Emotionale, ärgerliche oder beängstigende Informationen hingegen wesentlich mehr. Spätestens seit der Rückkehr Donald Trumps als US-Präsident konnte jeder feststellen, welchen Raum solche Berichte in den Medien eingenommen haben. Gute Dinge oder unspektakulär normale Meldungen scheinen mehr und mehr zu Randerscheinungen zu werden. Eine schwächelnde Wirtschaft, die Wohlstand, Arbeitsplätze und soziale Sicherung in Deutschland gefährdet, verkauft sich zwangsläufig besser als ein sachlicher Bericht über ein im Zeit- und Kostenplan gebliebenes Projekt. Doch selbst wenn man diese Effekte ausblendet, muss man schon allein anhand der verfügbaren Zahlen und Fakten eingestehen, dass die Probleme in der Wirtschaft und die gesunkene Wettbewerbsfähigkeit Deutschlands wirklich gravierend und einschneidend sind. Neben dem sinkenden bzw. stagnierenden Bruttoinlandsprodukt der letzten Jahre manifestiert sich dies trotz des stets gebetsmühlenartig vorgetragenen Befunds, dass es an Fachkräften mangele, vor allem auch durch die Entwicklung der Arbeitslosenzahlen der letzten Jahre. Vor allem diese statistische Kennziffer sorgt mittlerweile für große Verunsicherung, weil sie für viele Jahre in den Augen der Menschen kein drängendes Problem mehr gewesen ist. Dabei war dies nicht immer so.

1.1.1 Von der Vollbeschäftigung zur Verunsicherung

Nach der Währungsreform 1948 stellte sich in den westlichen Besatzungszonen, die im Folgejahr zur Bundesrepublik Deutschland vereinigt wurden, wieder Wirtschaftswachstum ein. Mit Ausnahme der Jahre 1966/67 dauerte dieser Aufschwung bis zur ersten Ölpreiskrise 1973 an und brachte großen Teilen der Bevölkerung ansehnlichen Wohlstand. Von 1973 an stieg die Arbeitslosigkeit zunächst in Westdeutschland, nach 1990 auch im wiedervereinigten Deutschland kontinuierlich von Rezession zu Rezession weiter an. Die Arbeitslosenquote erreichte nach 1,2 Prozent im Jahr 1973 im Anschluss an die zweite Ölpreiskrise (1979/80) mit 9,3 Prozent einen ersten Höhepunkt.[10] Arbeitslosigkeit und Lehrstellensuche waren damals zu einem der drängendsten Probleme in Westdeutschland geworden. Die Quote verbesserte sich bis zum Mauerfall 1989 nur auf 7,9 Prozent. In den Jahren 1990/91 sank die Arbeitslosenquote aufgrund der Nachholeffekte der Wiedervereinigung zwar auf 7,1 Prozent. Doch nach dem ersten Boom der Wende stieg sie wieder stetig bis zum nächsten Höchststand 1997 mit 11,4 Prozent an.[11] Der wirtschaftliche Aufschwung Asiens und allen voran Chinas, die voll einsetzende Globalisierung und der Kraftakt zum Aufbau in den neuen Ländern setzten Gesamtdeutschland und insbesondere den ostdeutschen Unternehmen stark zu. Nach dem Machtwechsel 1998 sank die

Arbeitslosenquote zwar bis 2001 kurzzeitig auf 7,2 Prozent. Sie stieg daraufhin jedoch weiter an und erreichte 2005 das bisherige Maximum von 11,7 Prozent.[12] Rekordarbeitslosigkeit. Nach dem Regierungswechsel im Jahr 2005 erholte sich die Wirtschaft wieder, und die Arbeitslosenzahlen sanken deutlich auf eine Quote von 7,8 Prozent im Jahr 2008. Die darauffolgende Finanzkrise erhöhte diese zwar leicht, jedoch nur kurzzeitig. Denn die seitens der damaligen Bundesregierung eingeleiteten Maßnahmen, halfen der deutschen Wirtschaft aus dem Tief. Auch die Regelungen des Europäischen Binnenmarktes nach der Finanzkrise 2010 und die zunehmende Globalisierung der Lieferketten mit starkem Wachstum in Asien, vor allem in China, beflügelten den Aufschwung der deutschen Wirtschaft bis 2020 stark. Deutschland war infolgedessen im europäischen Vergleich 2010 nicht nur am schnellsten, sondern auch am wirtschaftlich stärksten aus der Krise herausgekommen. Es folgte ein Boomjahrzehnt, sodass die Arbeitslosenquote bis 2019 kontinuierlich auf etwa 5 Prozent sank und nahezu Vollbeschäftigung erreicht werden konnte. Auch die anschließende Corona-Krise konnte dem lange als robust bezeichneten deutschen Arbeitsmarkt scheinbar nichts anhaben. Doch dies änderte sich 2023/24 spürbar. Die deutsche Wirtschaft lahmte so sehr, dass sie nicht wie bisher mit wirtschaftspolitischen Standardmethoden schnell wieder flott gemacht werden konnte. Auch der klimapolitische Umbau der Wirtschaft durch die damalige Ampel-Regierung war der wirtschaftlichen Erholung zunächst nicht förderlich. Dementsprechend hielten sich viele Unternehmen mit Investitionen und Einstellungen mehr und mehr zurück. Von da an stieg auch die Arbeitslosenquote wieder deutlich auf durchschnittlich 6 Prozent im Jahresverlauf 2024 an und liegt aktuell bei 6,2 Prozent.[13]

Mit dieser Situation wissen derzeit viele nicht richtig umzugehen, umso größer ist nun ihre Verunsicherung. In den Boomjahren zwischen 2011 und 2020 hatte sich aufgrund der demografischen Entwicklung mehr und mehr ein Fachkräftemangel eingestellt. Jahrelang wurden händeringend Mitarbeiter gesucht, um die Wachstumschancen des

Marktes nutzen zu können. Deshalb wurden Stellen häufig auch mit Personen besetzt, denen dafür eigentlich die Qualifikation fehlte. Zudem wurden Gehälter bezahlt, die sowohl den Stellenanforderungen als auch der Qualifikation der jeweiligen Stelleninhaber nicht angemessen waren, knappheitsbedingt teilweise in absurder Höhe. Doch dies war damals billiger als die sich aus einer Vakanz ergebenden Kosten für das Unternehmen. Das vermeintlich große Angebot an offenen Stellen ist dabei vielen zu Kopf gestiegen. Man ließ sich von Führungskräften nichts mehr gefallen, wenn man unzufrieden war oder einem etwas nicht passte, folgte der Wechsel in einen neuen, besseren Job. Wer damals Kraft und Willen zur Veränderung aufbrachte, konnte sich verbessern. Die Balance zwischen Angebot und Nachfrage am Arbeitsmarkt hatte sich in den Boomjahren eindeutig verschoben, mit allen negativen Seiten, die eine solche Entwicklung mit sich bringt. So herrschte in den 1950er- und frühen 1960er-Jahren, in der Wirtschaftswunderzeit, eine vergleichbare Situation; wer mit Zeitzeugen spricht, der kann Sätze hören wie: »Heute konntest Du an einer Stelle aufhören und morgen an drei anderen anfangen. Und dann hast Du sogar noch die Hälfte mehr verdient.« Dass grobe Ungleichgewichte solcher Art, egal auf welcher Marktseite sie auftreten, weder für die Arbeitgeber noch für die Arbeitnehmer und erst recht nicht für die Volkswirtschaft von Vorteil sind, bedarf keiner Erklärung. Denn dies verleitet zu überzogenen Forderungen und Handlungen, die sich in der ökonomischen Langfristperspektive meist rächen. Inzwischen sind die fetten Jahre vorbei und trotz der demografischen Entwicklung und des zwar nicht mehr so starken, aber 2024/25 immer noch bestehenden Fachkräftemangels scheuten viele Firmen auf einmal davor zurück, neue Mitarbeiter einzustellen. Das Gespenst der Arbeitslosigkeit und des sozialen Abstiegs, das viele jüngere Arbeitnehmer noch nie kennengelernt haben, ist mit einem Mal wieder greifbar. Von der Vollbeschäftigung zur Verunsicherung innerhalb weniger Jahre und keine Aussicht auf Besserung!

1.1.2 Der Fachkräftemangel – Realität oder Resultat?

Seit ungefähr 10 Jahren hemmt der Fachkräftemangel die deutsche Wirtschaft. Unternehmen suchten lange Zeit mit allen Mitteln Fachpersonal, doch der Mangel hat sich krisenbedingt abgeschwächt. Eine aktuelle Studie zeigt, dass im Februar 2025 nur noch 28,3 Prozent der befragten Unternehmen zu wenig qualifizierte Arbeitskräfte bekommen.[14] Demnach waren es laut der Umfrage im Oktober 2024 noch 31,9 Prozent. Dieser Trend deckt sich mit den Darstellungen des Fachkräftereports 2024/25 des Deutschen Industrie- und Handelskammertags (DIHK). Demnach konnten Ende 2024 43 Prozent der Unternehmen offene Stellen teilweise nicht besetzen, weil sie keine passenden Arbeits- und Fachkräfte fanden. Ende 2022 wären dies laut dem DIHK-Report noch 10 Prozent bzw. Ende 2023 noch 7 Prozent mehr gewesen – es zeigt sich also ein spürbarer Rückgang im Jahr 2024. Doch damit ist das Problem des Fachkräftemangels nicht aus der Welt, denn der Rückgang sei der weiterhin schwachen Konjunktur und den strukturellen Wirtschaftsproblemen in Deutschland geschuldet. Und diese machten sich eben zunehmend auf dem Arbeitsmarkt bemerkbar und führten dazu, dass die Unternehmen ihre Beschäftigungspläne mehr und mehr »zurückschrauben«, so der DIHK.[15] Man kann also festhalten: Aktuell gibt es eine gewisse Entspannung beim Fachkräfteproblem, bedingt durch die nach wie vor in Deutschland herrschende Konjunkturflaute. Das Problem wird sich schon allein wegen der demografischen Entwicklung in absehbarer Zeit wieder verschärfen. Dies verursacht bei den Unternehmen und in der gesamten Wirtschaft trotz der angesprochenen Entspannung auf dem Arbeitsmarkt auch aktuell nach wie vor große Probleme. Denn für den Fall, dass Unternehmen Stellen nicht besetzen können, können sie sich auch nur eingeschränkt weiterentwickeln. Sie können dadurch die trotz schlechter konjunktureller Randbedingungen nach wie vor bestehenden Chancen des Marktes nicht oder nicht voll nutzen und bleiben dadurch hinter ihren Möglichkeiten zurück. Sie können nicht so wachsen, wie dies bei einer hinreichenden Zahl von

Fachkräften möglich wäre. Das wirkt sich dann natürlich auch auf das ersehnte Wachstum aus, das Deutschland nach den Jahren der Rezession wieder voranbringen soll, und dadurch eben ausbleibt oder geringer ausfällt. Denn, so der DIHK-Fachkräftereport 2024/25, die Personalengpässe betreffen häufig Branchen, die für Zukunftsaufgaben wie Energiewende, Digitalisierung sowie Infrastrukturausbau eine große Rolle spielen.[16] Dies sei besonders alarmierend, denn dadurch könne der nötige Fortschritt gefährdet werden. Der Fachkräftemangel belastet demnach nicht nur aktuell die Wirtschaft, sondern gefährdet auch ihre zukunftsorientierte Weiterentwicklung.

Fachkräftemangel ist aber nicht gleich Fachkräftemangel. Dazu sollte man sich erst einmal die Bedeutung des Begriffs Fachkraft vor Augen führen. Laut Duden ist eine Fachkraft »jemand, der innerhalb seines Berufs, seines Fachgebiets über die entsprechenden Kenntnisse, Fähigkeiten verfügt«.[17] Demnach kann eine Fachkraft auch jemand sein, der sich die notwendigen Kenntnisse autodidaktisch angeeignet hat oder der von jemandem im betreffenden Metier zunächst nur angeleitet wurde und im Laufe der Zeit ohne tiefergehende Aus- oder Weiterbildung die entsprechende Expertise erworben hat. Das Bundesamt für Flüchtlinge und Migration (BAMF) definiert eine Fachkraft hingegen »im Sinne des Gesetzes als eine ausländische Person, die (1) eine deutsche qualifizierte (mindestens 2-jährige) Berufsausbildung oder eine ausländische Berufsausbildung, die mit einer qualifizierten (mindestens 2-jährigen) deutschen Berufsausbildung als gleichwertig anerkannt wurde, besitzt oder die (2) einen deutschen, einen anerkannten ausländischen oder einen mit einem deutschen Hochschulabschluss vergleichbaren ausländischen Hochschulabschluss besitzt«.[18] Weil man sich von Zuwanderung und Migration in Deutschland einen Beitrag zur Abwendung des bestehenden Fachkräftemangels versprochen hat, ist diese Betrachtung lohnend. In der Perspektive des BAMF ist also jemand Fachkraft, wenn er in Deutschland eine Berufsausbildung mit einer gewissen Mindestdauer oder ein entsprechendes Pendant in einem anderen Staat absolviert hat oder einen Hochschulabschluss vorweisen kann, der einem deutschen äquivalent ist. Hier geht es im Gegensatz zum Duden-Eintrag weniger um die vorhandenen Kenntnisse als vielmehr um die förmliche Ausbildung und den zugehörigen Abschluss. Wenn man sich rein an die jeweiligen Erklärungen halten würde, so wäre der Fachkräftemangel im BAMF-Verständnis eigentlich ein »Mangel an Personen mit Ausbildungsabschlüssen« und nicht wie im Duden-Verständnis ein Mangel an Personen mit hinreichenden Fachkenntnissen. Beides ist aber nicht das gleiche, denn es gibt viele Menschen, die zwar einen Berufsabschluss, jedoch nur ganz wenige Fachkenntnisse haben und umgekehrt. Das Problem der Unternehmen liegt jedoch eigentlich darin, dass sie eben keine hinreichende Zahl an Mitarbeitern bekommen, die der jeweiligen Aufgabe gewachsen sind und die dazu notwendigen Kenntnisse, Fertigkeiten und Erfahrungen mitbringen. Wichtig ist also die mitgebrachte Kompetenz. Denn nur damit können Mitarbeiter Probleme lösen, Aufgaben bewältigen und Arbeitsergebnisse erzielen. Das reine Vorweisen eines Zertifikates reicht hierzu in der Regel nicht aus.

Bei Fachkräften mit Ausbildung spricht man zunächst einmal, unabhängig davon, ob die Ausbildung gewerblich, kaufmännisch oder handwerklich bzw. im Rahmen eines Hochschulstudiums vollzogen wurde, immer von Fachkraft. Bei genauerer Betrachtung spielt es dann aber doch eine Rolle, welcher Art die Ausbildung war, weil sich eben Inhalte und Niveau unterscheiden, auch wenn beide im selben Fach stattgefunden haben. Wenn ein Unternehmen einen Elektromonteur für die Baustelle braucht, ist ihm mit einem Elektroingenieur nicht unbedingt weitergeholfen. Auch diese Qualität hat der Fachkräftemangel in Deutschland. Das heißt also, dass in den verschiedenen Fachbereichen auch ein Mangel von genügend verfügbaren Mitarbeitern hinsichtlich des jeweiligen Qualifikationsniveaus besteht. Denn in den Unternehmen werden verschiedene Qualifikationsstufen der Fachleute benötigt. Dazu zählen auch die verschiedenen Formen der Weiterbildung von Fachkräften mit Berufsausbildung wie Meister, Techniker oder Fachwirte. Laut des DIHK-Fachkräftereports 2024/25 leiden unter solchen Engpässen oftmals Betriebe aus bestimmten Schlüsselbereichen für Investitionen, Innovationen und technischem Fortschritt.[19] Besonders gefragt, aber häufig kaum zu finden sind dem DIHK-Report zufolge Fachkräfte mit dualer Ausbildung. Dies gelte branchenübergreifend sowohl in kleinen als auch in großen Unternehmen. Das einstige Aushängeschild der deutschen Ausbildung, um das uns lange Zeit viele Staaten der Welt beneidet hatten, bringt offensichtlich nicht erst seit dem digitalen Zeitalter nicht mehr genügend Fachkräfte auf den Arbeitsmarkt. Bereits nach dem Ende der Finanzkrise 2010 ist die Zahl dual ausgebildeter Absolventen stetig zurückgegangen (2010: 553.857 Ausbildungsverträge, 2020: 463.311, 2023: 479.790).[20] Jenseits der beschriebenen Problematik, dass Fachkräfte auf den verschiedenen Ausbildungsniveaus fehlen, also Facharbeiter, Meister oder Ingenieure, wenn man mal auf der technischen Schiene bleibt, kommt erschwerend noch die Tatsache hinzu, dass in Deutschland immer mehr junge Menschen gar keine berufliche Ausbildung haben. Laut einem Bericht hat sich der Anteil der »nicht formal Qualifizierten (nfQ)«, also derjenigen ohne abgeschlossene Berufsausbildung, bei den Erwerbstätigen zwischen 20 und 34 Jahren von knapp 10 Prozent im Jahr 2013 auf 13 Prozent im Jahr 2024 erhöht.[21] Die Quote junger Fachkräfte ist demnach zurückgegangen. Dabei liegt die Arbeitslosenquote bei der Gruppe nfQ bei über 20 Prozent, denn drei Viertel aller offenen Stellen erfordern eine abgeschlossene Ausbildung. Doch auch Arbeitskräfte ohne abgeschlossene Ausbildung haben laut dem erwähnten DIHK-Report durchaus Chancen auf Beschäftigung, vor allem im Bereich von Dienstleistungen wie Reinigung, Sicherheitswirtschaft, Gastronomie oder Verkehr. In der Realität zeigt sich jedoch, dass gerade in diesen Sektoren die Möglichkeiten für ein auskömmliches Einkommen, mit dem man eine Familie ernähren kann, begrenzt sind.

Der Fachkräftemangel ist also Realität. Doch die Fachkräfteproblematik der letzten zehn Jahre hat eine andere Qualität erreicht. Wenn man in den zuvor erwähnten Berichten die Ursachen für den Fachkräftemangel betrachtet, stellt man erstens fest, dass diese zu ähnlichen Ergebnissen kommen, und sich zweitens viele der genannten Punkte über etliche Jahre hinweg in zahlreichen Unternehmen beobachten lassen und sich damit drittens die obige These bestätigt, dass der Fachkräftemangel eben auch das Ergebnis gesellschaftlicher und nicht nur politischer Veränderungen ist. Als bereits lange bekannter Punkt lässt sich hier schnell die demografische Entwicklung nennen. Die Generation der (Baby-)Boomer geht in Rente und es kommen weniger junge Menschen nach, die dafür ins Berufsleben einsteigen. Durch die 2014 geschaffene Möglichkeit des unter bestimmten Bedingungen möglichen Renteneintritts mit 63 Jahren wurde diese Entwicklung (arbeitsmarkt-)politisch noch beschleunigt. Hier kommt die weitere Entwicklung hinzu, dass mehr und mehr Arbeitnehmer, vor allem in größeren Unternehmen, die Möglichkeit der Altersteilzeit nutzen und somit oft bereits mit Anfang 60 aus dem Arbeitsprozess ausscheiden. Die seit vielen Jahren bestehende Forderung nach der – demografisch gebotenen – Rente mit 67 ergibt sich allein schon aus der Kluft zwischen Beitragszahlern und -empfängern. Die durchaus breite Akzeptanz der Altersteilzeit und die vehementen Proteste gegen die vorgeschlagene Abschaffung der Rente mit 63 im Jahr 2024 zeigen, dass Teile der Gesellschaft eben nicht so lange arbeiten möchten.[22] Der daraus resultierende Fachkräftemangel ist also, wie erwähnt, zum Teil auch das Resultat gesellschaftlicher Entwicklungen. Ein weiterer oft genannter Grund für die Schieflage ist der seit vielen Jahren ungebrochene Trend zum Studium anstatt einer Berufsausbildung. So zeigte sich im Jahr 2023, dass sich der Anteil von Hochschulabsolventen unter den 25- bis 64-Jährigen von 15 Prozent im Jahr 2005 über 20 Prozent im Jahr 2014 auf 24 Prozent im Jahr 2022 entwickelt hat.[23] Gleichzeitig ist, wie bereits erwähnt, die Zahl derjenigen ohne berufsqualifizierenden Abschluss gestiegen. Das Bundesinstitut für Berufsbildung BIBB sprach bereits 2013 von der Akademisierung der Berufswelt und konstatierte, dass »die traditionell klare Trennung von beruflicher Ausbildung und Hochschulbildung in Deutschland ihre Selbstverständlichkeit verloren« hat.[24] Verschiedene Umfragen haben gezeigt, dass junge Menschen sich ihren zukünftigen Beruf anders als noch vor 20 Jahren stärker danach aussuchen, was ihnen Spaß macht und worin sie eine sinnvolle Betätigung sehen. Zwar spielen Kriterien wie die Verfügbarkeit von Stellen im gewählten Beruf oder eine ausreichende Vergütung nach wie vor eine Rolle. Jedoch ist deren Bedeutung im Vergleich zu früher geringer geworden. Wählten vor 20 Jahren noch viele einen technischen Beruf oder ein Studium in den MINT-Fächern (Mathematik, Informatik, Naturwissenschaft und Technik), weil sich dadurch gute Chancen am Arbeitsmarkt ergaben, ist dies inzwischen anders, was eben einer der Gründe für den Mangel in diesen Berufsfeldern ist. Die gesunkene Zahl von Fachkräften mit dualer Berufsausbildung liegt aber nicht nur daran, dass weniger junge Menschen dies attraktiv finden. Vor gut 20 Jahren hatte sich das verfügbare Ausbildungsplatzangebot merklich reduziert. So diagnostizierte der damalige Präsident des Soziologischen Forschungsinstituts Göttingen, Martin Baethge, dass zwischen 2007 und 2015 das Angebot um 13 Prozent zurückgegangen war, die Nachfrage gleichzeitig aber um 20 Prozent.[25] Die damals in allen Betriebsgrößenklassen eindeutig festzustellenden rückläufigen Auszubildenden- und Ausbildungsbetriebsquoten machte sich bereits 2017 in Form der Verknappung der Fachkräfteversorgung in den Unternehmen bemerkbar und dies wirkte sich am stärksten bei den Kleinbetrieben bis 50 Beschäftigte aus. Erst im Jahr 2017 überstieg laut Statistischem Bundesamt die Zahl der angebotenen Berufsausbildungsstellen die Zahl der Bewerber, ein Faktum, das in den Folgejahren bis 2025 angehalten hat.[26] Im Jahr 2023 kamen beispielsweise 422.059 Bewerber auf 545.039 angebotene Ausbildungsplätze – ein Überschuss von 29 Prozent! Auch wenn dieser Überschuss im Jahr 2024 auf gut 20 Prozent zurückgegangen ist, war das für die Suchenden eine sehr komfortable Situation. Doch der Trend zum Studium ist nach wie vor ungebrochen, wenn auch abgeschwächt. Martin Baethge führte bereits

2017 aus, dass der Trend zum Studium politisch nur schwer zu gestalten sei, denn die damals Fahrt aufnehmende Digitalisierung forcierte bereits vor Corona die Tendenz zu steigenden Qualifikationen. Also auch die Anforderungen aus der Wirtschaft haben sich geändert, sodass der Fachkräftemangel neben den genannten politischen und gesellschaftlichen Entwicklungen eben auch den Veränderungen in der Wirtschaft geschuldet ist. Als Gründe für die Zunahme der Personen ohne Berufsabschluss liefert der IAB-Bericht vom April 2025 im Wesentlichen drei Gründe.[27] Durch Zuwanderung und Migration sind in den letzten zehn Jahren viele Menschen in den Arbeitsmarkt eingetreten, »deren Bildungshintergrund oft nicht in die deutsche Systematik der Ausbildungs- und Berufsabschlüsse passt«. Des Weiteren habe die 2022 erfolgte deutliche Erhöhung des Mindestlohns die Attraktivität von Beschäftigungen im Helferbereich erhöht. Und letztlich müsse es, damit mehr junge Menschen den Weg zu einer formalen Qualifizierung finden, sowohl gezielte niederschwellige Angebote zur Ausbildung geben als auch Berufsschulen und Betriebe müssten im Umgang mit Lernschwächeren befähigt werden.

1.1.3 »Made in Germany« im Sinkflug: Symptome und Ursachen

Jahrzehntelang war »Made in Germany« international als Garant für erstklassige Produkte anerkannt. Im 19. Jahrhundert in Großbritannien als Hinweis auf potenziell minderwertige Ware zum Schutz der Bevölkerung gesetzlich auf den Weg gebracht, bahnte sich der Slogan vor allem nach dem Zweiten Weltkrieg die Bahn. Auch heute noch als Qualitätssiegel anerkannt, schmücken viele Unternehmen sich und ihre Produkte mit dem Spruch und den oft dazu gehörenden Streifen in schwarz-rot-gold. Um dies tun zu dürfen, gibt die zugehörige »Initiative Made in Germany« über die gesetzlichen Vorgaben hinaus einen Anteil der in Deutschland erbrachten Wertschöpfungskette von 100 Prozent vor.[28] Das Label soll also zeigen, dass das Produkt in Deutschland entwickelt, entworfen, produziert und mit dem entsprechenden Qualitätsmanagement gesichert wurde. In Zeiten der Krise, beispielsweise in den 1990er-Jahren, als sich Asien im Rahmen der Globalisierung zu einer Wirtschaftsmacht entwickelte, oder in der Finanzkrise 2008/09, als es deutsche Produkte wegen der vergleichsweise hohen Preise auf den Weltmärkten besonders schwer hatten, setzten viele Unternehmen in ihrem Marketing besonders auf den Joker »Made in Germany«. Das sollte in diesen schwierigen Zeiten die Käufer davon überzeugen, dass er für den hohen Preis auch wirklich beste Qualität bekommt, die Hersteller anderer Nationen nicht so einfach hinbekommen. So weit, so gut.

In der Tat war die Herkunftsbezeichnung lange Jahre nicht nur ein zusätzliches Marketing-Attribut für die Unternehmen. Die Produkte waren überragend. Doch dieser Effekt hatte sich bis 2023 abgenutzt, vermehrt konnte man in der Presse Sätze lesen wie »Made in Germany ist nicht mehr so gefragt« oder »Export: Made in Germany weniger gefragt«.[29] Das legte sich auch mit den Jahren nicht einfach wieder. Auch im Jahr 2025 sind solche Sätze immer noch in der Fachpresse zu finden. Der Lack vom glänzenden Label »Made in Germany« war plötzlich ab. Denn jenseits der hohen Preise sind die Produkte auch hinsichtlich ihrer technischen Eigenschaften nicht mehr unangefochtene Weltspitze. Man denke aktuell an die Konkurrenz asiatischer E-Fahrzeughersteller. Die Deutschen wurden auch nicht mehr überall als fleißig und arbeitsam angesehen, wie dies lange Zeit der Fall war, vor allem im Ausland. Galt Deutschland früher als Land mit hohen Lohnkosten aber zugleich höchster Arbeitsleistung, Produktivität und Qualität, war auch hier auf einmal der Glanz weg. Nicht nur die Produkte selbst, sondern der gesamte Wirtschaftsstandort war plötzlich keine Weltspitze mehr. »Made in Germany« befindet sich seit Anfang 2023 im Abstieg. »Exportweltmeister im Sinkflug: Die Welt zweifelt zunehmend an ›Made in Germany‹«, so lautete im Sommer 2024 gar die niederschmetternde Überschrift eines Zeitungsartikels.[30] Stimmt das alles denn wirklich? Und wenn ja, wie konnte es dazu kommen?

Wie zuvor erläutert geht es bei dem beschriebenem Sinkflug nicht nur um die Produkte allein. Der gesamte Wirtschaftsstandort Deutschland wird angezweifelt. Ein nüchterner Blick auf die Exportzahlen hilft, dies einzuschätzen. Lag laut Statistischem Bundesamt der monatliche Export der deutschen Wirtschaft in den Jahren 2018 und 2019 relativ stabil bei einem Wert von ungefähr 111 Mrd. Euro, brach er mit dem Beginn von Corona im April 2020 auf seinen Minimalwert von 75,7 Mrd. Euro ein. Nach einer raschen Erholung erreichte der Wert im Juli 2020 wieder 99,1 Mrd. Euro und stieg von da an kontinuierlich zu seinem Maximum von 139,5 Mrd. Euro im September 2022 an. Von da ab ging es langsam, aber stetig bergab. In den Septembermonaten 2023 und 2024 waren es jeweils nur noch gute 128 Mrd. Euro und der gesamte Jahresexport war im Jahr 2024 um 1 Prozent geringer als im Jahr 2023.[31] Es stimmt also: Seit Ende 2022 schwächelt der einstige Exportweltmeister. Das korreliert mit dem bereits mehrfach erwähnten Nullwachstum bzw. dem Rückgang des deutschen Bruttoinlandsprodukts in diesen Jahren. Deutsche Produkte sind also nicht mehr so gefragt auf den Weltmärkten.[32]

Neben der industriellen Erzeugung wird auch der Standort insgesamt in Frage gestellt. Und zwar nicht nur für potentielle Investoren, sondern auch für hiesige Firmen, die sich mit dem Gedanken der Abwanderung beschäftigen. So hat der schwedische Elektroauto-Hersteller Polestar bei seiner Suche nach einem Produktionsstandort in Europa Anfang 2025 eine Fabrik in Deutschland vorzeitig ausgeschlossen.[33] Zur Begründung wurde angeführt, dass Deutschland ein teurer Standort für die Autoproduktion sei und dass auch die Rahmenbedingungen nicht optimal seien; zu schlecht und zu teuer, das »Made in Germany« konnte diesen entscheidenden Makel nicht wettmachen. Dass diese Punkte auch bei deutschen Traditionsherstellern zu negativen Standortentscheidungen führen würden, war lange undenkbar und spricht eine deutliche Sprache. So kündigte Volkswagen den bis 2030 gültigen Beschäftigungssicherungsvertrag und stellte für Deutschland sogar Werksschließungen und Personalabbau in den Raum.[34] Nach viel öffentlichem Getöse einigte sich die IG Metall mit Volkswagen schließlich auf einen neuen Haustarif mit herben Gehaltseinschnitten und langfristigem Abbau von 30.000 Arbeitsplätzen – damit waren die angekündigten Werksschließungen in Deutschland vom Tisch. Doch VW war keine Ausnahme, die gesamte deutsche Autoindustrie schien 2024 in Anbetracht der massiv rückläufigen Verkaufszahlen ins Wanken zu geraten, zahlreiche Zulieferer knickten ein, mussten Stellen abbauen oder gerieten sogar in die Insolvenz. Aber auch außerhalb der Automobilindustrie stieg die Zahl der Firmenpleiten 2024/25 plötzlich stark an. Hatten sich die Unternehmensinsolvenzen nach dem Ende der Finanzkrise mit 31.998 im Jahr 2010 kontinuierlich auf nur noch 18.749 im Jahr 2019 reduziert, verblieben sie in den beiden Folgejahren u. a. wegen der pandemiebedingten Veränderung der Gesetzeslage zur Insolvenzantragspflicht im Mittel bei knapp 15.000. Im Jahr 2023 stiegen sie dann auf 17.814 gegenüber 14.590 im Jahr 2022 an und erreichten mit 21.812 im Jahr 2024 einen Höhepunkt.[35] Davon waren auch viele Mittelständler betroffen, das vielzitierte Herz der deutschen Wirtschaft. Auch zahlreiche Traditionsunternehmen mussten schließen. Für viele derjenigen, die am Standort Deutschland bleiben (mussten oder wollten), aus welchen Gründen auch immer, erwiesen sich also die Rahmenbedingungen und die hohen Kosten letztendlich als Killerfaktoren. Eine Umfrage des DIHK unter 3.300 Unternehmen im Sommer 2024 ergab, dass vier von zehn Industriebetrieben erwogen, ihre Produktion am Standort Deutschland einzuschränken oder ins Ausland zu verlagern. Bei den Industrieunternehmen mit mehr als 500 Mitarbeitern waren es sogar mehr als die Hälfte.[36] Das Wort Deindustrialisierung machte 2024 plötzlich die Runde in Deutschland. Die DIHK-Konjunkturumfrage zeigte Anfang 2025 deutlich, dass die hohen Energie- und Arbeitskosten sowie unvorteilhafte wirtschaftspolitische Rahmenbedingungen die Attraktivität des Standorts Deutschland schmälern.[37] Der Standort Deutschland verliert nach der Umfrage, die auf der Befragung von rund 1.700 international aktiven Industrieunternehmen beruht, zunehmend an Strahlkraft, weshalb die Industrie zunehmend Investitionen ins Ausland verlagert.[38] So ist das Motiv Kostenersparnis für die Abwanderung von 20 Prozent der Nennungen bei den Umfragen im Jahr 2013 zwar stetig bis auf 26 Prozent im Jahr 2022 gewachsen.[39] Doch ist der Wert im Jahr 2023 sprunghaft auf 32 Prozent und im Jahr 2024 sogar auf 35 Prozent gestiegen. Zu teuer und zu ungünstige Rahmenbedingungen also, wie zuvor schon bei Polestar genannt. Zudem sind nicht nur die Energie-, sondern auch die Arbeitskosten gemeint. Es hat sogar der Prozentsatz der Nennungen bei den Umfragen zur Zielregion der Auslandsinvestitionen für so teure Länder wie Norwegen, Großbritannien oder der Schweiz zugenommen.[40] Starker Tobak für die lange Zeit erfolgsverwöhnten Deutschen. Es stimmt also. Deutschland ist im Sinkflug. Doch was hat dazu geführt?

Die Ursachen für die Misere sind sowohl in Politik und Gesellschaft als auch bei den Unternehmen zu suchen. Viele Unternehmen haben am Ende der Pandemie die Notwendigkeit einer betriebswirtschaftlichen Zeitenwende und einer damit einhergehenden Anpassung ihrer Portfolio- und Produktionsstrategie verschlafen. Man kann hier wieder das Aushängeschild der deutschen Wirtschaft, die Autoindustrie, anführen: Es ging darum, zu den Kundenwünschen passende und bezahlbare E-Fahrzeuge auf den Markt zu bringen. Die deutsche Wirtschaft hat aber allgemein auch wegen der politisch geschaffenen, wirtschaftlich ungünstigen Rahmenbedingungen ein Kosten-, Wachstums- und allgemeines Standortproblem. Dies wird überwiegend der ehemaligen Ampel-Regierung zugeschrieben, die Welt schüttelte 2024 über die eingeleiteten Maßnahmen der viertgrößten Volkswirtschaft nur den Kopf. Die infolge von Atomausstieg, Klimapolitik und der mit brachialer politischer Gewalt durchgedrückten Energiewende rasant gestiegenen Energiekosten machen den Unternehmen schwer zu schaffen.[41] Nur um ein paar weitere Beispiele für die von der Politik geschaffene Schwierigkeiten zu nennen, sei hier zunächst das Bürgergeld erwähnt. Wie viele Experten anführen, schafft dieses Konstrukt für viele Arbeitsfähige keine hinreichenden Anreize zur Aufnahme einer Arbeit und belastet nicht nur den Staatssäckel, sondern ist auch für die Bekämpfung des Fachkräftemangels kontraproduktiv.[42] Oder man verweist auf die instabilen Rahmenbedingungen bei der staatlichen Förderung von Elektrofahrzeugen, die es der Industrie unmöglich machen, zielgerichtete Investitionen zu tätigen. Eine Förderung nach Kassenlage wie zuletzt, ohne zuverlässige Informationen, wie lange Förderungen nun wirklich bestehen bleiben, verunsichert die Märkte und schreckt Unternehmer, Investoren und Kunden gleichermaßen ab. Zu guter Letzt hat die ideologisch einseitige Fokussierung auf den Klimaschutz andere wichtige Themen auf der Politagenda wie die nötige Steuer- und Sozialreform, den Kampf gegen die überbordende Bürokratie, die in den Unternehmen mehr und mehr Ressourcen verschlingt, auf die hinteren Plätze verdrängt. Verschärfend kommt hinzu, dass die Arbeitskosten in der Post-Corona-Zeit, auch bedingt durch den Ukraine-Krieg, stark gestiegen sind. Gleichzeitig war aber die Produktivität, also die ausgebrachte Arbeitsmenge pro Stunde, im internationalen Vergleich rückläufig. Des Weiteren sind in wachsendem Maße auch Probleme bei der jahrelang sprichwörtlichen deutschen Qualität zu konstatieren. Der ehemalige Betriebsratsvorsitzende von Porsche, Uwe Hück, der sich vom Waisenkind zum Betriebsratschef emporgearbeitet hat, sagte im Januar 2025 in einem Interview: »Wir sind nicht mehr klüger, besser, schneller. Sonst wäre die Situation eine andere«.[43] Auch er teilt die Einschätzung, dass Deutschland nicht mehr besser (Qualität) und schneller (Produktivität) als die globale Konkurrenz ist. Deutschland hat Wettbewerbsfähigkeit eingebüßt, die den Standort lange einzigartig gemacht hat.

Wie soll das Ganze denn jetzt weitegehen? Deutschland im freien Fall? Und nichts, was man dagegen tun könnte? Oder ist das doch alles nur aufgebauscht und löst sich wie so oft nach einer gewissen Zeit von selbst? Vor diesem Vogel-Strauß-Ansatz sei nur gewarnt. Die seit geraumer Zeit rasant wachsende künstlichen Intelligenz hat bereits viele Branchen fundamental verändert und dabei wurde ihr ganzes Potential noch nicht einmal voll ausgeschöpft. Aber die deutsche Wirtschaft scheint davon derzeit nicht sonderlich profitieren zu können. Zwar gibt es auch hier regelmäßige Ankündigungen und Beschlüsse auf der deutschen und der europäischen politischen Bühne. Doch es resultierte daraus bislang nichts Konkretes und der »Ruck« des Aufbruchs ist ausgeblieben. Deutschland scheint in dieser Krise seine einstige Stärke, die Technologie, nicht mehr richtig nutzen zu können. Man denke dabei nur an den bereits bestehenden Rückstand der deutschen Unternehmen bei der KI. Nach dem kurzzeitigen Schock des US-Platzhirschs ChatGPT nach dem Erscheinen des chinesischen Konkurrenten Deepseek im Januar 2025 schaute Deutschland nur zu und hatte nichts Adäquates entgegenzusetzen. Donald Trump hingegen kündigte zu Beginn seiner Präsidentschaft Anfang 2025 ein zusätzliches Investitionsprogramm der USA im Wert von 500 Mrd. US-Dollar zur Stärkung der KI-Industrie an. Laut einer Studie des Australian Strategic Policy Institutes (ASPI) vom Sommer 2024 hat China mittlerweile die globale Führungsrolle in der Forschung bei 57 von 64 Schlüsseltechnologien übernommen. Zu diesen Technologien zählen Verteidigung, Raumfahrt, Energie, Künstliche Intelligenz, Robotik oder die Quantentechnologie. Von 2003 bis 2007 hatten die USA bei 60 von diesen 64 Technologien die Führungsrolle und China in dieser Zeit nur drei. Deutschland oder Europa spielt der ASPI-Studie nach in keinem dieser Forschungsbereiche eine führende Rolle.[44] Das liegt sicherlich nicht nur an der im vorherigen Kapitel beschriebenen Problematik des Fachkräftemangels.

1.2 Anspruch statt Anstrengung? Generationendiskurs als Symptom, nicht als Ursache

Work-Life-Balance, Generation Z, Homeoffice. Für viele Beschäftigte sind diese Begriffe zu Reizwörtern geworden, nicht nur für Führungskräfte. Denn in sie wird das ganze Ungemach hineinprojiziert, das wir derzeit erleben. In ihnen werden ganz in bekannter Sündenbockmanier oft die Wurzeln aller derzeitigen Übel in der Arbeitswelt gesehen. Doch damit wird die Wahrnehmung der wirklichen Probleme und ihrer Ursachen natürlich nur vernebelt. Umso wichtiger ist es, bei der Diagnose der Schieflage diesen Dingen auf die Spur zu gehen und zu versuchen, ein möglichst klares Bild der realen Situation zu zeichnen.

1.2.1 Generation Z: Projektionsfläche oder echte Herausforderung?

Die vielgescholtene Generation Z (Gen Z) ist inzwischen fast in aller Munde. Sie hat mittlerweile, wahrscheinlich ungewollt und in gewisser Weise auch zu Unrecht einen zweifelhaften Ruhm erlangt. Zum schnellen Einstieg dazu eine Szene aus der Praxis. Smalltalk unter Vereinsmitgliedern, von Anfangszwanzigern bis Anfangsachtzigern ist nahezu alles vertreten. Die Unterhaltung schwenkt in Richtung aktueller Probleme der Gesellschaft und landet beim Thema Fachkräftemangel. Als ein Gesprächsteilnehmer den jahrelangen Nachwuchsmangel in technischen Berufen und das Fehlen von Hochschulabsolventen in MINT-Fächern anspricht, platzt es aus einem Mittsiebziger heraus: »Diese Generation Z! Die drücken sich doch nur noch vor der Arbeit. Die wissen doch nicht mehr, was sie wollen, so verwöhnt sind die! Die wollen alle nicht mehr hart arbeiten und sich auch nicht mehr in den schwierigen MINT-Fächern anstrengen. Wenn ich da an unsere Zeit denke...«. Ein Anfangssechziger pflichtet ihm bei und schon nimmt das Gespräch seinen Lauf, den man sich, auch ohne dabei gewesen zu sein, bestimmt gut vorstellen kann. Über die Generation Z wird dann im weiteren Verlauf der Diskussion ohne große Gegenwehr schnell der Stab gebrochen. So oder ähnlich läuft es deutschlandweit schon längere Zeit. In zahlreichen Büchern und Fachartikeln wird versucht, das Phänomen der Generation Z zu beschreiben. Beispielsweise in dem Buch »Generation arbeitsunfähig: Wie uns die Jungen zwingen, Arbeit und Gesellschaft jetzt neu zu denken« vom Generationenforscher Rüdiger Maas oder »Verzogen, verweichlicht, verletzt: Wie die Generation Z die Arbeitswelt auf den Kopf stellt und uns zum Handeln zwingt« aus der Feder der Unternehmensberaterin Susanne Nickel.[45] Auf diese Werke werden wir noch zurückkommen. Es stimmt, die Generation Z ist ganz anders als die Generationen zuvor. Doch es stellt sich die Frage, ob die drastische Abstempelung einer ganzen Generation als »arbeitsscheu« oder »faul« jenseits der Aspekte von Fairness und Wertschätzung überhaupt statthaft ist, und ob dies in gewisser Weise nicht nur zur Ablenkung von den realen Verhältnissen dient. Ein kurzer Abriss des Themas soll mehr Licht ins Dunkel bringen.

Was bedeutet eigentlich Generation Z? Wenn von den Generationen und ihren Unterschieden die Rede ist, bezieht sich das meist auf die geläufige populärwissenschaftliche Einteilung der Bevölkerung ab dem Geburtsjahr 1946. Beginnend mit den Babyboomern der Geburtsjahre zwischen 1946 und 1965 wird den folgenden Jahrgängen in gewissen zeitlichen Abständen jeweils ein anderer Buchstabe zugewiesen. Der Begriff Babyboomer ist der hohen Geburtsrate der Nachkriegszeit geschuldet. Die Generation X umfasst, der beschriebenen Systematik folgend, die Geburtsjahre zwischen 1965 und 1979, manche Darstellungen gehen auch bis 1984. Denn aus wissenschaftlicher Sicht gibt es kein Konzept, das belegt, dass alle 15 Jahre eine »neue Generation« von Menschen entsteht, der gewisse Verhaltensmerkmale zugewiesen werden könnten.[46] Doch diese Darstellung hat sich fest etabliert, sodass sich trotz eingeschränkter Aussagekraft die gesellschaftliche Diskussion oft darauf bezieht. Demnach folgt die Generation Y (Jahrgänge zwischen 1980, oft auch erst 1984, und 1995 bzw. 1998), dann die Generation Z (Jahrgänge zwischen 1995 bzw. 1998 und 2010), weiter die Generation Alpha (Geburtsjahre 2010 bis 2025) und schließlich die Generation Beta (ab dem Geburtsjahr 2025).[47] Einer Bevölkerungsgruppe aber nur wegen ihres Geburtsjahres einfach mit allgemeingültigem Anspruch gewisse Eigenschaften und Verhaltensweisen zuzuschreiben, ist durchaus fragwürdig. Natürlich wurden die in gewissen Zeitabschnitten aufgewachsenen Menschen von bestimmten Lebensumständen geprägt, sodass sie gewisse Gemeinsamkeiten hinsichtlich ihrer typischen Denk- und Verhaltensmuster haben. Daher ist die Verwendung solcher Einteilungen durchaus legitim, wenn zwischen den Lebenswirklichkeiten dieser verschiedenen Bevölkerungsgruppen Brücken geschlagen werden sollen. Problematisch ist dabei jedoch, dass durch die Verwendung dieser Gruppen Klischees entstehen und Menschen nur aufgrund ihres Geburtsjahres gewisse Merkmale zugewiesen werden. Entscheidend sind aber die Erfahrungen und Verhältnisse, mit denen und in denen der Mensch aufwächst oder aufgewachsen ist. Sie prägen ihn wesentlich und nicht nur die Zugehörigkeit zu einem bestimmten Geburtsjahrgang.

Die Generation Z wird nicht selten als arbeitsscheu, faul und unmotiviert dargestellt.[48] Sie gilt als verzogen, verweichlicht, verletzlich u. v. m.[49] Natürlich weisen Angehörige der verschiedenen Generationen durchaus bestimmte Verhaltensweisen auf, die typisch für ihre Altersgruppe sind. Doch es gilt, dies mit Augenmaß, Umsicht und angemessenem Respekt zu tun, wenn man dies für gewisse Zwecke anwenden möchte. Berücksichtigt man dies in den Betrachtungen, ist es durchaus sinnvoll, sich mit den einer bestimmten Generation zugeschriebenen Eigenschaften und Verhaltensweisen zu beschäftigen. Denn in einer gewissen Weise trifft vieles auch zu. Darum wollen wir zu ergründen versuchen, ob das Phänomen Gen Z tatsächlich so bedrohlich für Gesellschaft, Arbeitsmarkt und Wohlstand ist, wie oft dargestellt. Auf die Frage, warum gerade diese Generation so vielgescholten sei, kann man antworten, weil sie sich im Arbeitsleben so sehr von den anderen Generationen unterscheidet und sie so wesentlich anders ist, als dies beim Übergang auf junge Generationen vor ihr war. Diese Antwort lässt sich kurz zusammengefasst aus vielen Aussagen herausdestillieren. Die Babyboomer würden, so typische Aussagen, »leben, um zu arbeiten«, um sich etwas leisten zu können. Pflichtbewusstsein und Hierarchiegläubigkeit stünden bei ihnen hoch im Kurs, wird behauptet, und getreu dem Motto »nur wer etwas leistet, ist etwas wert« sind sie als »Workaholics« oft über ihre Grenzen gegangen und haben dem Burnout-Phänomen den Weg gebahnt.[50] Geprägt von der hierarchischen Welt der Boomer lernte die Generation X Ausdauer, Resilienz und Leistungsorientierung, wagte aber trotz der Unterordnung ihrer persönlichen Ziele, bestehende Führungsansätze stärker infrage zu stellen und wuchs über die einsetzende Computerisierung der Arbeitswelt in ihre Position als Digital Immigrants hinein.[51] Die Generation Y hinterfragte die bestehenden Verhältnisse hingegen schon deutlicher, sodass ihr eine höhere Leistungs- und Freiheitsorientierung sowie eine geringere Machtdistanz zugeschrieben wird. Als erste Generation, die in der digitalen Welt aufgewachsen ist, sind ihre Vertreter die Digital Natives.[52] Die Generation Z schließlich gilt aufgrund der höchsten Studierendenquote aller Generationen als die am besten ausgebildete, Ihre digitale Kompetenz ist ein zentrales Charakteristikum und wegen der Spuren, welche soziale Medien bei den Vertretern hinterlassen haben, nennt man sie Social Media Natives oder Digital Natives 2.0.[53]

Diese Darstellungen allein reichen noch nicht, den heftigen Diskurs um die Gen Z zu erklären. Denn auch die anderen genannten Generationen unterscheiden sich deutlich voneinander. Was wirklich so vehement anders ist, lässt sich erahnen, wenn wir die Inhaltsbeschreibung des zuvor erwähnten Buches von Susanne Nickel betrachten.[54] Dort heißt es: »Generation Z – Gefahr für den Wohlstand oder Chance für die Arbeitswelt? Hohes Einstiegsgehalt? Gern! Strikte Trennung von

Arbeit und Freizeit? Ja klar! Viertagewoche? Unbedingt! Aber Überstunden, Verantwortung und Anwesenheit im Büro – nein danke! Die Wohlstandskinder der Jahrgänge 1995 bis 2010 treten an, um die Arbeitswelt zu revolutionieren. Ihren Chefs begegnen sie selbstbewusst und fordernd, doch gleichzeitig scheint ihr Gemüt zart: Sobald etwas schiefläuft, sind sie sauer oder traurig, melden sich krank oder werfen den Job gleich hin. Ältere Kollegen blicken oft mit Unverständnis, aber auch mit Neid auf die Jugend. Die Gen Z hat es angeblich nicht so mit dem »Leben, um zu arbeiten«. Ihre Devise lautet demnach »Erst leben, dann arbeiten«, und die ihnen so oft nachgesagte Work-Life-Balance ist eher als Work-Life-Separation zu verstehen.[55] Die Angehörigen der Gen Z gehen demnach nach Feierabend meist einfach heim und bleiben nicht da, auch wenn es vielleicht notwendig wäre. Provokante Frage – na und? Das ostentative Dableiben als Pflicht zu betrachten, war die Sichtweise der früheren Generationen. Bei den Babyboomern und der Generation X bildete die Karriere einen wesentlichen Bestandteil ihrer Identität, weshalb mehr als die Hälfte von ihnen auch am Wochenende zu erreichen ist.[56] Aber wer kann uneingeschränkt behaupten, dass das heute noch ausschließlich und somit richtig ist? Die Gen Z hat hierzu anscheinend eine andere Sichtweise entwickelt und findet diese eben richtig. Oder zu den Überstunden, die offensichtlich bei Angehörigen der Gen Z nicht vorkommen. Früher war es fast obligatorisch, Überstunden anzuhäufen, aber das war eben früher und muss nicht automatisch der Maßstab von heute sein.[57] Wir leben auch nicht mehr im Zeitalter des Akkordlohns, wie dies viele Boomer noch erlebt haben. Heute ist es bei vielen eher erstrebenswert, durch außergewöhnlichen Einsatz, der nicht dauerhaft erbracht werden kann, in kurzer Zeit möglichst viel abzuarbeiten. Auch hier hat sich die Sichtweise geändert. Und wer kann behaupten, diesbezüglich die Weisheit für sich gepachtet zu haben? Ähnlich hinsichtlich Workaholics und Schufterei. Das mag bei den Boomern und bei der Generation X richtig gewesen sein. Doch heute sehen es die jungen Generationen eben anders. Und man weiß nicht, ob das Schuften in der digitalen Zeit noch ein heilbringendes Erfolgsrezept ist. Daher kann man sich nicht einfach anmaßend hinstellen und sagen, der stets pünktliche Feierabend mit fluchtartigem Verlassen des Arbeitsplatzes sei per se nur schlecht. Es ist zunächst erst einmal anders. Des Weiteren fällt es den Mitgliedern der Generation Z angeblich schwer, Entscheidungen zu treffen, was häufig als Verantwortungslosigkeit gewertet wird.[58] Doch viele davon sind noch jung und man muss auch erst lernen, Verantwortung zu tragen. Dazu muss man sie aber auch erst einmal übertragen bekommen. Vielleicht ist dieses Verhalten auch das Ergebnis der Helikopter-Eltern, der Super Nannys oder der Elterntaxis. Das beschriebene »zarte Gemüt« wird mit der Tatsache erklärt, dass die »Prinzen und Prinzessinnen« es nicht gewohnt sind, negatives Feedback zu erhalten. Sie wurden demnach behütet und verwöhnt aufgezogen und sind stets und immer für alles gelobt worden. Häufig eben auch, wenn es nicht so gut war. Wenn diese perfekten Wesen dann in den Arbeitsalltag kommen, verstehen sie gar nicht, warum sie sich anpassen sollen und auch mal kritisches Feedback erhalten.« Bei aller Notwendigkeit der Reflexion ist es aber nicht richtig, der Gen Z die Leviten zu lesen und sie schleunigst zur Änderung ihres Arbeitsansatzes bewegen zu wollen, damit es in Deutschland wieder aufwärts geht. Eine unreflektierte Schelte ist jedoch weder zielführend noch fair. Dies verzerrt zudem die wirklichen Verantwortungsverhältnisse, denn die Gen Z ist nicht allein für die Misere der verloren gegangenen Wettbewerbs- und Zukunftsfähigkeit Deutschlands verantwortlich. Die folgenden Gründe sollten daher einen weiteren realitätsverzerrenden Diskurs um die Generation Z eigentlich unterbinden:

1. Verantwortung an der Lage
   Die aktuellen Probleme von Fachkräftemangel und Standortnachteilen hat beim besten Willen nicht allein die Gen Z zu vertreten. Die Verantwortung dafür muss auch bei den früheren Generationen ge-

sucht werden. Das bedeutet, auch sie müssen umdenken, teilweise alte Zöpfe abschneiden und neue Ansätze zulassen.

2. Pauschalität der Zuweisung
   In der Generationenforschung werden bestimmten Generationen häufig gewisse Attribute zugeschrieben.[59] Doch die pauschale Zuweisung gewisser Eigenschaften auf ganze Generationen stellt sich häufig als falsch heraus. Das würde den Menschen allein aufgrund ihres Geburtenjahrgangs Persönlichkeitseigenschaften aufdrücken, ohne die wirklichen Verhältnisse und Eigenheiten des Menschen in Betracht zu ziehen, z. B.: »Alle Angehörigen der Babyboomer-Generation sind digitale Analphabeten«. Jenseits dessen, dass so etwas schon wegen der damit verbundenen Gleichmacherei unakzeptabel ist, stellt dies aus psychologischer Sicht eine unzulässige Verallgemeinerung dar.[60]
3. Generationen-Bashing ist fragwürdig, unfair und nicht zielführend
   Wenn man eine Diskussion über Generationen führen möchte, muss dies aus Gründen der Fairness aber für alle gelten. Boomern und Vertretern der Generation X würde es wahrscheinlich auch nicht gefallen, wenn nur ständig sie und ihre Arbeitsweise kritisiert würden: »Die Alten kleben doch bloß an der Macht, wollen nichts anderes gelten lassen und sind nach wie vor nicht an Geschlechtergerechtigkeit interessiert.« Gründe zur Kritik hätte die junge Generation also durchaus. Wer aber nicht möchte, dass eine solche Generationendiskussion flächendeckend greift, sollte die Diskussion um die Gen Z fair und zielorientiert führen.
4. Erziehung der Gen Z
   Die Eltern der Vertreter der Gen Z sind in den Jahrgängen zwischen 1975 und 1990 sowie an den jeweiligen Rändern zu suchen, also typischerweise die Generationen X und Y. Die Großeltern typischerweise bei den Babyboomern und bei der Generation X. Dass diese nun verbal auf die Vertreter der Gen Z »einschlagen«, ist aber keine Option. Denn diese Generationen haben die Gen Z erzogen.

Der Gymnasiallehrer, Autor und ehemalige Präsident des Deutschen Lehrerverbandes Josef Kraus hat bereits 2015 in seinem Buch »Helikopter-Eltern: Schluss mit Förderwahn und Verwöhnung« auf die Problematik überbehüteter Erziehung hingewiesen.[61] Die Folge sei, dass Kinder unselbständig, unengagiert und maßlos anspruchsvoll würden. Die älteren Generationen können sich also nicht von ihrer Verantwortung für die jetzige Lage freisprechen.

5. Sozialisierung im Arbeitsleben
   Das, was andere Generationen im Alltag vorleben, wird die Gen Z nachahmen. Das Verhalten der Gen Z ist nicht nur den ihr oft zugewiesenen Eigenschaften geschuldet, sondern auch der Vorbildwirkung von Mitarbeitern anderer Generationen. Ähnlich verhält es sich hinsichtlich der Führung. Was Kollegen und Führungskräfte zulassen, wird die Gen Z am Arbeitsplatz auszuprobieren versuchen und dabei auch an die entsprechenden Grenzen gehen. Das, was Führungskräfte von ihnen einfordern, werden sie liefern. Und das, was nicht eingefordert wird, wird die Gen Z auch nicht liefern und dort, wo keine Grenzen gesetzt werden, auch keine einhalten. Es liegt also nicht nur an ihr, sondern auch an den anderen Generationen in den Personen von Führungskräften und Kollegen. Jetzt die Gen Z nur zu schelten, ist daher nicht in Ordnung.
6. Akzeptanz der Entwicklungen
   Ein Redebeitrag des bekannten Kommunikationsforschers Paul Watzlawick, den er während eines Kongresses in den 1980er-Jahren gehalten hatte, lautet sinngemäß: »Ich möchte mit einem Zitat beginnen: ›Die heutige Jugend ist von Grund auf verdorben. Sie ist böse, gottlos und faul. Es wird ihr niemals gelingen, unsere Werte zu erhalten.‹ Das Zitat stammt nicht aus einem konservativen Provinzblatt von vorgestern, sondern von einer babylonischen Tontafel, deren Alter auf mindestens 3.000 Jahre geschätzt wird«.[62] Dass Menschen die nachfolgenden Generationen als böse und faul bezeichnen, ist also kein neues Phänomen im Umgang mit der Ge-

neration Z. Je schneller eine prägende Technologie von der nächsten abgelöst wird, umso schneller verändern sich Lebensumstände und Erfahrungen der Menschen. Die rapiden, teilweise für das Leben der Menschen revolutionären technologischen Veränderungen der letzten 20 Jahre, wie beispielsweise Smartphones, Social Media und KI, haben dazu geführt, dass es nicht nur zwischen Enkeln und Großeltern, sondern inzwischen auch schon zwischen Eltern und Kindern so große Unterschiede in den Erfahrungshorizonten gibt, dass im Vergleich merkliche Unterschiede der wahrgenommenen Lebenswirklichkeiten, Denkmuster und Affinitäten entstehen.[63]

7. Recht jeder Generation
   Jede junge Generation hat das gute Recht, die gesellschaftlichen Regeln und die eigenen Lebensumstände für das bevorstehende Leben nach den eigenen Vorstellungen anzupassen,[64] damit sie es auch nach ihren Vorstellungen führen kann. Wenn dazu das Motto zählt, »erst leben, dann arbeiten«, ist dies von den anderen Generationen zunächst einmal zu akzeptieren, sofern deren Rechte und Lebensumstände nicht nachteilig beeinflusst werden. Doch nur daran Kritik zu üben, weil es sich von den bisherigen Ansätzen unterscheidet, ist nicht akzeptabel.

Die vorherigen Punkte sollen nicht bedeuten, dass die Ansätze und typischen Verhaltensweisen, die der Gen Z zugewiesen werden, alle gebilligt werden müssen. Man kann ihnen durchaus auch kritisch gegenüberstehen und anderer Meinung darüber sein, was richtig und einer positiven Entwicklung der Zukunftsfähigkeit förderlich ist. Ich habe selbst vielfach die Erfahrung gemacht, dass viele, nicht aber alle der Zuschreibungen stimmen. Dass deren Verhaltensweisen für die Beteiligten anderer Generationen befremdlich wirken und ein praktisches Arbeiten in und an Unternehmen durchaus erschweren. Dennoch bleibe ich bei den vorher genannten Punkten. Der Ansatz der Gen Z mag für manche durchaus radikal wirken. Die studentischen Achtundsechziger waren damals auch radikal und völlig anders als die Generationen davor. Das hat auch Staub aufgewirbelt. Doch das war, wenn man Zeitzeugen glaubt, damals notwendig, um die eingefahrenen Muster aufzubrechen.

Laut dem Buch von Susanne Nickel geht bei der Gen Z im Job auch nichts ohne Purpose, also Sinn und soziale Verantwortung im beruflichen Tun. Wie gut dies allerdings zu ihrem Anspruch passt, dass sie weniger arbeiten wollen, was in der Marktwirtschaft irgendwann geringere Löhne nach sich ziehen muss, und dabei gleichzeitig ihrer sozialen Verantwortung für die Gesellschaft nachkommen zu müssen, ist schleierhaft. Vielleicht regelt sich das Ganze ja noch und ist in der Gesamtbetrachtung nachhaltig. Aber vielleicht auch nicht. Den praktischen Beweis von Machbarkeit und Nachhaltigkeit ihres Lebens- und Arbeitsansatzes wird die Gen Z daher auch diesbezüglich erst noch erbringen müssen. Doch die beschriebene Schwarz-weiß-Darstellung des Gen-Z-Verhaltens rechtfertigt das nicht. Das geschieht aber häufig auch deshalb, weil dadurch von den anderen Generationen scheinbar jegliche Mitverantwortung an der Misere abzuperlen scheint. Wenn man jemandem für etwas die »Schuld« geben kann, scheint man selbst nicht daran beteiligt zu sein. Diese in Deutschland oft zu findende Sündenbockkultur erschwert aber die Lösungsfindung, weil sie die wahren Verantwortungsverhältnisse verzerrt. Wer (scheinbar) nicht schuld ist, muss sich auch nicht verändern.

1.2.2 Der Mythos Work-Life-Balance: Lebenskunst oder Leistungsverweigerung?

Kaum ein anderer Begriff wird so spontan genannt, sobald man auf die Generation Z zu sprechen kommt, wie Work-Life-Balance. Kein Wunder, hat doch diese Generation maßgeblich dazu beigetragen, dass sich der Begriff in den letzten Jahren verbreitet hat. Natürlich ist er mit dem Aufkommen von New Work vermehrt verwendet und durch die Maßnahmen während der Corona-Pandemie erst richtig bekannt geworden. Diese Popularität hat er sicherlich der Gen Z zu verdanken, die ihn und seine Inhalte scheinbar wirklich lieben und ihn zu einer Art Credo bei der Gestaltung ihres Lebens- und Arbeitsalltags gemacht haben. Auch bei Letzterem nur scheinbar, weil viele den Inhalt eigentlich gar nicht so genau kennen, und weil andere den Begriff oft nur wegen der mit seiner Verwendung möglichen Aktionen mögen. Was steckt denn hier eigentlich dahinter? Warum ist der Begriff so beliebt und gehasst zugleich? Und wie finden die mit ihm in Verbindung stehenden Maßnahmen in der Praxis eigentlich Verwendung?

Was genau unter Work-Life-Balance zu verstehen ist, lässt sich gar nicht so einfach sagen. Denn es gibt keine allgemein akzeptierte Definition davon, wie dies für viele andere Begriffe im Bereich der Organisation der Fall ist. Dementsprechend vielfältig sind die Meinungen darüber, was damit gemeint sein soll und dementsprechend haben sich auch diverse Missverständnisse eingestellt, welchem Zweck sie dient. Im Grunde genommen suggeriert der Begriff, dass es um einen balancierten Ausgleich zwischen den Sphären von (Privat-)Leben und Arbeit(-swelt) geht. Weder ein reines »Leben, um zu arbeiten«, noch ein pures »Arbeiten, um zu leben«, wenn man so möchte. Denn Arbeit hat ja jenseits des Gelderwerbs auch etwas Bereicherndes,[65] weil sie die natürlichen Bedürfnisse des Menschen nach Gemeinschaft, nach einer erfüllenden Aufgabe (das »Gebrauchtwerden«) oder Selbstverwirklichung befriedigen kann. Sie kann aber auch erdrückend, deprimierend und erschöpfend sein, sowohl inhaltlich als auch in der Fülle, weshalb eben dem Menschen ein ausgeglichenes Verhältnis nützt. Dass bei passendem Ausgleich, Befindlichkeit, Lebensfreude und Leistungsfähigkeit steigen, liegt praktisch auf der Hand.

Die kursierenden Beschreibungen der Work-Life-Balance, die daran geknüpften Erwartungen und Forderungen zeigen jedoch einen vielfältigen Charakter und sind nicht selten von bestimmten Motiven geprägt. Versuchen wir dennoch, anhand der Darstellungen verschiedener Anbieter von Software- oder Recruiting-Lösungen aus dem HR-Bereich eine halbwegs kongruente Beschreibung zu finden. Das in

Deutschland seit den 1990er-Jahren bekannte Work-Life-Balance-Konzept bezeichnet die Ausgewogenheit von Arbeits- und Privatleben mit dem Ziel, einen Ausgleich aus beruflichen Verpflichtungen, privaten Angelegenheiten und Regenerationsphasen zu schaffen.[66] Wie schwierig hier allerdings eine halbwegs allgemeingültige Beschreibung ist, zeigen schon die Begriffe Ausgewogenheit und Balance, denn was der eine als ausgewogen betrachtet, kann einem anderen schon zu viel sein.[67] Alle diesbezüglichen Ansätze legen die vier Säulen des Lebensbalance-Modells nach Nossrat Pesseschkian, einem iranischen Neurologen und Psychiater, zugrunde. Demnach sind die Menschen dann zufrieden und langfristig belastbar, wenn die folgenden vier wichtigen Lebensaspekte ausgewogen sind:

- Leistung, Beruf und Finanzen
- Körper und Gesundheit
- Beziehungen und Familie
- Sinn und Werte

Viele Darstellungen listen nicht selten überwiegend die Vorteile der Work-Life-Balance auf sowie die Maßnahmen, welche die Arbeitgeber zu deren Erreichung ergreifen sollten. Diese reichen von großzügigen Lösungen für die persönliche Wahl von Arbeitszeit und -ort ohne jegliche Zwänge und Verpflichtungen für die Arbeitnehmer, über umfassende interne und externe Sportangebote für die Beschäftigten, die ausschließlich der Arbeitgeber zu finanzieren habe, über gesunde, vielfältige, aber billige Ernährungsangebote in der Kantine und kostenfreie Getränke und Snacks bis hin zu bezahlten und während der Arbeitszeit stattfindenden Fortbildungsmaßnahmen wie Meditation, Entspannungstechniken, Rückenschule oder digitale Detox-Kurse. Bei Projekten mit Zeitdruck möge man doch einfach nur mehr Zeit einplanen, um den Mitarbeitern den Druck zu nehmen. Man solle sie außerdem einfach von offensichtlich unnötigen Tätigkeiten entbinden und sie dadurch entlasten, oder ihnen gar die Möglichkeit einräumen, ihre persönliche Arbeit selbst so anzupassen, dass sich ihre Arbeitseffizienz erhöht. Und: Pausen sind wichtig. Mindestens einmal am Tag soll die Arbeit für eine längere Zeit unterbrochen werden.

Diese Ausführungen sind real, davon kann man sich durch einen Blick ins Internet leicht überzeugen. Dabei zeigt sich, wie aus dem prinzipiell guten und für Arbeitgeber und Arbeitnehmer sinnvollen Konzept der Work-Life-Balance ein Forderungskatalog wurde, gespickt mit Merkwürdigkeiten und Absurditäten. Der gesunde Menschenverstand und grundlegende Arbeitstechniken, die man früher schon im ersten Berufsjahr erlernt hat, tauchen hier plötzlich als Allheilmittel der Work-Life-Balance im digitalen Zeitalter auf. Vieles davon ist auch im Zenit des Booms Ende der 2010er-Jahre, als Fachkräfte eben händeringend gesucht wurden, in vielen Unternehmen zur realen Forderung geworden. Kostenlose Getränke hier, eine zusätzliche Fußstütze da, ein firmeneigenes Fitnessstudio dort. Das wurde dann zwar nur wenig genutzt, aber man musste es haben, weil das Nachbarunternehmen es ja auch hatte. Oder 20 Prozent frei verfügbare Arbeitszeit für Smalltalk zur Steigerung von Wohlbefinden, Kreativität und Gemeinsinn. Im Fall des Letzteren habe ich am Anfang von Corona ein Unternehmen erlebt, bei dem ein Mitarbeiter während dieser Kreativzeit, also die 20 Prozent, die während der Arbeitszeit für besagte Aktivitäten tatsächlich gewährt worden waren, seinem Nebenjob nachgegangen war und für ein anderes Unternehmen gearbeitet hatte. Dabei sprachen übrigens Vertreter aller Generation auf diese Annehmlichkeiten und Angebote an. Hinzu kamen dann noch die Forderungen vieler in dieser Zeit ins Berufsleben einsteigender Vertreter der Generation Z auf pünktlichen Feierabend und Überstundenfreiheit zur Sicherstellung ihrer Work-Life-Balance. Damit war die Work-Life-Balance in nicht wenigen Firmen zum »Wünsch Dir was« der Annehmlichkeiten mutiert. Kein Wunder, dass sich der Begriff für viele Führungskräfte zum Reizwort entwickelte.

Dabei handelt es sich – wie erwähnt – um ein für Arbeitgeber und Arbeitnehmer zweifellos vernünftiges Konzept. Denn in diesem Sinn ausgewogene Mitarbeiter sind zufriedener, erbringen eine bessere Leistung und sind dem Unternehmen gegenüber loyaler. Doch das wusste man schon vor mehr als 30 Jahren. Dass ständige Arbeitsüberlastung der Gesundheit und Leistungsfähigkeit schadet und dass eine stetige Überforderung am Arbeitsplatz angsteinflößend und lähmend wirkt, merkt man schnell. Und dass der Mensch bei stetiger Unterauslastung oft auf dumme Gedanken kommt und er bei andauernder Unterforderung seines geistigen Potentials abstumpft ebenso. Zudem haben Europäisches Parlament und Europäische Kommission im Jahr 2017 zur besseren Vereinbarkeit von Berufs- und Privatleben in der Europäischen Säule der sozialen Rechte für Eltern und Menschen mit Betreuungs- oder Pflegepflichten das Recht auf flexible Arbeitszeitregelungen geschaffen.[68] Da ist es definitiv sinnvoll, die förderlichen Inhalte der Work-Life-Balance an die neue Arbeitswelt von New Work anzupassen. Wenn dazu dann Dinge wie die Einschränkung der stetigen Erreichbarkeit nach Feierabend oder die Anpassung von Arbeitszeitmodellen zählt und unter dem Strich für Arbeitgeber und Arbeitnehmer mehr herauskommt, warum denn nicht? Dann aber zielgerichtet und fair und nicht als einseitiger Aktionismus.

Das Problem dabei ist, dass neben den beschrieben seltsamen Blüten viele die Handlungspflicht nur einseitig beim Arbeitgeber sehen. Dort liegt sie aber bei Weitem nicht ausschließlich, wenn man sich die vier Säulen der Lebensbalance im Detail ansieht. Hier tragen überwiegend die Arbeitnehmer die Verantwortung, denn auf Gesundheit und Fitness ist nicht nur am Arbeitsplatz zu achten, sondern auch im Privatleben durch sportliche Betätigung, gesunde Ernährung oder ausgewogenen Lebensstil. Ein firmeneigenes Fitnessstudio fordern, privat aber das Gegenteil leben und allen Genüssen zugeneigt zu sein, auch Alkohol oder Drogen, sodass regelmäßig der ein oder andere Arbeitstag wegen schlechter Verfassung wegfallen muss, das passt schlecht zusammen.

»Warum diese Argumentation?«, mag sich mancher fragen. Weil ein solches Verhalten leider im Jahre 2025 die Realität ist, natürlich nicht generell, aber spürbar. Sinn und Werte vermittelt nicht nur der Arbeitsplatz, sondern auch das Privatleben. Familie und soziale Kontakte sind aber ohnehin Dinge, bei denen sich der Arbeitgeber vornehm zurückhalten und nur bei Bedarf gezielt eingreifen sollte. Beim Thema Leistung und Finanzen spielt das Privatleben eine ebenso entscheidende Rolle. Niemand kann auf Dauer über seine Verhältnisse leben, und auch keiner kann stets mehr ausgeben als er eigentlich einnimmt und zur Beibehaltung des Überflusses dann ohne weitere Zusatzleistung einfach seine Einnahmen erhöhen (mit Ausnahme des Staates). Wo der Arbeitgeber helfen kann und auch seinen Teil des Nutzens davon hat, hat es Sinn, den Beitrag zu den vier Säulen zu leisten. Doch erstens müssen diese Maßnahmen nicht ausschließlich arbeitgeberfinanziert sein, denn der Arbeitnehmer profitiert ja auch davon. Und zweitens muss der Arbeitnehmer selbst seiner Pflicht zur Work-Life-Balance auch im Privatleben nachkommen, wenn er sie vom Arbeitgeber fordert. Wer nehmen will, muss auch seinen Teil geben. Auch der Arbeitnehmer selbst muss dann etwas für die Aufrechterhaltung seiner Arbeitskraft und seiner Beschäftigungsfähigkeit tun.[69] Doch an diesen beiden Punkten scheiden sich die Geister meist. Der Fachkräftemangel der letzten Jahre hat diese Entwicklung sicherlich beflügelt. Hier ist die gute Balance aus Anspruch und Leistung, d. h. des Gebens und Nehmens, beschädigt. Stichworte sind auch hier Lohnkosten und Produktivität. Darauf werden wird später noch zurückkommen. Unter vielen Beschäftigten hat sich ein Anspruchsdenken eingenistet, ganz nach dem Motto: »Das steht mir doch zu, und wenn das Unternehmen etwas will, dann muss es auch etwas für uns tun«. Nicht selten wird dieses falsche Verständnis einer Work-Life-Balance als Grund dafür angeführt, lieber einmal mehr als weniger einen Tag in den Krankenstand zu treten: »Wenn mich die Arbeit so stresst, muss ich zur Work-Life-Balance halt mal einen Tag zu Hause bleiben«. Die Spitze dieser Fehlentwicklung ist dann erreicht, wenn arbeitsunwillige Mitarbeiter versuchen, sich unter Berufung auf die Work-Life-Balance ganz offiziell vor ihrer Arbeit zu drücken. Diese Formulierung trifft vermutlich weder den Zeitgeist noch wird sie ohne Kritik bleiben. Doch Drückeberger und faule Menschen hat es immer schon gegeben, da ändert auch der Zeitgeist nichts daran. Und die gibt es auch im Jahr 2025 noch, auch wenn diese Feststellung vor allem bei Arbeitnehmervertretern nicht gut ankommt.

Durch Missverständnisse sind auf allen Seiten falsche Vorstellungen von der Work-Life-Balance entstanden. Diese haben sich festgesetzt, das reicht bis hin zu Leistungsverweigerung: »Solange die versprochene halbe Stunde Team-Zeit pro Woche nicht gewährt wird, mach' ich nur noch halbe Fahrt« – das ist eine einseitige Leistungsreduzierung des Arbeitnehmers, die natürlich jeder Rechtsgrundlage entbehrt. Auf der anderen Seite verweigert ein Arbeitgeber kategorisch eine flexiblere und bedarfsgerechte Erweiterung der rigiden Homeoffice-Regelung, »solange die Kaffeekränzchen in der Teeküche nicht aufhören«. Zu dieser unglücklichen Entwicklung, die auch spaltende Wirkung hat, dürfte die Begriffsbildung selbst beitragen haben: Kritiker bemängeln nämlich, dass die Begriffe Arbeit und Freizeit als Gegensätze darstellt werden. Dies suggeriert, dass Arbeit nur eine notwendige und oftmals ungeliebte Tätigkeit ist, die durch das erfüllende Private wieder kompensiert werden muss.[70] Dabei wird unterschlagen, dass Arbeit wie bereits erwähnt auch etwas Erfüllendes und Bereicherndes darstellt. Diese Kritik hat zu neuen Ansätzen und Begriffen geführt wie etwa Work-Life-Integration oder Work-Life-Blending.[71] Diese Begriffe machen deutlicher, dass Arbeit und Leben nicht unbedingt getrennt werden müssen, sondern zusammengeführt das Wohlbefinden der Menschen erhöhen können. Wenn die unvermeidliche (Erwerbs-)Arbeit und das sinnstiftend heitere (Privat-)Leben im Sinne der genannten Lebensbalance zusammengeführt werden, kann das zur Bereicherung werden. Das ist dann eine Lebenskunst, nämlich eine »reflektierte, anspruchsvolle, kompetente und selbstbestimmte Art zu leben«.[72]

1.2.3 Zwischen Chillkultur und Burnout – die Zerrissenheit der Moderne

Mehr Freizeit – das wurde in den letzten Jahren mehr und mehr gefordert. Jüngst 2025 bei den Tarifverhandlungen im öffentlichen Dienst. Mit »mehr Geld und mehr Urlaub« lässt sich das Ergebnis der Verhandlungen zusammenfassen, wonach es neben den Lohnerhöhungen ab dem Jahr 2027 einen zusätzlichen Urlaubstag gibt und es für die meisten Beschäftigten möglich sein wird, Teile des 13. Monatsgehalts in bis zu drei freie Tage umzuwandeln.[73] Der Vorsitzende der zuständigen Gewerkschaft Verdi wird zitiert, dass »niemand gedrängt werden kann, mehr zu arbeiten – das ist Teil der Tarifvereinbarung«.[74] Schon länger gibt es auf breiter Front Forderungen nach mehr Freizeit, zuletzt vermehrt in Form der Vier-Tage-Woche: mehr Freizeit, um sich vom Stress der Arbeit zu erholen. Aber auch einfach um mehr vom Leben zu haben, so häufig der Tenor. Freizeit und Erholung sind ja im Prinzip nichts Schlechtes, wozu auch immer die Menschen ihre Freizeit verwenden. Hobby, Reisen, Gesellschaft oder – wie man heute sagt – einfach nur »abzuhängen« oder zu »chillen«. Seit gut 20 Jahren ist der Begriff »chillen« im Duden mit der Bedeutung von »sich [nach einer Anstrengung] erholen; entspannen« aufgeführt.[75] Vor gut zehn Jahren bei jüngeren Generationen populär geworden, hat sich der Begriff mittlerweile in der allgemeinen Umgangssprache etabliert. Aber nicht nur der Begriff, sondern auch das »Chillen« selbst ist populär geworden.

Einer repräsentativen Studie unter knapp 4.000 Beschäftigten aus dem Jahr 2023 nach ist für die Menschen in Deutschland Arbeit nicht mehr alles. Sie wollen demnach »mehr leben und weniger schuften«.[76] Nicht nur, dass laut der Studie die Menschen immer unzufriedener mit ihrer Arbeitsstelle sind. Auch der Stellenwert der Arbeit und die Berufsbindung sinken demnach in wachsendem Maße: Nur noch knapp 50 Prozent der Befragten gab an, dass ihnen ihr derzeitiger Beruf viel bedeutet.[77] Dies unterscheidet sich laut der Studie zwar je nachdem, welche Generation betrachtet wird. Vor allem die Generation Y wird in der Studie bezüglich der nachlassenden Berufsbindung herausgestellt. Doch es betrifft auch die anderen Generationen. In der Gen Z gibt es demnach die Einstellung »lieber kein Job, als unglücklich in einem Job gefangen, der uns herunterzieht«.[78] Ein Leben ganz ohne Beruf war im Jahr 2023 laut der Studie sogar nur noch für eine Minderheit von 49 Prozent undenkbar.[79] Als beste Maßnahmen für Unternehmen, sich im Wettbewerb um Personal durchzusetzen, nannten die Befragten der Studie eine höhere Entlohnung gefolgt von der Einführung der Vier-Tage-Woche bei vollem Lohnausgleich.[80] Mehr Geld und dafür weniger arbeiten also. Vor allem aber anscheinend mehr Freizeit, denn eine weitere HDI-Studie aus dem Jahr 2024 zeigt, dass mehr als die Hälfte aller Vollzeit-Beschäftigten in Teilzeit arbeiten würde, wenn es ein Angebot gäbe.[81] Bemerkenswert ist bei den Ergebnissen dieser Studie, dass sich 2024 56 Prozent der unter 45-Jährigen die Teilzeit sehr gut vorstellen können, wogegen es bei den Personen ab 45 Jahren lediglich 45 Prozent waren.[82]

Wahrscheinlich liegt es in der Natur des Menschen, es sich immer noch besser gehen lassen zu wollen, obwohl es ihm bereits sehr gut geht. Die Deutschen konnten sich im Boom immer mehr leisten, die Arbeitslosigkeit wich der Vollbeschäftigung und der Fachkräftemangel machte in der zweiten Hälfte des Jahrzehnts einen Wechsel in lukrativere Positionen relativ einfach. Dazu kam eine jüngere Generation, der »Chillen« wichtiger war als den Älteren. Infolgedessen hat sich im Laufe der Zeit in der Gesellschaft der Wunsch nach immer mehr Freizeit trendmäßig durchgesetzt. Wie wir später noch sehen werden, ist in dieser Zeit auch die jährliche Arbeitsleistung der Deutschen Jahr für Jahr gesunken. Die Freizeit- und Chillkultur hat sich jedenfalls inzwischen etabliert. Der am Ende der 2010er-Jahre in den Niederlanden entstandene Trend zum »Niksen«, das ist das niederländische Wort für Nichtstun, ist mittlerweile auch nach Deutschland herübergeschwappt. Obwohl man beim Chillen jugendsprachlich formuliert nur »abhängt«, muss das nicht unbedingt völliges Nichtstun bedeuten. Mit Niksen werden regelmäßig Nichtstun und Faulenzen propagiert,[83] um nicht ständig an den nächsten Termin zu denken, aus dem Hamsterrad auszubrechen und den Kopf freizubekommen. Das kann auch bedeuten, sich nicht ständig durch soziale Medien ablenken zu lassen. Laut der Online-Enzyklopädie Wikipedia wird der Begriff Niksen seit 2019 verstärkt als Modewort für einen propagierten entspannten Lebensstil benutzt.[84] Obwohl richtiges Nichtstun eigentlich nach dem Einfachsten der Welt klingt, müssen das aber viele angeblich wieder erlernen, weshalb es dazu auch passende Ratgeber gibt.[85]

Die mittlerweile etablierte Freizeit- und Chillkultur scheint allerdings nur eine Facette der realen Situation zu sein. Denn laut der zitierten HDI-Studie klagen 31 Prozent der Berufstätigen über erhöhten Arbeitsdruck durch Personalmangel.[86] Daher wird gemutmaßt, dass den Deutschen »die Lust am Arbeiten tatsächlich während und nach der Pandemie vergangen« sein muss, denn noch im Jahr 2019 hatten in der damaligen HDI-Studie deutlich weniger Menschen angegeben, »den Job an den Nagel hängen zu wollen«.[87] Die psychische Belastung der Mitarbeiter ist in den 2020er-Jahren anscheinend deutlich gewachsen, denn im Jahr 2024 haben laut der DAK Depressionen erneut die meisten Fehltage verursacht.[88] Inzwischen ist die Psyche die häufigste Ursache für Berufsunfähigkeit und Depressionen, Burnout und Nervenleiden treten anscheinend mittlerweile bereits in sehr frühen Lebensphasen auf.[89] Als in den 2000er-Jahren das Phänomen des Burnouts bekannt wurde, nahm die Zahl der gemeldeten Fälle bis zum Jahr 2010 jährlich stetig zu. In den Jahren des Booms zwischen 2011 und 2020 pendelte sich laut Statistischem Bundesamt beispielsweise die Zahl der auf Burnout zurückzuführenden Arbeitsunfähigkeitsfälle je tausend Mitglieder der AOK auf jährliche Werte zwischen 4,5 und 5,9 ein.[90] Das war ein stetes Auf und Ab, wobei die Zahlen gegen Ende des Jahrzehnts sich stetig steigend dem Maximalwert näherten. Nach einem Wert von nur 5,5 im Corona-Jahr 2020 stiegen die Werte dann jedoch merklich an auf 6 im Jahr 2021 und 6,8 im Jahr 2022.[91] Auch wenn Burnout inzwischen nicht mehr die Aufmerksamkeit genießt wie noch vor fünf oder zehn Jahren, hat sich das Problem verschärft. Bereits im Jahr 2020 hat das Statistische Bundesamt gezeigt, dass Zeitdruck und Arbeitsüberlastung inzwischen den stärksten Einfluss auf das psychische Wohlbefinden haben.[92] Diese Fakten in Verbindung mit den obigen Ausführungen hinsichtlich Krankheit und Berufsunfähigkeit zeigen aber, dass die psychische Belastung der Beschäftigten seit Corona deutlich zugenommen hat. Als Gründe für die Zunahme der Burnouts werden u. a. Zeitverdichtung, permanente Erreichbarkeit und die schnellere Frequenz von negativen Nachrichten gesehen, etwa über die Sozialen Medien.[93] Nun hört man gerade in diesem Kontext auch immer Aussagen wie »Also doch die Gen Z, die durch Social Media nicht mehr arbeiten kann!« oder Fragen wie »Warum schränken die jungen Generationen dann ihren Social Media Konsum nicht ein, wenn sie schon davon krank werden?« oder »Warum sollen die Allgemeinheit oder die Arbeitgeber diese Fehlzeiten finanzieren?« Solche Pauschalierungen greifen nicht nur zu kurz, sie sind auch nicht sachgerecht. Deshalb wollen wir hier gar nicht näher darauf eingehen. Fakt ist, dass eine steigende Zahl der Beschäftigten überlastet ist und sich die Zahl der Burnouts stetig nach oben entwickelt. Gleichzeitig haben wir eine immer stärkere Forderung nach weniger Arbeit, die nicht nur der Entlastung vom beschriebenen Stress dient, sondern eben dem Zeitgeist einer Freizeit- und Chillkultur. Man sieht, wie zerrissen sich die Lage der Beschäftigten darstellt. Da mag man sich zu Recht fragen, ob es denn keinen Normalzustand mehr gibt. Die Menschen spüren vermehrt die Unsicherheit und sind dementsprechend am Arbeitsplatz angespannt. Dazu kommt die immer schnelllebigere digitale Welt. Kein Wunder, dass sich viele nach Entlastung sehnen, um nicht umzufallen. Gleichzeitig gibt es viele, die nur noch weniger arbeiten wollen, sei es, um zu Chillen oder sei es, um einfach anderen Freizeitbeschäftigungen nachgehen zu können. Gründe hierfür werden wir in Kapitel 2 betrachten.

1.3 Leistung in der Krise: Zahlen, Studien, Alltagssymptome

»Fakten, Fakten, Fakten und an die Leser denken«. Das war in den 1990er-Jahren ein Werbeslogan eines bekannten Nachrichtenmagazins.[94] Fakten nehmen einem emotional geführten Diskurs häufig nicht nur die Schärfe, sondern vor allem auch die mangelnde Objektivität. Die im vorhergehenden Kapitel diskutierten weichen Themen wie Chillen, Work-Life-Balance oder mangelnde Leistungsbereitschaft sind nicht selten Inhalte hitziger Diskussionen, wenn es darum geht, die tieferen Ursachen der derzeitigen Wirtschaftsflaute zu ergründen. Dementsprechend ist es bei unserer Diagnose der Schieflage opportun, sich auch einmal verfügbaren Fakten zu widmen. Doch bei aller Nüchternheit und Klarheit, die diese vielleicht zu vermitteln vermögen, müssen wir auch weitere Punkte auf dem Weg zur Begründung der erodierenden Leistungsbereitschaft betrachten, um ein halbwegs klares Bild zu erhalten.

1.3.1 Krankenstand, Arbeitszeit und Produktivität: Zahlen und Fakten mit Sprengkraft

Wie ist das nun in Deutschland wirklich mit dem Willen zu Arbeit und Leistung? Sind die Deutschen faul geworden oder ist das nur Stimmungsmache? Wollen sich die Deutschen wirklich nicht mehr anstrengen? Ist Deutschland wirklich nicht mehr wettbewerbsfähig oder ist das nur Stammtischgerede? Um das objektiv beurteilen zu können, hilft ein kurzer Blick auf die Fakten. Sehen wir uns einmal die jährliche Arbeitsleistung der Menschen in verschiedenen Ländern an. Bei solchen Statistiken ist durchaus Vorsicht geboten, weil es zahlreiche verschiedene Methoden der Berechnung und Darstellung gibt. Dennoch lässt sich als Ergebnis feststellen, dass Deutschland einen der geringsten Werte für die Jahresarbeitsleistung aller Länder der Welt aufweist. Einer Darstellung der OECD zufolge waren es 2022 gerade einmal 1.349 Arbeitsstunden, die ein durchschnittlicher Arbeitnehmer in Deutschland geleistet hat.[95] In den USA waren es laut der OECD hingegen 1.791. Dabei ist zu berücksichtigen, dass in Deutschland ungefähr 30 Tage bezahlter Urlaub pro Jahr üblich sind, in den USA sind es hingegen im Durchschnitt etwa die Hälfte. Des Weiteren gibt es in Deutschland und in anderen europäischen Ländern im Vergleich zu den USA eine großzügige Lohnfortzahlung im Krankheitsfall – dies trägt natürlich zu diesem großen Unterschied bei. Doch auch im innereuropäischen Vergleich leisten die Deutschen laut OECD-Studie am wenigsten Arbeitsstunden. Deutschland lag demnach 2022 mit 1.349 Stunden noch hinter dem vorletzten Dänemark mit 1.363 Stunden.[96] Am meisten arbeiten in Europa demnach die Polen, Rumänen und Kroaten mit in etwa 1.830 Stunden, weltweiter Spitzenreiter ist Mexiko mit über 2.100 Stunden. Wenn man mehrere Quellen zu Rate zieht und die Entwicklung über die letzten ein bis zwei Jahrzehnte betrachtet, lässt sich objektiv feststellen, dass sich diese Entwicklung für Deutschland seit Jahren abzeichnet und sich der Abwärtstrend bei den Arbeitsstunden über viele Jahre kontinuierlich fortgesetzt hat. Im Jahr 2024 arbeiteten laut dem Institut für Arbeitsmarkt- und Berufsforschung Erwerbstätige in Deutschland im Schnitt rund 1.332 Stunden.[97] Auch wurden 2024 gegenüber dem Vorjahr weniger Überstunden geleistet und die Zahl der Kurzarbeiter sei im Jahresdurchschnitt im Vergleich zu 2023 um 25 Prozent auf 300.000 Personen angestiegen.[98] In diesem Kontext ist noch interessant zu betrachten, dass laut Statistischem Bundesamt im Jahr 1970 in Westdeutschland die durchschnittliche Arbeitsleistung bei 1.966 Stunden und im Jahr 1991 noch bei 1.559 Stunden lag.[99] Im Vergleich zu 1985 mit 1.671 Stunden ist die Arbeitsleistung knapp 40 Jahre später im Jahr 2023 demnach um etwa 22 Prozent gesunken.[100] Der Lebensstandard ist in dieser Zeit aber u. a. durch technische Fortschritte merklich gestiegen.

Die Bedenken, die Deutschen seien arbeitsscheu, werden aber nicht nur vom gezeigten Rückgang der Arbeitsstunden gestützt, sondern vom steten Anstieg der Krankheitstage der Beschäftigten. Viele

Unternehmen quält gerade dieses Thema. Laut Statistischem Bundesamt sind die Krankheitstage je Beschäftigten seit 2007 von 8,1 Tagen bis zum Jahr 2023 kontinuierlich auf 15,1 Tage angestiegen, der Wert für 2024 dürfte ähnlich hoch sein. Auch wenn der starke Anstieg mit den Corona-Jahren auch auf die seitdem geänderte Zahlenerhebung zurückgeführt wird, so herrscht dennoch mehr oder weniger Klarheit darüber, dass der Krankenstand nach wie vor Jahr für Jahr steigt und in Deutschland im internationalen Vergleich auf hohem Niveau liegt. Ende 2024 hatte der Mercedes-Vorstandschef Ola Källenius den hohen Krankenstand in Deutschland angeprangert.[101] Es dürfe laut Källenius in Deutschland nicht mehr so einfach sein, sich krankzumelden, denn »wer ungerechtfertigt krankmacht, verhält sich unsolidarisch", sagte er in einem Interview.[102] Die Antworten von Gewerkschaften und Betriebsräten ließen nicht lange auf sich warten: Diese Entwicklung sei auf die schlechten Arbeitsumstände und schlechte Führung zurückzuführen. »Wertschätzung und Anerkennung« seien laut Mercedes-Benz-Betriebsratschef Ergün Lumali schließlich »die beste Medizin«.[103] Die Möglichkeit, dass Källenius Recht haben könnte, wurde dabei gar nicht erst in Betracht gezogen. Weil auch viele andere Unternehmen unter den Folgen des Krankenstands litten, der sich nicht nur in Form der Lohnkosten, sondern auch in Form nicht verfügbarer Arbeitskräfte bemerkbar macht, kam nach vielen Jahren 2024 wieder einmal die Idee von Karenztagen in den Fokus der öffentlichen Diskussion. Der Vorstandsvorsitzende der Allianz-Versicherung Oliver Bäte bezeichnete in diesem Zusammenhang Anfang 2025 die Deutschen als »Weltmeister bei den Krankmeldungen« und schlug zur Bewältigung der dadurch entstehenden Kosten die Lohnstreichung für den ersten Krankheitstag vor.[104] Für den ersten Tag der Krankheit soll der Arbeitnehmer kein Geld erhalten. Dies soll das anscheinend zu leicht fallende Krankfeiern (»da bleib' ich heute mal lieber zu Hause«) eindämmen. In Schweden gibt es diesen Karenztag übrigens. Dadurch soll das Risiko der Krankheit des Arbeitnehmers nicht der Arbeitgeber allein tragen, sondern der Arbeitnehmer auch an den wirtschaftlichen Folgen beteiligt werden. Interessantes Ergebnis einer Befragung des Meinungsforschungsinstituts Civey aus dem Januar 2025 in diesem Zusammenhang ist, dass 53 Prozent der Befragten im Fall solcher Karenztage bei einer leichten Erkrankung lieber zur Arbeit gehen als auf das Geld verzichten würden.[105] Ein Schelm, wer Böses dabei denkt. Das kann man aber auch als Argument gegen die Karenz verwenden, weil dann angeblich viele krank arbeiten würden. Dasselbe wurde auch gegen den Vorschlag eingewandt, dass man zukünftig auch halbe Tage krankschreiben solle. Daraufhin verschwanden beide Themen wieder aus der öffentlichen Diskussion.

Dementsprechend ist angesichts der Diskussion um Wettbewerbsfähigkeit und Produktivität die Frage berechtigt, ob das derzeitige Minimum im Hinblick auf die Anstrengungen zur Schaffung und Sicherung unseres Wohlstands ausreichend ist. Daran regen sich seit den zunehmenden wirtschaftlichen Problemen und dem in der Presse kursierenden Thema Deindustrialisierung mehr und mehr Zweifel.[106] Verstärkt wird dies noch durch die bereits erwähnte Standortdiskussion, die Unternehmen veranlasst über Produktionsverlagerungen ins Ausland, sogar in die Schweiz, nachzudenken. Denken wir auch noch einmal an den erwähnten starken Anstieg des Mindestlohns in den letzten Jahren, dieser hätte, so ist zu hören, viel Produktivität gekostet. Laut Statistischem Bundesamt ist die Arbeitsproduktivität über alle Wirtschaftsbereiche hinweg die letzten beiden Jahre tatsächlich Jahr für Jahr gesunken.[107] 2023 um 1 Prozent und 2024 um 0,4 Prozent. Gleichzeitig seien die Lohnstückkosten Jahr für Jahr deutlich gestiegen: 2022 um 4,3 Prozent, 2023 um 6,9 Prozent und 2024 nochmals um 5,4 Prozent.[108] Doch auch die Jahre zuvor gingen mit der Digitalisierung der Wirtschaft offenbar keine signifikanten Produktivitätsfortschritte einher, was als »Produktivitätsparadoxon« bezeichnet wird.[109] Die Produktivität der deutschen Wirtschaft stagniert demnach seit knapp zehn Jahren. Dementsprechend forderte Bundeskanzler Friedrich Merz vor seiner ersten Regierungserklärung im Mai 2025 von den Deutschen eine »gewaltige

Kraftanstrengung«, denn, so Merz, »mit Vier-Tage-Woche und Work-Life-Balance werden wir den Wohlstand dieses Landes nicht erhalten können«.[110] Ähnliches gab es bereits in den 1990er-Jahren als die Tigerstaaten (Südkorea, Singapur, Taiwan und Hongkong) in Asien einen rasanten wirtschaftlichen Aufstieg erlebten und damit die deutsche Wirtschaft in arge Bedrängnis brachten. Der damalige Bundespräsident Roman Herzog sagte 1996 in seiner Weihnachtsansprache deshalb: »Wir werden uns anstrengen müssen, wenn wir mit dieser Dynamik mithalten wollen.« 30 Jahre später fordert der neue Bundeskanzler wieder ähnliche Anstrengungen. Ins gleiche Horn blies kurz darauf Merz' Parteikollege Carsten Linnemann, der darauf hinwies, dass Work-Life-Balance-Konzepte keinen Wohlstand produzierten.[111] Erwartungsgemäß stießen diese Aussagen nur auf ein geteiltes Echo. Der Hintergrund war hier der Ansatz der neuen Bundesregierung, den Acht-Stunden-Tag durch eine wöchentliche Höchstarbeitszeit abzulösen, um Unternehmen mehr Flexibilität zu ermöglichen. Zudem kamen 2025 wieder einmal Forderungen nach Abschaffung von gesetzlichen Feiertagen zur Erhöhung der Jahresarbeitsleistung auf. Der Präsident der Vereinigung der Bayerischen Wirtschaft, Wolfgang Hatz, forderte im Mai 2025 die Streichung mehrerer Feiertage, um den wirtschaftlichen Aufbruch zu schaffen.[112] Einer Umfrage der Prüfungs- und Beratungsgesellschaft Ernst & Young vom Januar 2025 zufolge gibt in Deutschland nicht einmal jeder zweite Beschäftigte sein Bestes. Mit einem Wert von nur 48 Prozent liegen die Deutschen weit hinter dem internationalen Durchschnitt von 54 Prozent. [113] Immer mehr verdienen, immer weniger arbeiten und dabei nicht das Beste, das Leistungsoptimum, geben. So scheint die Entwicklung in Deutschland zu sein. Das spricht Bände.

1.3.2 Die stille Erosion der Leistungsbereitschaft

In Kapitel 1.1.3 haben wir festgestellt, dass es im In- und Ausland zunehmend Meinungen gibt, wonach die Deutschen bei Weitem nicht mehr so fleißig seien und das harte Arbeiten verlernt hätten. Im April 2025 spitzte es die US-Nachrichtenagentur Bloomberg sogar noch weiter zu: Zu krank, zu faul, zu unambitioniert.[114] »Sind wir Deutschen einfach zu faul?« lautete der zugehörige Artikel des Nachrichtenmagazins Spiegel, in dem der Bloomberg-Kolumnist Chris Bryant mit der Frage »Haben die Deutschen ihre berühmte Arbeitsmoral vergessen?« zitiert wird. In vielen Medienberichten wird jedoch Schwarz-Weiß-Malerei betrieben, denn wer seine Arbeit langsamer angeht, muss nicht unbedingt faul sein. Aber den Deutschen scheint es tatsächlich mehr und mehr am Willen zu fehlen, wie in den Jahrzehnten zuvor im internationalen Vergleich mehr zu leisten. Das muss sich dabei nicht nur auf die Quantität beziehen, sondern betrifft zwangsläufig auch die Qualität. Denn wer kürzer arbeitet, kann trotzdem mehr leisten als ein anderer mit längerer Arbeitszeit. Doch genau hier scheint sich in den vergangenen Jahren viel verändert zu haben, denn »an vielen Stellen fehlt der Hunger nach Leistung«, so der Unternehmensentwickler Ulvi Aydin.[115] Laut Aydin müssten die High Performer, also Menschen, die im Unternehmen mehr leisten als andere, auch mehr verdienen als andere, eventuell sogar mehr als ihre Chefs.[116] Ein Gedanke, der in Deutschland bislang nur schwer Akzeptanz findet. Zwar gibt es schon lange Forderungen nach »gleichem Geld für gleiche Arbeit«, aber nicht nach »gleicher Leistung für gleiches Geld«. Wer in der gleichen Tarifgruppe ist wie der Kollege, wird in vielen Fällen nicht mehr dazu angehalten, auch das Gleiche zu leisten. Gerade beim Thema »Leistungserfassung der Mitarbeiter« gibt es nicht selten Knatsch zwischen Management und Betriebsrat.[117] Leistung scheint in Deutschland also nicht mehr so im Vordergrund zu stehen. Die Leistungsgesellschaft ist mit der Kapitalismuskritik, die seit der Pandemie gewachsen ist, wieder stärker unter Druck geraten. Doch mangelnder Leistungswille ist nicht gleichbedeutend mit Faulheit. Die könnte man eher in Richtung einer mangelnden Leistungsbereitschaft verorten. Doch wie man es auch immer benennen mag und egal, welche äußeren Einflüsse dazu beigetragen haben mögen: Der Wille der Deutschen, beruflich hohe Leistungen zu bringen, scheint sowohl im

Vergleich zu früheren Jahrzehnten als auch im internationalen Vergleich spürbar nachgelassen zu haben, sowohl bei der Quantität als auch der Qualität der Arbeit. Im vorherigen Kapitel haben wir gesehen, dass Deutschland trotz Krise und Nullwachstum nach wie vor das internationale Schlusslicht hinsichtlich der jährlich geleisteten Arbeitsstunden ist. Dass es auch anders gehen kann, sei am Beispiel Griechenland gezeigt. Das Anfang der 2010er-Jahre wirtschaftlich arg gebeutelte Land hat sich mittlerweile aus seiner Krise herausgearbeitet und Mitte 2024 die Möglichkeit der freiwilligen Sechs-Tage-Woche eingeführt. Leistung solle sich wieder lohnen, heißt es.[118] Dies spiegelt sich mittlerweile auch im Sprachgebrauch wider. In den 1990er-Jahren war es in Deutschland bei Bewerbungen ein großes Plus, wenn sich der Kandidat das Attribut »fleißig« zuschreiben konnte. Dieser Begriff ist aber mittlerweile fast vollständig aus dem Repertoire der Personalabteilungen und HR-Dienstleister verschwunden. Stattdessen werden Eigenschaften gefordert, die sich mit den Worten »leistungsbereit« und »proaktiv« umschreiben lassen. Beides ist aber nicht dasselbe, denn Mitarbeiter können proaktiv werden und bereit sein, wenn es darauf ankommt, hohe Leistung zu zeigen. Doch das muss nicht heißen, dass dauerhaft hohe Leistung erbracht wird, sondern eben nur in bestimmten Fällen. Im normalen Arbeitsleben spielt Leistung dann wieder eine weniger bedeutende Rolle. Laut Duden ist jemand »fleißig«, der »unermüdlich und zielstrebig arbeitend, arbeitsam« ist.[119] Unermüdlich also, d. h. dauerhaft hohe Leistung erbringend. Dieser Fleiß ist wohl in Anbetracht der in den letzten 30 Jahren veränderten Arbeitsformen, Arbeitsweisen und Arbeitsinhalte nicht mehr so wichtig. Vielleicht ist das Verschwinden des Wortes auch sprachliche Konsequenz der gesunkenen Bedeutung von Fleiß für die Menschen allgemein. Fleiß ist den Menschen also scheinbar weniger wert als noch vor 20 Jahren. Die Werte eines Volkes manifestieren sich aber in seiner Kultur. Fleißig und arbeitsam zu sein scheint bei den Deutschen eben nicht mehr den Stellenwert zu genießen, wie es noch vor 20 Jahren der Fall war. Das sagt ja auch die erwähnte HDI-Studie aus. Und jenseits der Quantität der geleisteten Arbeit scheint den Deutschen auch die Lust an einer hohen Qualität der geleisteten Arbeit verloren gegangen zu sein. Denn laut einer Umfrage des Beratungsunternehmens Gallup Anfang 2025 machen 78 Prozent der Beschäftigten nur noch »Dienst nach Vorschrift« und tun an ihrer Arbeitsstelle gerade noch das Nötigste.[120] Im Jahr zuvor waren es nur 67 Prozent. Wer aber nur das Nötigste tut, kann und will nur selten Top-Qualität und Spitzenleistungen erbringen. Nach Meinung etlicher Experten ist bei den Deutschen der »Hunger nach Leistung« geschwunden. Wer schon im internationalen Kontext mit Menschen aus aufstrebenden asiatischen Ländern zusammengearbeitet hat, kann diese Feststellung durchaus bestätigen. Dementsprechend verwundert es nicht, dass immer mehr Bücher erscheinen wie das von Ingo Hamm mit dem Titel »Lust auf Leistung – Wie wir Arbeit (wieder) lieben lernen«.[121] Anscheinend bin ich mit meiner Einschätzung nicht allein. Dass in der Gesellschaft die Lust auf Leistung in fast allen Bereichen schwindet, zeigt beispielsweise auch die im Jahr 2023 angekündigte Reform der seit 1951 bestehenden Bundesjugendspiele für Grundschüler. Danach soll für sie kein Wettbewerbsgedanken, sondern allein die Freude an Sport und Bewegung im Fokus stehen. Deshalb wurden – vereinfacht ausgedrückt – die Punktetabellen für die erbrachten Leistungen abgeschafft. Diese als »Kuschelpädagogik« bezeichnete Maßnahme, wonach jedes Kind eine Urkunde erhält, unabhängig von der erbrachten Leistung, spiegelt in gewissem Maße die Abkehr der Gesellschaft vom Gedanken des Wettbewerbs und der zu belohnenden Leistung wider.[122] Nicht mehr »Wer viel leistet, erhält mehr«, sondern »gleiche Belohnung für alle, unabhängig von der Leistung« scheint die neue Devise zu sein. Hier schließt sich der Kreis zu vorher: Gleiches Geld für gleiche Arbeit ja, aber gleiche Leistung für gleiches Geld nein. Das scheint ein in weiten Kreisen der Gesellschaft etabliertes Denkmuster zu sein.

Wie man es auch dreht und wendet. Arbeit hat nicht mehr die Bedeutung in Deutschland, die sie für die Menschen in materieller und ideeller

Hinsicht noch vor 20 oder 30 Jahren hatte. Diese Tatsache muss dabei nicht gleich mit dem Adjektiv »faul« umschrieben werden. Die Menschen sind nur einfach nicht mehr bereit, so viel Leistung zu bringen wie früher. In den 1990er-Jahren waren die Menschen in Deutschland in Anbetracht der relativ hohen Arbeitslosigkeit froh, überhaupt einen Arbeitsplatz zu bekommen, und sie strengten sich an und hofften, sich so ein gutes Leben aufbauen zu können.[123] 30 Jahre später hat sich technologisch, wirtschaftlich und gesellschaftlich vieles verändert, sodass viele Menschen eben nicht mehr bereit sind, ständig Höchstleistungen zu bringen. Weil sie nicht mehr wollen und dies teilweise auch nicht mehr müssen, dazu später mehr. Doch das lässt sich nicht und schon gar nicht generalisierend mit Faulheit gleichsetzen. Die gab es nämlich in den 1990er-Jahren und in den Jahrzehnten zuvor auch schon. Zeitzeugen können davon berichten. Das ist kein reines Generationenthema. Doch im Vergleich zu damals ist die Bereitschaft der großen Masse, große berufliche Leistungen zu erbringen, schlicht zurückgegangen. Zahlreiche Fakten belegen dies. Die meisten Menschen müssen ihren Lebensunterhalt aber nach wie vor durch Erwerbsarbeit verdienen. Die ganz normale, hier und da wirklich harte Arbeit, bei der man sich für einen im internationalen Vergleich gehobenen Lebensstandard auch anstrengen muss, scheint nicht mehr als Notwendigkeit bzw. Selbstverständlichkeit angesehen zu werden. Zweifellos sind die Lebensumstände in Deutschland für Beschäftigte im Niedriglohnsektor problematisch, das sind sie aber in anderen Ländern auch. Doch jenseits dieses prekären Sektors lebt die breite Masse der Menschen in Deutschland trotz der ständigen Klage und Unzufriedenheit und erst recht im internationalen Vergleich sehr gut. Laut einer Befragung des Beratungsunternehmens Gallup sind 2024 die Deutschen immer unzufriedener mit ihrem Leben.[124] Zu dieser Unzufriedenheit haben auch die gestiegene Erwartungshaltung, die beschriebene Entwicklung hin zur Freizeitkultur und nicht zuletzt die Verschärfung der Neiddebatte beigetragen, die durch Erstarken linker Kräfte nach der Bundestagswahl 2025 auch noch institutionell gestärkt wurde. All das hat bei vielen zu der Frage geführt, »ob sich der Aufwand überhaupt noch lohnt, wenn ich ohnehin nicht den Lebensstandard früherer Generationen erreichen werde?« Die jeweilige Antwort wirkt sich auf die Leistungsbereitschaft aus.[125] Doch zu den potenziellen Ursachen zur reduzierten Leistungsbereitschaft später mehr.

1.3.3 Warum »satt« gefährlicher ist als »erschöpft«

Nicht nur Deutschland hat Probleme mit Wirtschaftswachstum und Leistungsbereitschaft. In Österreich zeigt sich dieselbe Entwicklung. Auch dort spielt das Thema Work-Life-Balance eine Rolle, sodass auch dort immer mehr Menschen immer weniger Zeit bei der Arbeit verbringen.[126] Auch dort wird das Thema Leistungsbereitschaft mit Sorge betrachtet. So ist die Erwerbstätigenquote in der Alpenrepublik seit 2005 um 6,7 Prozent gesunken und die durchschnittliche Arbeitszeit pro Erwerbstätigem um 12,1 Prozent zurückgegangen.[127] Auch in Österreich gab es bereits in den 2010er-Jahren Berichte mit dem Tenor »Haben wir das Arbeiten verlernt?«[128] Unsere Nachbarn werden also von ähnlichen Problemen geplagt. Bereits im Jahr 2016 hatte der österreichische Unternehmer und ehemalige SPÖ-Politiker Hannes Androsch gefordert: »Die saturierte Bequemlichkeit müssen wir hinter uns lassen. Das Motto muss lauten: Leistung, Aufstieg, Sicherheit«.[129] Neben der Aufforderung zur Leistung steckt in dieser Aussage ein kleines, aber sehr wichtiges und bezeichnendes Wort: saturiert, das heißt gesättigt. Die Bevölkerung Österreichs scheint seiner Meinung nach gesättigt zu sein. Im Wohlstand der Boomjahre hat sich auch in Deutschland eine ähnliche Entwicklung wie im Nachbarland vollzogen, die viele Menschen bequem gemacht hat. Anstrengung gibt es nur dann, wenn es unbedingt nötig ist. Ansonsten reicht Normalbetrieb oder gar Betrieb auf Sparflamme. Wir erinnern an das in Kapitel 1.3.1 präsentierte Ergebnis einer Umfrage, wonach in Deutschland nur 48 Prozent der Beschäftigten im Job ihr Bestes geben. 52 Prozent der Mitarbeiter würden demnach regelmäßig einen Gang herunterschalten. Das klingt schon sehr nach der von Androsch angeprangerten Bequemlichkeit. Und wer sich in verschiedenen Unternehmen umsieht und einen entsprechenden Blick in die Gesellschaft wirft, kann durchaus den Eindruck eines satten Volkes gewinnen. Kein Wunder, dass sich in der Presse Headlines finden wie »Zu satt und zu träge – Das unterschätzte Deutschland-Problem«.[130] Oder in Artikeln gefragt wird, woran es liegt, »dass die Leidenschaft für Leistung und Wettbewerb offenbar verloren gegangen ist«.[131] Doch so geht es nicht: Wer den höchsten Lebensstandard haben will, muss auch höchste Leistung erbringen. Eine Volkswirtschaft kann nicht einen vergleichsweise hohen Lebensstandard entwickeln und aufrechterhalten, wenn mehr als die Hälfte der Beschäftigten stets auf Sparflamme schaltet. Denn man kann auch im sozialsten System nur das verteilen, was zuvor erwirtschaftet wurde. Und im globalen Wettbewerb des digitalen Zeitalters lässt sich mit Sparflamme nur Mittelmaß erwirtschaften. Der Hunger nach Leistung und Wohlstand ist längst in vielen anderen Ländern angekommen und die Menschen dort legen sich kräftig ins Zeug, um einen größeren Teil des globalen Wohlstandskuchens abzubekommen – die Konkurrenz schläft nicht![132] Wer dann aber dennoch erwartet, dass in Deutschland ständig auf Spitzenniveau bezahlt wird, obwohl man nur Durchschnittsniveau leistet, lebt über seine Verhältnisse und kann dies nur über eine gewisse Zeit durchhalten. In diesem Zustand scheint sich Deutschland 2025 zu befinden.

Den Deutschen wird aber mittlerweile nicht nur attestiert, bequem geworden zu sein, sondern zudem eine gewisse Veränderungsmüdigkeit an den Tag zu legen. Deutschland war schon seit langem für den Hang zu Stabilität und Sicherheit bekannt, sodass große ambitionierte Reformen daher häufig wenig Chance hatten. Durch die Instabilität der letzten Jahre ist aber der Veränderungs- und Aufbruchswille vieler Menschen noch weiter geschrumpft. In einer politisch und wirtschaftlich schwierigen Zeit sind das ungünstige Voraussetzungen für die Bewältigung der anstehenden Herausforderungen. Man muss hier auch an die veränderte Sicherheitslage in Europa denken, die Aufrüstung erfordert und in der sich die Bevölkerung auf die Auswirkungen einer hybriden Kriegsführung vorbereiten muss.[133] Wenn man das hört, kann man zur Überzeugung gelangen, dass Deutschland ein sattes Volk von Unselbständigen geworden ist, das bei allen Problemen immer gleich nach staatlichen Eingriffen ruft. Sättigung und Unselbständigkeit scheinen im Jahr 2025 tatsächlich auf breiter Front Realität zu sein.

Diese Sättigung ist auch im Bereich der Wirtschaft festzustellen. Oft vollzieht sich der Wandel in der Einstellung zum »Gang zurückschalten« in den Unternehmen schleichend. Die digitale Transformation mit entsprechendem Wertewandel und der Anpassung von Strukturen, Prozeduren und Kulturen ist unterblieben. Stattdessen ging es vielen Unternehmen während der Boomjahre sehr gut, kein Gedanke an eine wirtschaftliche Zeitenwende. Das ist nicht ungefährlich, weil schleichende Veränderungen intern oft gar nicht bemerkt werden. Die alte Beraterweisheit »Erfolg deckt schlechte Prozesse zu« traf hier in vielen Fällen zu. Man war lange erfolgreich, wenn auch mit abnehmender Tendenz, und glaubte, diesen bequemen Zustand trotz massiver Änderungen in der Technologie- und Wirtschaftsumwelt ohne nennenswerte Veränderungen fortschreiben zu können. Oder man wollte sich nicht ändern, weil es eben bequem ist und man – oft in Verkennung der Tatsachen – davon ausgegangen ist, dass man die Veränderungen schon meistern werde. Spricht man die Fach- und Führungskräfte auf diese relativ einfach zu erkennenden Trägheitserscheinungen an, erhält man meist nur bagatellisierend zur Antwort: »Was wollen Sie eigentlich? Wenn ich mir unsere Rendite anschaue, dann läuft doch bei uns alles bestens.« Nicht selten geraten solche Unternehmen dann über kurz oder lang wegen ihrer Unbeweglichkeit in die Bredouille. Die Pleitewelle 2024/25 legt hiervon Zeugnis ab.[134] In diesem Kontext bestätigt sich auch die zweite Beraterweisheit: Unternehmen werden nicht in schlechten Zeiten ruiniert, sondern in guten. In den Boomjahren war in vielen Betrieben eine satte Bequemlichkeit eingekehrt, sodass sie trotz deutlicher Anzeichen nicht mit den passenden Maßnahmen auf die Veränderungen an den Märkten reagieren konnten. Ganz nach dem Motto, es wird schon gutgehen. Das zeigt die Gefährlichkeit eines gesättigten Zustands, denn damit geht meist große Zufriedenheit und ein Fokus auf Kontinuität bzw. Stabilität einher. Genau das verhindert notwendige Veränderungen. Das zeigt sich dann häufig an starren Prozeduren und Strukturen, einer spürbaren Veränderungsunwilligkeit und der zunehmenden Neigung, Überraschungen und Risiken zu vermeiden sowie den Status quo zu zementieren. Wenn es dann plötzlich nicht mehr klappt, werden Schuldige gesucht und exekutiert. Oder »die anderen« werden als unfair bezeichnet, weil sie sich nicht mehr an die »altbekannten Spielregeln« halten wollen. Doch ohne Risiken und stetige Veränderung lässt sich in der globalen, digitalen Wirtschaftswelt nun mal kein Blumentopf mehr gewinnen.

Wenn sich Deutschland nicht nur aus der aktuellen Krisensituation heraus entwickeln will, sondern der Wirtschaftsstandort Deutschland eine Zukunft haben soll, muss sich vieles verändern. Und zwar an den Stellen, die die jetzige Situation herbeigeführt haben: Politik und Gesellschaft, Unternehmen und Organisationen, Management und Arbeitnehmerschaft. Statt stringenter Besitzstandswahrung müssen Veränderungen in Kauf genommen und unterstützt werden. Zumindest müssen Mitarbeiter wieder das leisten, wofür sie auch bezahlt werden. Es ist nicht akzeptabel, dass, wie in der zuvor erwähnten Umfrage präsentiert, 52 Prozent der Mitarbeiter regelmäßig einen Gang herunterschalten, aber 100 Prozent des Gehaltes ausgezahlt haben wollen. Oder dass wir immer weniger arbeiten, am liebsten nur 32 Stunden an vier Tagen, aber dasselbe verdienen. Die dadurch zwangsläufig entstehende Gehaltslücke soll dann aber das Unternehmen zahlen oder die Reichen und Superreichen, denn das würde, so suggeriert man, genügend Geld in die Staatskasse spülen. Man kann das sehen, wie man will – entscheidend ist langfristig nur eine wiedergewonnene Wettbewerbsfähigkeit. Dem steht aber in vielen Fällen die satte Bequemlichkeit entgegen. Die Veränderungsfähigkeit ist seit den 2020er-Jahren ein wichtiges Kriterium dafür geworden, was ein Unternehmen bei seinem Verkauf wert sein kann. Veränderungsresistente Unternehmen haben kaum Zukunft und sind daher auch weniger wert als veränderungsaffine, das gilt analog für Wirtschaftsstandorte. Ihr Stellenwert bestimmt sich weniger nach der Vergangenheit und nach dem, was derzeit noch gut ist. Relevant ist vielmehr, wie veränderungsfähig sie bei der Gestaltung der Zukunft sind, um die Herausforderungen der globalen Wirtschaftswelt zu meistern. Hier hat das satt gewordene Deutschland einiges aufzuholen.

2
Was aus dem Lot geraten ist

Made in Germany ist nicht mehr das, was es über Jahrzehnte war. Deutschland hat 2023/24 zum ersten Mal seit 1949 zwei Jahre in Folge kein Wirtschaftswachstum erzielt. Die Arbeitslosigkeit steigt, der Standort verliert an Attraktivität. Unternehmen wandern ab oder befassen sich damit, es auf absehbare Zeit zu tun. Die bislang bekannten Werkzeuge zur Überwindung wirtschaftlicher Krisen und zum Ankurbeln der Wirtschaft scheinen nicht mehr richtig zu wirken. Als das Land vor 20 Jahren ähnliche Herausforderungen zu meistern hatte, wurden die Leistungen des Staates reformiert, man denke an die Hartz-Gesetzgebung.[135] Doch das scheint dieses Mal kaum durchsetzbar zu sein, weil sich hierzu in großen Teilen der Bevölkerung Widerstand regt. Ähnliches gilt hinsichtlich der Verlängerung der Arbeitszeit, um den Standort Deutschland im globalen Vergleich wieder attraktiver zu machen. Es scheint im Vergleich zu früher etwas aus dem Lot geraten zu sein, denn die Forderungen von Wirtschaft und Staat und vor allem die Bereitschaft zum Einsatz (Geben) von Bevölkerung und Beschäftigen scheinen mehr denn je nicht mehr zusammenzupassen. Dabei sind vor allem ein falsches Bild von Unternehmen und Unternehmern, ein oft unrealistisches Anspruchsdenken und eine spürbare Veränderung der Basis für Werte und Anstand entscheidende Punkte.

2.1 Die falschen Verdächtigen: Klischeezertrümmerung als Aufklärung

Im ersten Kapitel haben wir festgestellt, dass in den letzten zehn Jahren die Bedeutung der Arbeit für die Menschen in Deutschland spürbar nachgelassen hat. Da überrascht es nicht, dass die Beschäftigten weniger Bereitschaft zu Arbeit und Leistung an den Tag legen als früher. Doch das Engagement am Arbeitsplatz hat sich auch deshalb reduziert, weil sich falsche Vorstellungen von Unternehmen und Führungskräften in den Köpfen vieler Menschen festgesetzt haben, die echtem Engagement für die Firma nicht förderlich sind. Es werden Erwartungen und Anforderungen an Führungskräfte gestellt, die oftmals nicht fair oder gar nicht erfüllbar sind. Das hat auch dazu geführt, dass viele Beschäftigte nicht mehr bereit sind, mehr als das Nötige zu tun oder sich nachhaltig für ihren Arbeitgeber zu engagieren.

2.1.1 Schlechte Chefs? Die einfache Antwort ist oft die falsche

Woran liegt es, dass Mitarbeiter von Unternehmen mehr und mehr an Produktivität zu verlieren scheinen? Was ist die Ursache für die scheinbar zunehmende Überforderung von Mitarbeitern, die zu immer größeren Qualitätsproblemen in Unternehmen führt? Weshalb scheinen immer mehr Mitarbeiter unwillig oder unfähig zu sein, ein akzeptables Maß an Tempo und Motivation an den Tag zu legen? Auf solche und ähnliche Fragen erhält man sehr schnell folgende Antworten: Mangelnde Wertschätzung, miserable Bedingungen in den Unternehmen sowie schlechte Führungskräfte. Diese Punkte werden dabei so selbstverständlich genannt, wie sie scheinbar auch von einer großen Mehrheit der Menschen akzeptiert werden. Aus diesem Grund werden sie im weiteren Verlauf des Buches nur »die drei üblichen Verdächtigen«

genannt. Diese einfache Erklärung wird der Sache aber nicht gerecht, sie tut vielmehr den Unternehmen und ihren Führungskräften unrecht.

Doch erfahrungsgemäß wird von vielen, darunter auch den Arbeitnehmern, nicht der Versuch unternommen, nach den tatsächlichen Gründen und Zusammenhängen zu suchen. Während der Corona-Pandemie wurde in viele Medien akribisch das Versagen der Führungseliten beschrieben und dabei hervorgehoben, wie toxisch und wenig mitarbeiterorientiert deren Handlungsweise sei.[136] Es wird der Eindruck erweckt, dass die durch die Pandemie ohnehin »geschundenen« Mitarbeiter unter solchen Chefs praktisch gar keine andere Wahl hätten, als sich durch Rückzug, Langsamkeit, Widerspenstigkeit oder Dauernörgelei zu wehren. Dieses Thema ist zwar nicht neu und einschlägige Sachbücher gab es auch schon vor Corona, aber diese Art der Berichterstattung trat während der Krise gehäuft auf.[137] Bei allem Verständnis für das Ungemach, das Mitarbeiter in dieser schweren Zeit zweifellos erdulden mussten, ist man weit über das Ziel und die Beschreibung der realen Verhältnisse hinausgeschossen. Für die Misere und die Missstände in den Unternehmen scheinen demnach ausschließlich die Führungskräfte und Chefs, nicht aber die Mitarbeiter die Verantwortung zu tragen, so der allgemeine Tenor. Es entstand mehr und mehr der Eindruck, diese Situation finde sich in nahezu allen Unternehmen, weshalb die scheinbaren Führungsfehler der Manager und Chefs immer breiter thematisiert wurden.

Mit dem Abklingen des Booms bzw. der Corona-Pandemie war der Trend zur schnellen Nennung der drei üblichen Verdächtigen aber nicht etwa abgeklungen. Ganz im Gegenteil. Es scheint so, als dass sich diese Argumentation und das dahinterstehende Denken fest etabliert hat. Wir erinnern uns in diesem Zusammenhang an die Kritik des Mercedes-Chefs Ola Källenius am hohen Krankenstand Ende 2024 und an die Reaktion von Seiten der Betriebsräte. Mitte März 2025 hieß es in einem Bericht des Nachrichtensenders Welt, dass »die Krise am Arbeitsmarkt auch auf die Stimmung der Beschäftigten durchschlägt, das zeigt eine neue Erhebung. Das Vertrauen in Vorgesetzte sinkt dramatisch«.[138] Eine interessante Argumentationskette: Die Lage der Wirtschaft ist schlecht, infolgedessen sinkt das Vertrauen in Vorgesetzte. Als ob die Führungskräfte allein für die wirtschaftlichen Probleme Deutschlands verantwortlich seien oder diese durch ihr Handeln einfach zu beseitigen wären. Das ist natürlich Wasser auf den Mühlen derer, die schon lange immer die drei üblichen Verdächtigen ins Spiel bringen. Auch das Nachrichtenmagazin Spiegel setzte 2025 die beschriebene Berichterstattung über »schlechte Chefs« fort: »Wenn alles Schlechte von oben kommt«.[139] Man kann diese provokante Überschrift auch so lesen: Schlechtes kommt demnach also zumeist von oben. Die angeführten Artikel sind nur wenige Beispiele, doch der generelle Eindruck, der seitens vieler Medien vermittelt wird, dass es eben nur an den Chefs und Führungskräften liege, findet sich auch in der gesellschaftlichen Diskussion. Nur selten hört man Stimmen, die die Verantwortung auch auf Seiten der Arbeitnehmer sehen.

Klischeehafte und pauschale Aussagen, dass Führungskräfte schlecht motivierten, selbst inkompetent seien und dies auf die Mitarbeiter abfärbe, sind inakzeptabel. Dasselbe gilt für Aussagen wie Unternehmer seien nur profitorientiert, hätten kaum etwas für die Mitarbeiter übrig und würden in den Arbeitnehmern nur Werkzeuge sehen – hier ist dieselbe Vorsicht angebracht wie bei der pauschalen Beurteilung der Gen Z. Man kann nicht einfach alle Personen über einen Kamm scheren und ihnen dieselben (In-)Kompetenzen und Verhaltensweisen überstülpen, nur weil sie eine bestimmte Aufgabe wahrnehmen. Selbstverständlich gibt es unzählige Negativbeispiele: »Schlechte« Chefs und Führungskräfte, die wenig über modernes Management wissen, sich selbst beweihräuchern, manchmal cholerisch und ungerecht sind und zum Schluss die Schuld an der Misere ihren Mitarbeitern zuschieben. In solchen Fällen ist es durchaus nachvollziehbar und verständlich, wenn Mitarbeiter vorsichtig sind, nur wenig vom Fachwissen preisgeben und sich nicht ausnutzen lassen. Dass man für einen Chef, der zumeist schreit, gerne auch ohne Grund, dabei das viele Gute, das man tut, nicht sieht oder lobt, nicht dauerhaft sein Bestes gibt, wer wollte das nicht verstehen. Doch hier geht es nicht um diese schwarzen Schafe, sondern um den Normalfall: Die vielen Manager und Führungskräfte, die durchaus ehrliches Interesse am Wohlergehen ihrer Mitarbeiter haben, die sich dafür einsetzen, ihre Mitarbeiter fachlich zu entwickeln, sie partizipieren zu lassen, sie wertschätzen und loben.

Wenn man als Mitarbeiter zur Erklärung schlechter Arbeitsergebnisse oder niedriger Produktivität mit den drei üblichen Verdächtigen als Begründung durchkommt, geht die Schuld direkt auf Chefs und Führungskräfte über. Dann muss man sich für den Dienst nach Vorschrift, der die Qualitäts- und Produktivitätsprobleme mitverursacht hat, nicht einmal rechtfertigen, sondern man kann stattdessen bequem weitermachen. Menschlich mag das erklär- und nachvollziehbar sein. Wir werden darauf später noch zurückkommen. Ist der Schuldige erst gefunden, dann kann auf diesem Sündenbock auch die eigene Verantwortung an Missstand und Misere abgeladen werden. Sollen doch erst die anderen etwas tun, ich mache erst einmal nichts. So oder ähnlich lauten oft die Überlegungen von nicht wenigen Menschen, die sich durch das schnelle Finden von Schuldigen aus der Affäre stehlen. Kommt man mit den Menschen ins Gespräch, zeigt sich sogleich, dass diese Verhaltensmuster nur die Mitverantwortung verschleiern und dadurch die aktive Veränderung hin zum Besseren verhindern.

Das Abschieben der Verantwortung auf Chefs und Führungskräfte durch das Nennen der drei üblichen Verdächtigen kann zu guter Letzt schon auch deshalb nicht die Lösung sein, weil Führungskräfte allein kaum etwas oder nichts ausrichten können.[140] Dazu brauchen sie in irgendeiner Form stets ihre Mitarbeiter. Wenn diese also maßgeblich an der Wertschöpfung beteiligt sind, so haben sie auch immer eine Mitverantwortung an den Ergebnissen des unternehmerischen Tuns. Und zwar nicht nur im Fall guter Ergebnisse, wie das viele gerne möchten, sondern eben auch im Fall schlechter Resultate. Dann aber nur den

Führungskräften den schwarzen Peter zuschieben zu wollen, ist keine Option. Denn ein Arbeitsplatz ist nun mal keine Einbahnstraße, in der im Wesentlichen nur eine Seite gibt und die andere nur empfängt. In der also nur die eine Seite für den Erfolg und die andere stets für den Misserfolg verantwortlich ist. In der nur die eine Seite kompetent und die andere inkompetent ist. Es sind immer beide Parteien beteiligt und beide bringen Gutes und Schlechtes ein. Diese Sichtweise ist aber leider nicht die herrschende Meinung. Kompetente und engagierte Mitarbeiter bedeuten meines Erachtens, dass sie gut in der Sacharbeit und auch gut als Follower sind. Letzteres bedeutet den Willen, sich führen zu lassen, die Führungskraft als solche und deren Führungsanspruch anzuerkennen, für sich selbst, das Unternehmen und andere Mitarbeiter Verantwortung zu übernehmen, und dabei sein Bestes für den Erfolg von Belegschaft und Unternehmen beizutragen.[141] Doch wie bereits mehrmals erwähnt scheinen derzeit eben 52 Prozent der Beschäftigten nicht mehr bereit zu sein, am Arbeitsplatz ihr Bestes zu geben. Der Followership-Ansatz ist aber in Deutschland und Europa im Gegensatz zu den USA nur wenig bekannt und verbreitet. Er ist auch nicht immer gern gesehen, weil Followership den Mitarbeitern das abverlangt, was diese selbst gerne von sich weisen, nämlich Verantwortung. An diesem Punkt ist in den letzten 15 Jahren eine starke Veränderung eingetreten. Man begegnet immer mehr Menschen, die einerseits selbstbewusst offen äußern, welch teure Maschinen sie bedienen, über welches Budget sie verfügen und wie viele Menschen sie führen dürfen, sich aber andererseits in dem Fall, dass sie für ihren Misserfolg oder den ihrer Mitarbeiter geradestehen müssten, wegducken und »das Team« oder den Chef als Verantwortliche vorschieben.[142] Diese Flucht vor Verantwortung passt in das Schema der oben beschriebenen Sündenbockkultur und Drückebergerei. Hier ist einiges aus dem Lot geraten. Das ist meines Erachtens einer der wesentlichen Gründe für die genannten Qualitäts- und Produktivitätsverluste der letzten Jahre in Deutschland. Auf das Konzept der Followership werden wir später noch genauer zurückkommen.

2.1.2 Wertschätzung als Währung – aber nur einseitig?

Die drei üblichen Verdächtigen lassen sich auch in die immer wieder zu hörende Aufforderung übersetzen, dass nämlich Chefs und Führungskräfte eben nur richtig führen, motivieren und den Mitarbeitern Wertschätzung zeigen müssten, dann bekämen sie auch die volle Leistung ihrer Mitarbeiter. Gerade der Begriff Wertschätzung hat in den vergangenen zehn Jahren enorm an Bedeutung gewonnen. Während der Pandemie ist dieser Begriff in entscheidender Weise ins öffentliche Bewusstsein gerückt, als während des Lockdowns das medizinische Personal in Kliniken, Praxen und Heimen »das Land am Laufen« hielt und ihnen als Zeichen der Wertschätzung dafür mit öffentlichem Applaus gedankt wurde.[143] Seitdem muss mangelnde Wertschätzung in vielen Unternehmen als Erklärung dafür herhalten, dass Leistung, Produktivität und Qualität rückläufig sind. Der Wunsch nach mehr Wertschätzung steigt seit dem Ende der 2010er-Jahre beständig an und nimmt mitunter inflationäre Ausmaße an. Manche Mitarbeiter erwarten täglich explizite Wertschätzung in Form von Lob, Dank und (betriebs-)öffentlicher Würdigung. Teilweise für völlig selbstverständliche, alltägliche und banale Dinge, die eigentlich gar kein explizites Lob verdienen, wenn es nicht geheuchelt wirken soll. Bleibt im normalen Alltag dieses erwartete »Zuckerle« der Wertschätzung aus, wie immer das auch im Auge des Einzelnen aussehen mag, wird das umgehend mit Beleidigtsein, Dienst nach Vorschrift oder sogar Krankfeiern geahndet. Wertschätzung scheint mittlerweile eine Währung zu sein, die in gewisser Hinsicht das einzige Zahlungsmittel dafür ist, von den Mitarbeitern die volle Leistung und richtiges Engagement zu bekommen sowie sie halbwegs ans Unternehmen zu binden.

Dass sich das Bedürfnis nach Wertschätzung in den letzten Jahren so massiv verstärkt hat, wäre per se nicht einmal etwas Schlechtes. Nachteilig daran ist jedoch, dass der Bedarf an Wertschätzung inzwischen ein unrealistisches Ausmaß erreicht hat, dass viele häufig falsche Vorstellungen davon haben und ihre Leistung oft unberechtigterweise an ihre diesbezüglichen Erwartungen knüpfen. Ein Grund für die falschen Vorstellungen und Erwartungen mögen die wegen des akuten Fachkräftemangels gewährten Zugeständnisse bei Löhnen auch für wenig Qualifizierte in den Boom- und Corona-Jahren gewesen sein. Vielen ist das zu Kopf gestiegen und hat ihre Selbstüberschätzung gefördert. Zudem kennen viele die Bedeutung des Begriffs Wertschätzung im Arbeitskontext nicht richtig und haben eigene Vorstellungen davon entwickelt. Viele verwechseln Wertschätzung aber mit dem zuvor angedeuteten Lob für wirklich alles und zu jeder Zeit. Mit einer solchen Nutzung des Wertschätzungsbegriff hat der bekannte Kommunikationsforscher Friedemann Schulz von Thun aufgeräumt und dabei klargestellt, »was mit Wertschätzung nicht gemeint ist: Nämlich gleichbleibende Freundlichkeit und In-Watte-Packen. Wertschätzung ist keine ›warme Milch‹, sondern eine respektierende Art, den anderen als vollwertigen Partner auch bei Konflikten und harten Auseinandersetzungen zu achten«.[144] Viele Beschäftigte wollen immer Lob einstecken, auch für Kleinigkeiten, akzeptieren aber immer weniger Kritik und finden Tadel, auch wenn er gerechtfertigt ist, als unakzeptabel und nicht mehr zeitgemäß. Doch das ist nicht mit Wertschätzung zu verwechseln. Übermäßiges Lob ohne berechtigten Tadel, stetige Anerkennung ohne berechtigte Kritik, das ist wie Tag ohne Nacht oder wie Sonnenschein ohne Regen. Sobald solche Verhältnisse auftauchen, müssen Schieflagen entstehen. Auch hinsichtlich der Wortwahl ist hier in den letzten Jahren einiges aus dem Lot geraten. Schlimmes und Unangenehmes soll nicht mehr direkt angesprochen, das Kind nicht mehr beim Namen genannt werden. Stattdessen sollen Schwierigkeiten und Probleme, die man seit geraumer Zeit in Begriffe wie »Herausforderungen« verpackt, auch bei noch so großen Ausmaßen angenehm klingend und inspirierend formuliert werden. Deutlich werden dieses oft falsche und oberflächliche Verständnis von Wertschätzung und die inflationäre Nutzung des Begriffs beispielsweise dann, wenn Tarifverhandlungen anstehen. Wenn die Forderung nach mehr Wertschätzung auf den Tisch kommt, wird die darauffolgende Frage, was das konkret bedeutet, dann irgendwann mit »mehr Geld« beantwortet. Der Präsident der Ärztekammer Westfalen-Lippe, Hans-Albert Gehle, konstatierte im Mai 2023 am Ende der Corona-Krise: »Klatschen allein reicht nicht. Die Aufwertung dieser unverzichtbaren Berufe muss vor allem bei den Arbeitsbedingungen und einer angemessenen Bezahlung ansetzen«.[145] Die mit Beifall symbolisch ausgedrückte Wertschätzung für Pflegeberufe war dann plötzlich doch zur Geldsache geworden. So forderte auch die Gewerkschaft Verdi während der Tarifverhandlungen für den Handel in Bayern 2024: »Wertschätzung durch Tariferhöhungen überfällig«.[146] Der Begriff wurde als Begründung der immer wieder neu gestellten Forderung nach mehr Geld genutzt – was für eine Zweckentfremdung. Denn Wertschätzung lässt sich ähnlich wie Freundlichkeit kaum monetär bewerten.

Doch wenn man sich von der inflationären und teilweise falschen Verwendung des Begriffes löst und seine eigentliche Bedeutung betrachtet, weiß man, wie wichtig und wertvoll er ist: Dem anderen zu zeigen, dass er für mich wichtig ist und einen Wert, eine Würde hat. Dass ich ihn beachte und respektiere, auch dann, wenn ich ihn vielleicht nicht mag oder nur selten seiner Meinung bin. Allein an dieser kurzen Erklärung kann man ablesen, wie schwer es sein kann, richtige Wertschätzung zu zeigen. Und doch wird sie seitens der Mitarbeiter immer mehr eingefordert, vor allem von Führungskräften. Im Gegenzug lassen sie es selbst oft an Kritik und Häme für die Führungskräfte nicht mangeln und sparen ihrerseits bei Wertschätzung, obwohl auch Chefs nur Menschen sind. Für Schulz von Thun bedeutet Wertschätzung, dass eine Person ihr Gegenüber als »achtenswerte, vollwertige, gleichberechtigte Person ansieht und dass sie ihm Wohlwollen entgegenbringt«.[147] Hier geht Wertschätzung über den reinen Respekt hinaus, dieses Wohlwollen gilt der Person und ist unabhängig von der hierarchischen Position zu sehen, die man innehat.[148] Wertschätzung ist also auch keine Einbahnstraße, weil sie von Mensch zu Mensch gerichtet ist, unabhängig von Rang und Rolle. Im richtigen Maß und in der richtigen

Form ist Wertschätzung für die Psyche des Menschen sehr wichtig, vor allem am Arbeitsplatz.[149] Doch es ist eben für alle Menschen wichtig, und nicht nur für die Mitarbeiter. Führungskräfte sind definitiv auch Menschen, die aus psychologischer Sicht die gleichen Bedürfnisse haben. Auch Chefs und Führungskräfte brauchen Lob, Anerkennung und eben Wertschätzung.[150] Doch hier scheint es in vielen deutschen Unternehmen wie in Teilen der Bevölkerung eine andere Sichtweise zu geben. Demnach scheint jemandem Wertschätzung, Anerkennung und Mitgefühl nur dann zuzustehen, wenn er schwach, hilfsbedürftig oder nicht größer und mächtiger ist als man selbst. Doch wer selbst regelmäßig Lob, Anerkennung und Wertschätzung von der Führungskraft erwartet, sollte auch bereit sein, dies zurückzugeben. Auch hier scheint etwas aus dem Lot geraten zu sein. Wertschätzung ist aber etwas, was Mitarbeiter nicht nur für sich verlangen und einfordern dürfen, sondern auch an andere weitergeben sollten, nämlich an Kollegen, Geschäftspartner und Führungskräfte. Das sind auch alles nur Menschen, denen hier und da ein Lob guttut, die sich freuen, wenn es keine übermäßige Kritik gibt, und die froh sind, auf Menschen zu treffen, die nicht unverschämt sind.

2.1.3 Das Märchen vom immer bösen Unternehmen

»95 Energie- und Lebensmittelkonzerne verdoppeln Gewinne – Raffgierige Manager ohne jede Scham«. So lautet die Überschrift eines Kommentars der RuhrNachrichten aus dem Jahr 2023.[151] Der Titel könnte kaum prägnanter und tendenziöser gewählt sein. Denn dieses Bild von Unternehmen und Unternehmern ist fester Bestandteil der öffentlichen Meinung. Das Ansehen von Unternehmen und Unternehmern sowie deren wahrgenommene soziale Bedeutung sind in den letzten 15 Jahren deutlich gesunken. Wurden sie in den 2000er-Jahren oft noch als wichtiger Bestandteil von Staat und Gesellschaft gesehen, die einen entscheidenden Beitrag zum Gemeinwohl leisten, hat sich dieses Bild inzwischen stark gewandelt. Immer häufiger ist in abwertender Form von Konzerngewinnen zu lesen,[152] nicht nur auf Wahlplakaten. Unternehmen werden klischeehaft als profitgierig, arbeitnehmerunfreundlich und ohne soziale Verantwortung dargestellt. Dieser Eindruck wird auch immer wieder subtil in den öffentlich-rechtlichen Medien vermittelt, denen ein gewisser Hang zum linken politischen Lager nachgesagt wird.[153] Glaubt man einer Untersuchung aus dem Jahr 2024, so sind in Krimis von ARD und ZDF vor allem Unternehmer, Manager und Selbstständige die Täter.[154] Der Mörder ist immer der Gärtner, das wäre von gestern, heute sei es der Unternehmer. So hatte Arbeitgeberpräsident Rainer Dulger 2024 der ARD vorgeworfen: In der Krimiserie Tatort werden mittlerweile Unternehmer häufiger als Mörder dargestellt als jede andere Berufsgruppe.[155] Dem widersprach die ARD-Programmdirektion zwar umgehend: »Die fiktiven Fälle richten sich nicht gegen einzelne Berufs- oder Bevölkerungsgruppen, und es gibt auch keine Absicht, ein bestimmtes Bild von ihnen in der Öffentlichkeit zu zementieren oder gar ein pauschales Urteil über einen Berufsstand zu fällen".[156] Das kann man nun glauben oder auch nicht. Verfolgt man das sonstige Programm von ARD und ZDF, kann man schon den Eindruck gewinnen, dass in Verbrauchermagazinen häufig ein Bild von Unternehmen vermittelt werden soll, nach dem diese ihre Kunden nur »abzocken« oder »austricksen« möchten. In zahlreichen Sendungen werden »Tricks« aufgedeckt, die für Kunden nachteilig sind: Tricks der Fleischindustrie, Tricks der Supermärkte, der Lebensmittelindustrie usw. Über Inhalt und Vorgehensweise dieser Sendeformate ließe sich kontrovers diskutieren, aber der Erfolg gibt den Machern anscheinend Recht. Kein Wunder, dass sich viele Menschen von Unternehmen hintergangen fühlen. Für Trickser arbeitet man aber nicht gern oder man versucht zumindest selbst, sich nicht übermäßig »abzocken« zu lassen oder sich das Maximale zurückzuholen. Und sei es nur dadurch, dass man am Arbeitsplatz so wenig wie möglich für sein Gehalt tut. Wenn sich dieses Mindset in den Köpfen der Menschen festsetzt, muss es nicht überraschen, dass sich das Engagement für den Arbeitgeber in Grenzen hält. Doch auch der Staat hat zu diesem Bild beigetragen, indem Unternehmen immer weiter zusätzliche Lasten aufgebürdet werden. Zugleich buhlt man an anderer Stelle um Unternehmen, damit sie sich doch möglichst in Deutschland niederlassen, indem man ihnen millionenschwere Subventionen in Aussicht stellt. Oder man fördert Gründerzentren, damit möglichst viele neue Unternehmen entstehen.[157] Man weiß also, dass man Unternehmen für den wirtschaftlichen Erfolg, für den Wohlstand und für die Finanzierung des Sozialstaats dringend braucht. Sobald sie sich jedoch etabliert und niedergelassen haben, sollen sie – salopp formuliert – die Zeche zahlen. Das ist paradox. Das Bild, das hier in den Köpfen der Menschen entsteht, ist der gedeihlichen Entwicklung von Unternehmen in Deutschland nicht förderlich und motiviert die Mitarbeiter nicht, sich für sie einzusetzen. Noch ein Aspekt kommt hinzu: Unternehmerisch Gewinne zu erwirtschaften scheint in Deutschland inzwischen etwas Verwerfliches zu sein. Dass dies in ehrlicher Form auf Basis harter Arbeit, guter unternehmerische Entscheidungen unter Risiko und mit zufriedenen Kunden als Folge geschehen könnte, wird nicht gesehen. Auch dies kann als Rechtfertigung dafür dienen, im Arbeitsalltag einen Gang zurückzuschalten.

In Anbetracht der Wirtschaftskrise der letzten Jahre fordern immer mehr Experten und Unternehmer, dass die Mitarbeiter wieder stärker wirtschaftlich für das Unternehmen mitdenken sollten. Das war noch vor 20 Jahren wesentlich stärker ausgeprägt als heute. Doch dieses wirtschaftliche Denken brauchen alle Menschen, nicht nur die Mitarbeiter, um wieder Verständnis für das Handeln und die Notwendigkeiten von Unternehmen zu entwickeln und sie nicht überwiegend nur als »Trickser« wahrzunehmen. Wer versteht, wie wichtig Unternehmensgewinne für die Zukunftsgestaltung der Betriebe sind und wie schwer es sein kann, diese zu erwirtschaften, wird Unternehmen anders einschätzen. Er wird auch wieder wesentlich mehr Bereitschaft verspüren, sich für seinen Arbeitgeber, sein Unternehmen zu engagieren und in seiner Arbeit auch das Beste zu geben. Das ist jedoch schwierig, solange sich die beschriebenen Klischees in den Köpfen halten. Dazu trägt aber auch die besonders in Deutschland ausgeprägte Neidkultur bei, die durch fortwährende Hinweise auf die vermeintliche »Schere zwischen arm und reich« ständig neu befeuert wird. Die Stärkung linksorientierter Kräfte im Bundestag nach der Wahl im Februar 2025 hat dieser Entwicklung weiteren Vortrieb geleistet. Durch die gewünschte Stärkung des wirtschaftlichen Mitdenkens sollen die Mitarbeiter die Beziehung zwischen Arbeitgeber und Arbeitnehmer auch wieder stärker als notwendige und für beide Seiten sinnvolle Partnerschaft sehen. Doch es gibt genügend Menschen, die solch eine Partnerschaft oder zumindest eine faire Beziehung mit ihrem Arbeitgeber gar nicht erst entstehen lassen wollen, weil sie von Ideologien geblendet sind.

2.2 Anspruchsdenken als Falle: Konsummentalität in der Arbeitsbeziehung

Das steht mir laut Tarifvertrag zu! Ersetzt man das Wort »Tarifvertrag« durch gewisse andere Begriffe hat man die Beschreibung für ein heutzutage weitverbreitetes Denkmuster: Das (alles) steht mir zu! Das muss man mir geben (ohne Rücksicht auf Verluste anderer)! Die Menschen möchten stets bekommen, was ihnen ihrer Meinung nach zusteht, egal ob dies realistisch und fair betrachtet wirklich der Fall ist, ob sie dafür auch ihren Beitrag hinreichend geleistet haben oder ob es vielleicht übermäßig zu Lasten anderer oder der Allgemeinheit geht. Dieses Verhalten scheint sich im letzten Jahrzehnt verstärkt und in einem allgemeinen Anspruchsdenken gegenüber Staat, Gesellschaft und Unternehmen niedergeschlagen zu haben. In den Unternehmen hat sich diese Art der Konsummentalität in den letzten Jahren ebenfalls ausgewirkt: Ich wähle aus, was mir gefällt, alles andere will und mache ich nicht. Und wenn der Anbieter es nicht freiwillig gibt, nehme ich es mir einfach. Denn: Es steht mir ja zu! Problematisch ist dabei aber, dass viele ihre Ansprüche nicht auf beidseitig akzeptierte Vereinbarungen zurückführen können. Damit sind Spannungen, Missverständnisse und Schwierigkeiten vorprogrammiert.

2.2.1 Warum Wunschlisten keine Verträge sind

Ein Arbeitsvertrag ist im Prinzip nichts anderes als der Vertrag, den man etwa auf dem Friseurstuhl beim Barbier des Vertrauens eingeht oder der Dienstvertrag, den ein Unternehmen mit einem externen Dienstleister schließt. Hier die Dienstleistung, dort das Geld - doch bei näherer Betrachtung unterscheidet sich der Arbeitsvertrag doch stark. Sehen wir uns zunächst die gesetzliche Grundlage eines Arbeitsvertrages an, § 611a, Absatz 1, des Bürgerlichen Gesetzbuches (BGB): »Durch den Arbeitsvertrag wird der Arbeitnehmer im Dienste eines anderen zur Leistung weisungsgebundener, fremdbestimmter Arbeit in persönlicher Abhängigkeit verpflichtet. Das Weisungsrecht kann Inhalt, Durchführung, Zeit und Ort der Tätigkeit betreffen. Weisungsgebunden ist, wer nicht im Wesentlichen frei seine Tätigkeit gestalten und seine Arbeitszeit bestimmen kann. Der Grad der persönlichen Abhängigkeit hängt dabei auch von der Eigenart der jeweiligen Tätigkeit ab.«

Der wesentliche Punkt ist hier das Weisungsrecht des Arbeitgebers, das Beschäftigte mit der Annahme des Arbeitsvertrags akzeptieren und ihre Verpflichtung annehmen. Dies hat zwar Grenzen, es billigt dem Arbeitgeber aber weitreichende Entscheidungsmöglichkeiten zum Arbeitseinsatz der Mitarbeiter und deren Verhalten im Unternehmen zu.[158] Unter Einhaltung der genannten Grenzen sind die Weisungen des Arbeitgebers von den Arbeitnehmern auch zu befolgen.[159] Sie konkretisieren die im Arbeitsvertrag nur allgemein umschriebenen Leistungspflichten.[160] Ein wichtiger Umstand im Zusammenhang der Leistungspflicht ist, dass der Mitarbeiter laut dem genannten Paragraphen nur zur Leistung von Arbeit und nicht zur expliziten Erbringung eines gewissen Arbeitserfolgs verpflichtet ist. Der Arbeitnehmer muss dabei seine persönliche Leistungsfähigkeit angemessen ausschöpfen. Er muss also tun, was er soll, und zwar so gut, wie er kann, so beschreibt es ein Urteil des Bundesarbeitsgerichts aus dem Jahr 2003.[16] Dass eine Mehrheit der Beschäftigten regelmäßig nicht ihr Bestes gibt, verstößt also im Grunde genommen gegen das Gesetz. Die Schwierigkeit für den Arbeitgeber liegt meist darin, schlüssig nachzuweisen, dass der Arbeitnehmer nicht die jeweils angemessene Maximalleistung, also sein Bestes, erbringt. Aber sogar, wenn der Arbeitgeber nachweisen könnte, dass dies so ist und der Mitarbeiter seine vertragliche Verpflichtung nicht erfüllt, darf er im Gegenzug nicht einfach Lohn oder Gehalt kürzen. Denn laut Absatz 2 des eingangs erwähnten Paragrafen 611a BGB ist »der Arbeitgeber zur Zahlung der vereinbarten Vergütung verpflichtet.« Und bevor das Gehalt gekürzt werden kann, sieht der Gesetzgeber zuerst eine Reihe anderer Maßnahmen vor. Man merkt schnell, dass es sich bei einem Arbeitsvertrag im Gegensatz zum eingangs erwähnten Dienstleistungsvertrag mit dem Friseur um einen ganz speziellen Vertrag handelt.

Was der Arbeitnehmer leisten muss und was er dafür als Gegenleistung erhält, ist im Arbeitsvertrag, einem eventuell geltenden und zu beachtenden Tarifvertrag sowie weiteren betrieblichen Vereinbarungen geregelt. Das kann im Zweifelsfall auch gerichtlich eingefordert werden. Alle anderen Leistungen und Annehmlichkeiten für die Arbeitnehmer sind freiwillig. Diesbezüglich steht den Arbeitnehmern aber nichts zu – der Arbeitgeber erbringt das freiwillig. Eigentlich eine klare Sache. Doch hier haben sich in den letzten zehn Jahren die Erwartungshaltung und das Anspruchsdenken bei vielen Beschäftigten spürbar verändert. Es gab genügend gut bezahlte Jobs, qualifizierte Mitarbeiter waren Mangelware, sodass sich viele Unternehmen bemühen mussten, ihre Mitarbeiter zu halten. Das hat zu Selbstüberschätzung und Anspruchsdenken geführt. Viele begannen, sich auf höchstem Niveau über alles und jeden in der Firma zu beklagen und ihre Forderungen nach oben zu schrauben. Sie glaubten also, dass ihnen mehr zusteht als anderen und als das, was ihnen geboten wurde. Als nach dem Ende des Booms dann viele wieder von der betrieblichen Realität eingeholt wurden, stellten sich nicht selten Enttäuschung und Wut ein. Plötzlich war die Zeit der stets weiter nach oben zu schraubenden Ansprüche vorbei und man musste sich im Gegenteil sogar mit Abstrichen abfinden: Rückkehr aus dem Homeoffice, gestrichene Sonderzulagen, Abschaffung sonstiger Privilegien und Annehmlichkeiten, die Wunschlisten waren passé. Man musste plötzlich wieder hart arbeiten. Die steigende Arbeitslosigkeit erschwerte zudem den Wechsel der Arbeitsstelle – das in Kapitel 1.3.2 erwähnte Phänomen trat auf: Dienst nach Vorschrift.[162]

Die bekannte juristische Regel »Verträge sind einzuhalten« ist ein Hinweis darauf, dass sich Menschen an Regeln, Absprachen und Verträge zu halten haben. Darunter selbstverständlich auch Arbeitsverträge. Doch wie bei vielen Verträgen, die man schließt, ist es auch zu Beginn eines Arbeitsverhältnisses oft so, dass es unausgesprochene Vereinbarungen/Regeln gibt, die eine Partei von der anderen erwartet. Einfach deswegen, weil diese Partei der Meinung ist, dass der Inhalt der Regel allgemeingültig ist. Das trifft in vielen Fällen jedoch nicht zu, weshalb die andere Partei die besagte Regel nicht kennt, nicht als wichtig erachtet und sich daher im Alltag auch nicht daran hält. Das ist nicht selten eine latente Konfliktquelle und der Hintergrund dafür, dass sich Menschen nicht gut behandelt fühlen. Sich dann aber einfach zu nehmen, was einem gefällt oder der eigenen Meinung nach zusteht bzw. einfach einseitig weniger als das Vereinbarte zu geben, weil dadurch ein Teil der vom Arbeitgeber nicht erfüllten Erwartungen kompensiert werden soll, ist keine akzeptable Option. Denn persönliche Wunschlisten sind eben keine Verträge und nur die gelten verbindlich. Schließlich würde es auch kein Arbeitnehmer einfach hinnehmen, wenn der Chef sein monatliches Gehalt daran anpassen würde, was der Arbeitnehmer in den Augen des Chefs im abgelaufenen Monat geleistet hat. Hier würden sich Arbeitnehmer auch auf den bestehenden Vertrag berufen und mit juristischen Mitteln dessen Einhaltung fordern. Dass dies aber andersherum genauso gilt und der Arbeitnehmer bei vollen Bezügen nicht einfach die abgelieferte Leistung nach eigenem Ermessen reduzieren kann, scheint entweder vielen nicht bekannt zu sein oder ignoriert zu werden.

Die beschriebene Vorgehensweise der dauerhaft einseitigen Leistungsreduzierung durch den Arbeitnehmer ist nicht nur aus rechtlicher Hinsicht nicht in Ordnung, sondern auch aus dem Blickwinkel des Anstands. Doch auch beim Anstand hat sich in den letzten 15 Jahren einiges getan. Auch wenn wir später noch näher auf das Thema Anstand zurückkommen werden, sind bereits an dieser Stelle ein paar Anmerkungen hierzu sinnvoll. Definitionsgemäß ist Anstand »der in einer Gesellschaft oder in einzelnen Gesellschaftsschichten bestehende, von ethisch-moralischen Anspruchs- und Erwartungshaltungen gestützte, allgemein als ›selbstverständlich‹ empfundene Maßstab für ›gutes‹ bzw. ›richtiges‹ Verhalten (›Benehmen‹) des Gesellschaftsangehörigen gegenüber seinen Mitmenschen«.[163] Anstand gibt also vor, wie sich die Menschen aus ethisch-moralischer Sicht gut und richtig verhalten sollen, damit sie den Erwartungen der Gesellschaft entsprechen. Mein Verständnis von Anstand sagt mir, dass es nicht in Ordnung ist, wenn der Arbeitnehmer dauerhaft einen Gang zurückschaltet, nur weil der Arbeitgeber die persönliche Wunschliste des Arbeitnehmers nicht erfüllen kann. In der Vergangenheit gab es zwar auch schon Fälle von Faulheit, Drückebergerei und Selbstbedienungsmentalität, doch waren sie damals nicht an der Tagesordnung. Der Anstand hat den Menschen damals größtenteils geboten, sich nicht so zu verhalten und die Mehrzahl hielt sich daran. Doch das hat sich in der Zwischenzeit geändert, so wie sich gesellschaftliche Normen im Laufe der Zeit fast zwangsläufig verändern. Im Jahr 2025 scheint die Aussage, dass 52 Prozent der Beschäftigten offen zugeben, dass sie regelmäßig weniger als nötig leisten, jedoch auf Unterstützung und vielfach auch auf Akzeptanz zu stoßen. Hier hat sich eben das Verständnis, was »anständig« ist, im Laufe der Boomjahre verändert.

Aus einer repräsentativen Umfrage im Jahr 2018 über das Gerechtigkeitsempfinden in Bezug auf die Einkommen in Deutschland ging hervor, dass die Mehrheit der Befragten dazu neigt, sich am eigenen Arbeitsplatz weniger zu engagieren, wenn das eigene Einkommen als zu niedrig oder Spitzengehälter als unberechtigt hoch empfunden werden. »Die gefühlte Gerechtigkeit ist in einer Gesellschaft entscheidend«, so DIW-Direktor Stefan Liebig über die Studienergebnisse.[164] Wenn die Gesellschaft also ein bestimmtes Gehaltsniveau als ungerecht empfindet, scheint es der Anstand den Menschen mittlerweile zu erlauben, weniger zu leisten als vertraglich vereinbart wurde, obwohl sie selbst im Gegenzug in der Höhe entlohnt werden, die in ihrem Vertrag steht.

2.2.2 Die Gratwanderung zwischen Selbstverwirklichung und Selbstverweigerung

Das Handeln des Menschen wie auch die Arbeit sind geprägt von seinen Bedürfnissen. Primär als »Broterwerb« dienend, kann Arbeit jedoch auch mehrere menschliche Bedürfnisse stillen. Der in diesem Kontext wohl bekannteste und geläufigste Ansatz zur Beschreibung menschlicher Bedürfnisse ist die Bedürfnispyramide von Abraham Maslow. Sie teilt die menschlichen Bedürfnisse in fünf Stufen ein und stellt sie bildlich in Form einer Pyramide dar. An der Basis befinden sich die physiologischen Grundbedürfnisse wie Nahrung und Schlaf, gefolgt von den Sicherheits- und den sozialen Bedürfnissen auf den Stufen zwei und drei sowie den Wertschätzungsbedürfnissen auf Stufe vier.[165] Diese vier Stufen werden auch als Defizit-Bedürfnisse bezeichnet, weil der Motivationstheorie folgend die einzelnen Stufen für sich jeweils keine Motivationskraft mehr haben, sobald sie befriedigt sind.[166] Danach strebt der Mensch der übergeordneten Stufe zu. Im Unterschied dazu gibt es die Wachstumsbedürfnisse in Form der Selbstverwirklichung, die nach Maslow nie abschließend befriedigt werden können.[167] Der Mensch ist demnach also nie mit dem Stand seiner Selbstverwirklichung zufrieden, sondern strebt ständig nach Weiterentwicklung. Diese Erkenntnis stellt, bei aller Kritik an diesem bekannten Ansatz, die unmittelbare Verbindung zum Buchthema her.[168]

Boomjahre, Digitalisierung, New Work und der Eintritt der Generationen Y und Z ins Arbeitsleben haben, wie im vorigen Kapitel gezeigt, bei vielen den Trend zur Überschätzung ihrer Fähigkeiten weiter gefördert. Daraus entstanden teilweise völlig überzogene Erwartungen an die eigene Karriereentwicklung. Leider wurden von Unternehmerseite in den Jahren der Hochkonjunktur auch fragwürdige Karriereversprechen gemacht, nur um sich die Mitarbeiter in Zeiten des massiven Fachkräftemangels gewogen zu halten. Auch deshalb hat sich bei vielen die Einstellung festgesetzt: »Ich mache ohnehin Karriere. Den Weg dorthin kann ich mir (wie im Supermarkt) auswählen und ganz nach meinen eigenen Bedürfnissen gestalten, denn das Unternehmen braucht mich ja!« Stand früher die Erfüllung der Kunden- und Aktionärswünsche sowie die Erzielung eines zukunftssichernden Gewinns im Mittelpunkt des Unternehmensgeschehens, schienen diese Ziele aus dem Fokus geraten zu sein. In einem marktwirtschaftlichen Wirtschaftssystem den Profit an den Rand zu drängen, führt erwiesenermaßen in den Ruin, wofür die nach wie vor hohen Insolvenzzahlen im Jahr 2025 ein Indiz sind. Im Anschluss führte die dringend nötige Refokussierung auf (betriebs-)wirtschaftliche Aspekte dann bei vielen Arbeitnehmern, die dabei von der Realität eingeholt wurden, zu Enttäuschung und Wut, denn die hohen Erwartungen und überzogenen Karrieremöglichkeiten waren mit einem Mal vom Tisch.

Was daraufhin bei manchen Mitarbeitern passierte, das grenzt an Selbstverweigerung. Ein reales Beispiel aus der Praxis, das in seinem Verlauf und seiner Prägnanz nicht beschreibender sein könnte, soll die erwähnte Dynamik aufzeigen. Mitten in der Corona-Krise 2021 fand bei einem großen Industrieunternehmen der Zulieferindustrie ein externes Audit statt. Selbstverständnis und Verhaltensweise des zuständigen Qualitätsmanagers, Anfang 30, waren typisch und bezeichnend für viele Beschäftigte in jener Zeit. »Sie werden kaum jemanden finden, der so schnell und so steil Karriere gemacht hat, wie ich«, so waren seine stolzen Worte zu Beginn des Audits. Er hatte Personalverantwortung für eine Mitarbeiterin, ein sechsstelliges Gehalt und einen Dienstwagen am oberen Ende der Mittelklasse, obwohl er kein Hochschulstudium vorweisen konnte. Die Audit-Ergebnisse waren allerdings unterdurchschnittlich und sprachen nicht für seine Fachkompetenz. Im Feedbackgespräch zeigte er sich bei der Darstellung offensichtlicher Mängel entsprechend dünnhäutig. Beim Audit durch einen Großkunden ein Jahr später stellte sich dasselbe Ergebnis ein, offenbar hatte der Manager trotz der Kritik keinen Änderungsbedarf gesehen. Wegen seiner im Kundenaudit deutlich offenbar gewordenen Überforderung fand daraufhin seine in Aussicht gestellte Beförderung nicht statt. Er zog sich beleidigt in sein Schneckenhaus zurück. Es folgte Dienst nach Vorschrift in typischer Form, jegliche Übernahme weiterer Aufgaben und seien es auch nur Kurzprojekte lehnte er unter Hinweis auf Zuständigkeiten und seinen Arbeitsvertrag ab. Offenbar wollte er seine Vorgesetzten, die ihn erst in diese Position gehievt hatten und ihn jetzt kritisierten, nicht auch noch bei der Erreichung ihrer Ziele unterstützen – eine völlig verquere Denkweise, die an Selbstverweigerung grenzte. Ein weiteres Jahr später legte man ihm nahe, das Unternehmen zu verlassen.

In diesem Fall hatte sich neben Selbstüberschätzung und überzogener Erwartungshaltung eine verhängnisvoll unzureichende Urteils-, Selbstreflexions- und Kritikfähigkeit eingestellt. Daraus resultiert in nicht wenigen Fällen die Verweigerung des eigenen Engagements auch bei kleinen Abweichungen vom Karriereplan oder bei Kritik, sei diese auch noch so berechtigt und konstruktiv formuliert. Kein Wunder, wenn Wertschätzung, wie im Kapitel 2.1.2 dargestellt, nur noch mit Lob und Anerkennung gleichgesetzt wird. Die Gier nach Wertschätzung und Selbstverwirklichung steht der mangelnden Wahrnehmung der eigenen Kompetenzgrenzen gegenüber. Gerade diese natürlichen Grenzen wollen aber viele Menschen nicht anerkennen, sondern verleugnen sie mit Hinweis auf die aus ihren Augen ungerechtfertigte und nicht zutreffende Kritik der Führungskräfte. Dies wird dann wiederum mit eingeschränktem Engagement oder strengem Dienst nach Vorschrift bis hin zur Selbstverweigerung »geahndet«, ohne dabei von den eigenen Forderungen nach Bezahlung, Wertschätzung und dem Einhalten des aufgezeigten Karrierepfades auch nur ein Jota abzuweichen.

Jenseits der genannten Entwicklung war bereits vor 20 Jahren der Trend erkennbar, dass sich Mitarbeiter weniger für ihr Unternehmen engagierten. Dies reichte auch nicht selten hin bis zur Selbstverweigerung. Bemerkbar machte sich diese Entwicklung auch in wachsender Kritik an Hierarchien, Führungskräften und deren Führungsanspruch. Stattdessen wurden Forderungen nach immer flacheren Hierarchien laut, denn, so eine verbreitete Argumentation, die Mitarbeiter wüssten ja schließlich am besten, was zu tun sei. Sie müssten sich daher weder von den Führungskräften viel sagen lassen noch unbedingt weniger als diese verdienen – diese Position verbreitete sich ab 2010, als das Thema Agilität in Mode kam. So forderte Niels Pfläging, der Autor des Sachbuchs »Die 12 neuen Gesetze der Führung": »Schafft Management ab – denn es funktioniert nicht mehr!" Daraufhin wurde er im deutschsprachigen Raum sogar als »Management-Exorzist« bezeichnet.[169] Auch damals schon wollten mehr und mehr Mitarbeiter ähnliche Vergütungen wie Manager erhalten, wie diese Business Class fliegen und in Wagen der Oberklasse zum Dienst fahren. Dafür wollten sie aber keine Überstunden leisten und, wenn es hart auf hart kommen sollte, auch nicht die Verantwortung tragen. Auch bei diesem Trend ging es vielen mehr um Selbstverwirklichung als um den Dienst am Unternehmen und letztlich die Erwirtschaftung von Gewinn.

Man wird im Unternehmen wie im Privatleben auch immer wieder Dinge tun müssen, die einem nicht passen oder eigenen Überzeugungen zuwiderlaufen. Das ganze Leben ist eben ein Kompromiss. Wer sich wie beim Einkauf im Supermarkt aber nur die Dinge aussuchen möchte, die gefallen und ohne Störungen durch Führungskräfte volle Entlohnung erhalten will, sollte sich § 611a BGB, die grundlegende Norm für Arbeitsverträge, noch einmal genauer ansehen. Wem es nicht gefällt, im Unternehmen immer wieder unangenehme Dinge tun zu müssen und wer nur das tun will, was den eigenen Vorstellungen entspricht, der sollte sich besser einen anderen Arbeitsplatz suchen oder sich selbständig machen. In Deutschland herrscht nämlich zum Glück Berufsfreiheit – dazu heißt es in Grundgesetz Artikel 12, Absatz 1: »Alle Deutschen haben das Recht, Beruf, Arbeitsplatz und Ausbildungsstätte frei zu wählen«.[170]

2.2.3 Über das »Recht auf Faulheit« und seine Kosten

Ein Arbeitsvertrag begründet ein Rechtsgeschäft, bei dem die jeweiligen Parteien vertraglich bezeichnete Leistungen erbringen müssen. Zudem gilt das Prinzip der Vertragstreue gemäß dem Grundsatz »Pacta sunt servanda« (Verträge sind einzuhalten) in Deutschland für das öffentliche und das private Recht. Dementsprechend eben auch im Arbeitsrecht. Wer als Arbeitnehmer einen Arbeitsvertrag unterzeichnet, schuldet dem Arbeitgeber als Vertragspartner zunächst einmal die vereinbarte Arbeitsleistung. Diese muss er wiederum nach einem Urteil des Bundesarbeitsgerichts unter angemessener Ausschöpfung seiner persönlichen Leistungsfähigkeit erbringen.[171] Er muss tun, was er soll, und zwar so gut, wie er kann.[172] Dafür erhält er vom Arbeitgeber dann das vereinbarte Entgelt. Wer nun denkt, es gäbe einen Anspruch auf 15 Minuten bezahlte Pause pro Tag, obwohl diese nicht vereinbart ist, oder gar ein Anrecht auf 2 Tage Krankheit pro Monat, der irrt. Es gibt die Lohnfortzahlung im Krankheitsfall durch den Arbeitgeber. Diese gilt nur für den Fall einer tatsächlichen, medizinisch diagnostizierbaren Erkrankung des Arbeitnehmers und nicht als eine Art zusätzlicher freier Tage. Es gibt, ganz klar formuliert, kein Recht auf bezahlte Faulheit am Arbeitsplatz. Wer einen Arbeitsvertrag geschlossen hat, muss auch arbeiten und die vereinbarte Leistung erbringen. Es sei denn, er ist wirklich, also ärztlich attestiert, krankheitsbedingt arbeitsunfähig. Doch nicht wenige sehen das anders und haben ein völlig falsches, anstands- und vertragswidriges Selbstverständnis entwickelt: Krankmachen steht mir zu oder so ähnlich! Auch wenn das nicht gefallen dürfte und auch nicht dem Zeitgeist entspricht, es gibt genügend Menschen mit dieser Überzeugung. Diese Realität verschwindet eben nicht einfach dadurch, dass man sie verschweigt!

Am Arbeitsplatz gibt es aber definitiv kein Recht auf Faulheit. Dass dies in den Köpfen vieler Arbeitnehmer leider nie angekommen ist, soll anhand von drei Praxisbeispielen aus verschiedenen Industrieunternehmen gezeigt werden. Die betroffenen Personen bezeichnen diese Verhaltensweise nicht als Faulheit, sondern sehen darin eher ihr gefühltes »Recht auf bezahltes Nichtstun«. Beginnen wir mit dem sich selbst überschätzenden Qualitätsmanager aus dem vorherigen Kapitel. Man hatte ihn für die Zertifizierung nach einer speziellen Industrienorm angeworben, da er dort ausgewiesene Fachkenntnisse hatte. Darin allein sah er seine Aufgabe, auch wenn er ganz allgemein als Q-Manager beschäftigt wurde. Das Zertifizierungsthema lastete ihn faktisch nur zur Hälfte aus, dennoch sah er sich nicht für andere Q-Themen als Ansprechpartner. Diesbezüglich übertragene Aufgaben machte er nur unter Druck und unter Anleitung. Sobald man dazu nicht mehr nachfragte, schliefen diese Aufgaben wieder sehr schnell ein. Seine Rechtfertigung: »Ich beschaffe das Zertifikat und das ist genug.« Fall 2: Ein Betriebsrat, der gern für diese Aufgabe freigestellt worden wäre, dies aber in 16 Jahren Amtszeit nicht erreichen konnte. Er nutzte jede mögliche Rechtfertigung, um sich offiziell für Betriebsratsarbeit (das ist rechtlich abgesichert) von seinem eigentlichen Arbeitsplatz in der Produktion abzumelden. Die Zeiten dafür wählte er meist so großzügig, dass für ihn persönlich so während der Arbeitszeit fast immer eine gewisse Zeit zum Kaffeetrinken, für private E-Mail-Bearbeitung oder ein privates Telefonat übrigblieb. Hatte er einfach mal wieder keine Lust zu arbeiten, verkroch er sich unter dem Deckmantel der »Betriebsratsweiterbildung« zum »Lesen von Gesetzestexten« einige Stunden im Betriebsratsbüro. Rechtlich immer an der Nachweisgrenze, konnte ihm niemand diese Praxis untersagen. Fall 3: Ein Logistikmitarbeiter, der wöchentlich Werkzeuge und Materialien für die Bautrupps kommissionierte. Sobald er damit fertig und seine Vorgabezeit noch nicht verstrichen war, meldete er sich nicht wie aufgetragen zur Mitarbeit in der Produktion, sondern spielte oft stundenlang in seiner Werkstatt Computerspiele. »Wenn ich für's Kommissionieren länger brauchen würde, könnte ich auch nicht in die Produktion gehen«, so seine Rechtfertigung. Dass solche Vorgänge keine Einzelfälle sind, zeigt ein Artikel der »Wirtschaftswoche« vom 9. März 2021, der folgendermaßen beginnt: »Anleitung zum Krankfeiern – Blaumachen ist mindestens so alt wie die Entgeltfortzahlung. Dank im Internet verfügbarer Tipps fällt es Arbeitnehmern heute leichter, sich extra Urlaub verschreiben zu lassen. Verhindern können Unternehmen das kaum.«[173] Dies als Tipp zu bezeichnen, spricht Bände, Blaumachen als extra Urlaub zu apostrophieren ist eine Farce. Wäre diese Betrachtungsweise nicht bis zu einem gewissen Grad gesellschaftlich akzeptiert, könnte ein Fachmagazin keinen solchen Artikel publizieren.

Glaubt man verschiedenen Berichten, so hat sich in der Generation Z der Trend des Quiet Vacationing entwickelt: Die Mitarbeiter sind offiziell im Homeoffice, bewegen ihre Maus hin und her, damit der Arbeitgeber denkt, dass sie arbeiten. In vielen Fällen lägen sie dabei angeblich am Strand. Gerechtfertigt wird dies mit dem Bedürfnis, »einfach mal spontan Urlaub zu machen, was wegen manchmal langer Vorlaufzeiten oder ausbleibender Genehmigung durch den Chef nicht möglich« sei. Im Grunde sei deswegen der Arbeitgeber auch selbst daran schuld, denn Arbeit müsse wieder Spaß machen. Deshalb wird Kritik an diesem Verhalten häufig einfach zurückgewiesen. Juristisch wird dies von Experten als Arbeitszeitbetrug mit der Konsequenz einer Entlassung eingeordnet.[174] Auch wenn dies als Trend der Gen Z ausgewiesen wird, ist dies doch ein Verhaltensmuster, das sich in allen Altersklassen wiederfindet. Homeoffice wird als »bezahltes Nichtstun« missinterpretiert. Die Kultur in Deutschland hat sich vor allem in den letzten 20 Jahren verändert. Den Menschen ist wie in Kapitel 1.2.3 beschrieben das Schuften nicht mehr so wichtig, stattdessen wollen sie mehr und gut leben. Dementsprechend kann es nicht verwundern, dass sich bei den Menschen auch die Sichtweise darauf verändert hat, was akzeptabel ist oder nicht. Also, wenn man so möchte, der Anstand. In den Unternehmen wird es scheinbar immer mehr geduldet, dass Mitarbeiter eigenmächtig auf Kosten des Arbeitgebers weniger arbeiten und sich mehr Freizeit verschaffen. Oft geschieht das unter dem Deckmäntelchen von agilen Arbeitsweisen oder eben, wie wir gesehen haben, von Homeoffice. Wenn Führungskräfte dann mehr Leistung einfordern oder Faulenzerei abstellen wollen, wird dies häufig als Gängelung (»Bossing«) abgelehnt. Der Anstand hinsichtlich der Quantität der Arbeit hat sich wie erwähnt in den letzten 20 Jahren also entscheidend verändert

Dass das beschriebene Fehlverhalten in den Unternehmen erhebliche Kosten verursacht, leuchtet ein. Gleichgültig, ob Mitarbeiter durch Blaumachen, Untätigkeit im Homeoffice oder Nichtstun am Arbeitsplatz für das Unternehmen keine Wertschöpfung erbringen: Sie verursachen Kosten, für die das Unternehmen keine Gegenleistung erhält. Das wirkt sich direkt negativ auf die Produktivität aus, die für die Wettbewerbsfähigkeit des einzelnen Betriebs und des Standorts Deutschland insgesamt mittlerweile wieder so wichtig geworden ist. Auch wenn man denken möchte »die paar Tage« oder »die wenigen Stunden«, so läppert sich das im Laufe eines Jahres zu einer erklecklichen Summe zusammen. Einfache Berechnungen hierzu kann jeder für sich selbst anstellen. Fehlt der Mitarbeiter durch Abwesenheit beispielsweise nur fünf Tage im Jahr und bummelt er pro Woche nur zwei Stunden, also gut eine Viertelstunde pro Arbeitstag (bei einer angenommenen Fünftagewoche und einem Sieben-Stunden-Tag), so würden aus den in Kapitel 1.3.1 genannten 1.349 jährlichen Arbeitsstunden plötzlich nur noch etwa 1.228 Stunden werden. Ein Rückgang um 9 Prozent bei gleichen Kosten für das Unternehmen. Berücksichtigt man eine gewisse Dunkelziffer hinsichtlich der 2010 noch nicht bestehenden Homeoffice-Problematik und zieht man die durchschnittlich 9,4 Krankheitstage pro Jahr für 2010 im Vergleich zu den 15,1 Tagen im Jahr 2023 als Vergleichsgrundlage heran, so zeigt sich, dass hier in den letzten 15 Jahren einiges aus dem Lot geraten ist.[175]

2.3 Arbeit und Haltung: Tugenden im Sinkflug

Werte, Haltung, Tugenden. Fehlt nur noch der Begriff Moral und der Kanon ebenso beeindruckender wie abschreckender Begriffe wäre komplett. Doch auch wenn diese Begriffe spätestens seit dem digitalen Zeitalter bei vielen Menschen Ablehnung und Argwohn hervorrufen, haben sie an ihrer Bedeutung für die Gesellschaft nichts verloren. Die Werte sind es, die die Kultur eines Volkes formen und gemeinsames Leben ermöglichen. So auch hinsichtlich der Arbeit, sowohl am Arbeitsplatz selbst als auch in deren Verortung im gesellschaftlichen Leben. Auch hier gab es in den letzten 15 Jahren seit dem Ende der Finanzkrise spürbare Veränderungen, die nicht ohne Auswirkungen auf die Arbeitswelt in Deutschland geblieben sind. Da die genannten Begriffe nicht eindeutig definiert sind, soll zunächst ein einheitliches Verständnis geschaffen werden.

Haltungen bewegen sich auf einem Kontinuum von beispielsweise »zustimmend« bis »ablehnend«. Einstellungen sind hingegen präziser und detaillierter gefasst. Dazu folgendes Beispiel: »Ich habe eine ablehnende Haltung gegenüber den vorgeschlagenen Karenztagen. Denn ich vertrete die Einstellung, dass das Risiko der Krankheit eines Mitarbeiters nur ein Unternehmer- und kein Mitarbeiterrisiko sein kann, ähnlich wie bei einer ausgefallenen Maschine.« Der Inhalt des Wortes »Tugend« lässt sich als »eine durch Übung erworbene, emotionale und intellektuelle Haltung definieren, die dazu befähigt, in jeder Situation das ethisch Richtige zu tun«.[176] Man kann eine Tugend als die positive Eigenschaft einer Person beschreiben, welche meist von einer vorbildlichen Grund- bzw. Geisteshaltung hervorgebracht wird. Tugendhaftigkeit lässt sich als das persönliche oder soziale Bestreben einer Person beschreiben, nach festgelegten Grundwerten zu leben. Tugenden haben also etwas mit Werten, Haltung und ethischem Handeln zu tun. Diese kurze Einordnung der Begriffe soll uns für die folgenden Abschnitte genügen.

2.3.1 Loyalität, Engagement, Respekt: Vom Ausverkauf klassischer Tugenden

Nicht selten wird der Begriff Tugend mit einer gewissen Ironie verwendet, weil er eine, man muss wohl sagen unzeitgemäß vorbildliche sittliche Haltung eines Menschen beschreibt. War der Begriff früher mit konkreten Vorbildern verbunden, wird er seit der Jahrtausendwende vermehrt als »unmodern«, »spießig« oder »kleinbürgerlich« gesehen.[177] Dennoch hat er noch eine breite gesellschaftliche Akzeptanz, wenn auch in unterschiedlicher Ausprägung. Denn dahinter verbirgt sich eine Vielzahl verschiedener Facetten, weil es keinen einheitlichen Tugendkanon (mehr) gibt. Zu den bürgerlichen Tugenden werden je nach Quelle Eigenschaften wie Ordentlichkeit, Sparsamkeit, Fleiß oder Pünktlichkeit gezählt, die lange Zeit gerade den Deutschen nachgesagt wurden. Oder es gibt die sprichwörtlichen »preußischen Tugenden«, zu denen Aufrichtigkeit, Pflichtbewusstsein, Redlichkeit und Zielstrebigkeit zählen. Sie alle können das gute Zusammenleben in einer Gemeinschaft fördern, wenn sie den Menschen wichtig sind und sie auch danach leben. Neben den genannten gibt es eine Reihe weiterer Tugenden wie etwa christliche oder wissenschaftliche Tugenden, die nicht näher betrachtet werden. Jeder Mensch handelt aber aufgrund seiner persönlichen Wertvorstellungen. Unter Werten werden moralisch gut bewertete Qualitäten verstanden, die man Objekten, Dingen oder Handlungsmustern zuordnet. Aktuelles Beispiel ist der Wert des Wohlstands, der der gesellschaftlichen Meinung nach nicht wie in den Jahrzehnten zuvor auf Kosten des Wertes Nachhaltigkeit weiter maximiert werden darf.[178] Werte und Tugenden sind somit Handlungsrichtlinien für Menschen, damit sie sich in einer Gesellschaft oder auch am Arbeitsplatz sozialisieren können. Lange Zeit hatten in deutschen Unternehmen Tugenden wie Fleiß oder Pünktlichkeit einen großen Stellenwert und wurden als Basis für wirtschaftlichen Erfolg und damit Wohlstand angesehen. Fleiß, Pünktlichkeit, Gründlichkeit galten lange Zeit als klassische deutsche Tugenden und als der wirklich wichtige Erfolgsfaktor für die Unternehmen. Diese Wertvorstellungen sind im Laufe der Zeit aber natürlich einem Wandel unterworfen und man muss heute wohl von einem Mentalitätswandel in Deutschland sprechen.[179]

Welche Werte den Deutschen heute noch wichtig sind, welche Prioritäten diese haben und nach welchen Tugenden sie im Jahr 2025 leben, das zu beschreiben wäre seitenfüllend. Doch darum geht es nicht. Hier ist festzuhalten, dass es in den letzten 20 Jahren einen Wertewandel gegeben hat, aufgrund dessen sich das »tugendhafte« Verhalten in der Arbeitswelt merklich verändert hat. Dieser Wertewandel wurde bereits vor einem Jahrzehnt, etwa in dem Band »Wertewandel mitgestalten: Gut handeln in Gesellschaft und Wirtschaft«, thematisiert. Dort wird beispielsweise dargestellt, was die klassischen deutschen Tugenden mit dem wirtschaftlichen Erfolg von Familienunternehmen zu tun haben.[180] Auch in den letzten 10 Jahren hat es nicht zuletzt als Folge der zwischenzeitlichen Migrationsprozesse nochmals einen deutlichen Wandel der Wert gegeben.[181] Die kulturelle Pluralisierung hat eine zunehmende Diversität gefördert und damit eine größere Bandbreite an (akzeptierten) Werten und Normen geschaffen.[182] Infolgedessen werden in der Praxis am Arbeitsplatz mittlerweile zahlreiche Tugenden, die bisher als Garanten des Erfolgs deutscher Unternehmen gesehen wurden, nicht mehr so beachtet und praktiziert wie dies jahrzehntelang der Fall war. Nachfolgend soll dies anhand von Loyalität, Engagement und Respekt kurz dargestellt werden.

Loyal bedeutet »eine Instanz respektierend, vertragstreu, redlich, anständig«.[183] Loyalität im Berufsleben bedeutet also u. a., das Unternehmen und seine Vertreter zu respektieren und sich ihnen gegenüber anständig zu verhalten. Loyal bedeutet für Mitarbeiter, dass sie innerhalb bestimmter Grenzen die Besonderheiten des Unternehmens akzeptieren, dessen Vorgaben nicht ständig grundlos hinterfragen oder an den Führungskräften herumnörgeln. Dass sie nicht schlecht über das Unternehmen reden, auch wenn, wie in jeder Firma, nicht alles immer nur gut ist und dass sie auch zum Unternehmen stehen, solange sie als Beschäftigte dabei sind. Die oft mit Loyalität verbundene Treue muss sich nicht automatisch an der Zugehörigkeit zum Unternehmen festmachen. Selbst wenn man nur befristet bei einer Firma beschäftigt ist, kann man ihr gegenüber loyal sein. Etwa indem man Konkurrenten nicht unberechtigt Informationen weitergibt oder am Ende des Zeitvertrags nur halbherzig mitarbeitet. Durch loyale Mitarbeiter wird die Wahrnehmung der unternehmerischen Leistung bei Kunden positiv beeinflusst. Man kann sich darauf verlassen, dass die Leistung an möglichst vielen Tagen erbracht und die Mehrarbeit auch dann geleistet wird, wenn sie benötigt wird. Loyale Mitarbeiter sind Garanten dafür.

Respekt steht direkt in Verbindung zu Loyalität. Obwohl in vielen Darstellungen nicht explizit als Tugend aufgeführt wird, lässt sich Respekt aus dem Verständnis anderer Tugenden als solche ableiten. In Kapitel 2.1.2 hatten wir gesehen, dass Respekt eine Voraussetzung für Wertschätzung ist. Reinhard Sprenger schreibt in seinem Buch »Das anständige Unternehmen«, dass anständige Unternehmer ihre Mitarbeiter »nicht als bloße Mittel«, nicht nur als reine Ressource betrachten, die man wie Maschinen oder Software am Markt erwerben und nach Gebrauch weiterverkaufen kann.[184] Dementsprechend müssen Unternehmer ihnen gegenüber auch bei widrigsten wirtschaftlichen Bedingungen ein Mindestmaß an Respekt und Anstand zeigen. Doch das Gleiche gilt jedoch auch umgekehrt. Auch Unternehmer und Führungskräfte haben solchen Respekt verdient. Den Führungskräften »auf dem Kopf herumzutanzen«, sich über sie lustig zu machen, ihre Fehler anzuprangern, ihnen den kleinsten berechtigten Tadel nachzutragen – man denke an die bekannten Job-Bewertungsportale[185] – oder Führungskräfte allgemein als unfähig hinzustellen[186], ist kein Zeichen angemessenen Respekts. Durch den Siegeszug sozialer Medien und die »Verhätschelung« der Mitarbeiter in den Boomjahren hat sich bei vielen Beschäftigten eine gewisse Überheblichkeit gegenüber Führungskräften entwickelt. Überheblichkeit ist aber der größte Feind des Respekts.[187] Respektlosigkeit bewirkt wiederum mangelnde Wertschätzung, also genau das, was so viele Mitarbeiter verstärkt für sich selbst einfordern.

Das, was sich hinter dem Begriff Engagement verbirgt und in der betrieblichen Praxis den entscheidenden Unterschied machen kann, bedarf kaum der Erläuterung. Jeder dürfte wissen, was damit gemeint ist und wie dies am Arbeitsplatz aussieht. Auch wenn dies keine explizite Tugend ist, findet sie dennoch in diesem Kontext häufig Erwähnung. Mit den Boomjahren ist aber breites Engagement mehr und mehr einer gewissen Gleichgültigkeit gegenüber Arbeitsplatz und Arbeitnehmer gewichen. Damit gingen schwindende Loyalität und zunehmende Respektlosigkeit gegenüber Menschen und Dingen einher. Wenn die Arbeit zum reinen »Job« verkommt, für den man sich eigentlich viel zu schade ist, und die man nur ausführt, weil man die »Kohle« braucht, dann geht der Respekt vor anderen Menschen, auch vor Unternehmern und Führungskräften, und deren Eigentum verloren. In Kapitel I haben wir gesehen, dass Deutschland in gewissen Dingen mittlerweile nur noch Mittelmaß ist. Die Leuchtkraft von »Made in Germany« als Symbol für deutsche Spitzentechnologie und Leistung ist verblasst. Neben dem meist schnell wahrzunehmendem Desinteresse vieler Mitarbeiter äußert sich die Gleichgültigkeit oft auch durch die in Worten und Gesten gezeigte Haltung: »Das geht mich alles gar nichts an!« Mittlerweile ist eine gewisse Respektlosigkeit bei vielen Mitarbeitern festzustellen. Kein alltäglicher Gruß, beschädigtes Arbeitsmaterial oder ein im Chaos verlassener Arbeitsplatz können Anzeichen dafür sein.

Neben der erwähnten Individualisierung der Gesellschaft hat auch das bekannte Anspruchsdenken diese Entwicklung gefördert: Das steht mir zu! Die so geförderte Konsummentalität (»Ich darf mir nehmen, was mir gefällt«) hat ihre Spuren hinterlassen. Bezogen auf Unternehmen könnte das bedeuten: Ich nehme mir am Arbeitsplatz, was mir passt. Dafür gebe ich ja meine Anwesenheit. Alles andere geht mich nichts an. Denn der Mitarbeiter steht bei New Work im Mittelpunkt und nicht das Unternehmen, die anderen Stakeholder oder der Gewinn. Ohne verallgemeinern zu wollen, aber unter dieser Einstellung haben die Tugenden gelitten. Doch Unternehmen dienen nicht nur dem Individuum, nicht nur den Mitarbeitern, sondern auch vielen anderen: Den Kunden, den Lieferanten, der Öffentlichkeit und nicht zuletzt den Aktionären und dem für die Zukunftsfähigkeit so wichtigen Gewinn. Und dafür sind auch die Mitarbeiter verantwortlich, wenn sie ihre Rolle als Follower gewissenhaft ausfüllen.

2.3.2 Der Verlust von Stolz auf Arbeit – Ein stiller Kulturbruch

In Kapitel 2.1.1 wurde eine aktuelle Erhebung zitiert, wonach »die große Entfremdung der Deutschen vom Job« stattgefunden habe und sich »viele Arbeitnehmer kaum noch ans Unternehmen gebunden« fühlten und stattdessen mehrheitlich Dienst nach Vorschrift machten.[188] Dieser ambitionslose Dienst nach Vorschrift sei 2025 zum neuen »Normal(-zustand)« geworden.[189] Laut dem Gallup Engagement Index Deutschland 2024[190] haben lediglich 9 Prozent der Beschäftigten in Deutschland eine hohe emotionale Bindung zum Arbeitgeber, dies würde die Wechselbereitschaft nach oben treiben. Die verbindenden Emotionen sind scheinbar dahin.

Aber welche Emotionen eigentlich? Die Freude über die Gehaltsüberweisung am Ende des Monats? Vielleicht. Aber es geht ja in den Berichten eher um die emotionale Bindung zum Arbeitgeber. Da scheinen eher Emotionen wie »Freude« und »Stolz« eine Rolle zu spielen. Freude darüber, bei einem erfolgreichen Unternehmen beschäftigt zu sein und Stolz auf dieses Unternehmen und seine Leistung. Aber der Stolz auf Unternehmen und die eigene Arbeit haben auch nachgelassen, weil Arbeit und Beruf ganz allgemein bei den Deutschen an Bedeutung verloren haben. Stolz ist man eher auf Dinge, die einem wichtig sind. Wenn Arbeit also weniger Bedeutung hat als früher, muss es nicht überraschen, dass der Stolz der Menschen auf ihre Arbeit, auf ihren Arbeitgeber und darauf, Teil eines tollen Teams im Unternehmen sein zu können, mit den Jahren nachlässt. Wenn der Stolz auf die Arbeit und auf das »eigene« Unternehmen nachlässt, schwächt sich auch die Bindung daran ab. Die Beziehung zur Firma wird schwächer, die Bedeutung sinkt, man setzt sich weniger dafür ein oder ist gar schnell bereit, »den Laden zu verlassen«, wie die im zitierten Engagement Index erwähnte Wechselbereitschaft suggeriert.

Stolz auf Arbeit hatte in Deutschland jahrzehntelang eine große Bedeutung. Stolz auf die eigene Arbeit und Professionalität, den eigenen Arbeitsplatz, den man sich hatte erkämpfen müssen und der einem nicht wie in den Boomjahren einfach regelrecht in den Schoß gefallen ist. Stolz auf den Arbeitgeber, sein Renommee und seine Produkte. Doch dieser Stolz hat im Vergleich zu den 2010er-Jahren so deutlich nachgelassen, dass man fast von einem Kulturbruch sprechen kann. War es früher verpönt, schlecht oder abwertend über den Arbeitgeber eines Gesprächspartners zu sprechen, weil dieser sich dann in gewisser Weise angegriffen fühlte, ist dies inzwischen bei weitem nicht mehr so stark ausgeprägt. Ähnlich wie beim »Führungskräfte-Bashing« der 2020er-Jahre scheint es in Mode gekommen zu sein, über den Arbeitgeber zu lästern. Einer repräsentativen Umfrage aus dem Jahr 2008 zufolge gaben 12 Prozent der Befragten an, überhaupt nicht stolz auf ihr Unternehmen zu sein und nur etwa 50 Prozent waren insgesamt stolz auf ihren Arbeitgeber. Interessant dabei ist, dass es bei den österreichischen Befragten über 60 Prozent waren.[191] Zwölf Jahre später war der Stolz der Deutschen auf die eigene Arbeit in einer Umfrage im europäischen Vergleich mit gut 64 Prozent nur hinteres Mittelfeld, das nur noch von den Franzosen mit 57 Prozent unterboten wurde.[192] Vorne lagen die Beschäftigten aus dem Vereinigten Königreich mit 80 Prozent. Dass Deutschland keine Spitzenstellung beim Stolz auf die eigene Arbeit und den Arbeitgeber hat, ist problematisch: Stolze Mitarbeiter sind gegenüber dem Unternehmen engagierter und loyaler.[193]

Stolz ist eine Emotion, die etwas mit eigener Leistung zu tun hat und das Erleben von Stolz ist eine wichtige emotionale Voraussetzung für die Leistungsmotivation.[194] Der Stolz auf unsere eigenen Leistungen macht uns unabhängiger von Belohnungen durch Dritte, beispielsweise der Führungskraft, weshalb wir nur so überhaupt langfristige Ziele verfolgen können. Stolz spielt somit für die langfristige Motivation in der Arbeitswelt eine große Rolle. Wenn man also nicht mehr oder nur weniger stolz auf seine Arbeit und den Arbeitgeber ist, wundert es nicht, dass die Arbeit mehr und mehr zum »Job« wird und dass dementsprechend die Loyalität zum Arbeitgeber sinkt und die Wechselbereitschaft steigt. Der verlorengegangene oder abgeschwächte Stolz auf Arbeit und Unternehmen hat der Produktivität in den Unternehmen also sicherlich nicht genützt.

2.3.3 Der Mitarbeiter als Konsument des Arbeitgebers?

Kommen, arbeiten, gehen – so lässt das Arbeitsverständnis von immer mehr Menschen zusammenfassen, das sich im zurückliegenden Jahrzehnt der Hochkonjunktur gebildet hat. Gerade so wie im Supermarkt: Kommen, im Angebot schwelgen, aussuchen, was einem gefällt, denn Geld spielt ja keine Rolle, was einem nicht gefällt, wird stehengelassen. Wenn das Einkaufserlebnis zu Ende ist, geht man glücklich nach Hause, ohne eine Beziehung zum Geschäft oder den Menschen dort entwickelt zu haben. Denn Supermärkte gibt es schließlich überall, Beziehungen zu den Menschen dort sind daher unnötig und stören nur den Einkauf. Denn wir sind uns als Individuen selbst genug. Was ich möchte, das zählt, ich bin ja schließlich Kunde. So stellen sich immer mehr Beschäftigte ihr Arbeitsleben vor. Dieser Vergleich ist ungewöhnlich und doch trifft er die betriebliche Realität. Doch dieses von Konsumhaltung geprägte Arbeitsverständnis lässt sich wirklich beobachten, und zwar nicht nur vereinzelt. Rücksichtnahme auf die Belange der Kollegen, auf Führungskräfte und deren Zwänge oder gar auf die Ziele des Unternehmens ist dabei keine Selbstverständlichkeit mehr, sondern häufig eher die Ausnahme. Natürlich die Gen Z mit ihrer Work-Life-Balance, mag man denken. Vielleicht haben die Vertreter dieser Generation diese Entwicklung befördert. Doch das ist gleichgültig, denn dieses Verhalten kann man bei nahezu allen Altersgruppen sehen. Was aber hat diesen Trend wirklich so gepusht? Wie konnte sich in weiten Teilen der Beschäftigten solch eine Konsummentalität festsetzen? Nachfolgend der Versuch einiger Antworten.

New Work und agiles Arbeiten waren gegen Ende der 2010er-Jahre Zauberwörter einer neuen Arbeitswelt geworden. Agiles Management bzw. agile Führung hielten in viele Unternehmen Einzug. Führungsaufgaben wurden mehr und mehr zu den Mitarbeitern oder den Teams verlagert, die situationsbezogen entscheiden konnten. Viele Führungskräfte mussten den Forderungen der Mitarbeiter nach mehr Autonomie, Mitsprache und Entscheidungsfreiheit nachgeben. Dabei kam es nicht selten auch zur Überforderung mancher Chefs, denn die Führungskräfte mussten agile und digitale Führung neu erlernen. Wenn Führungskräfte intervenierten, klare Weisungen gaben, harte Entscheidungen trafen oder konkrete Ergebnisse einforderten wurden sie als unfähig, machtgeil, narzisstisch, toxisch oder herrschsüchtig bezeichnet. In Anbetracht des Personalmangels kam es deshalb auch häufig vor, dass sie in den Unternehmen »zurückgepfiffen« wurden, damit kein Personal verloren geht. Agile Führung wird als eine Art »Indianer-Führung« bezeichnet, in der es echte Häuptlinge nicht mehr gibt.[195] Die krampfhaften Versuche in Unternehmen, mit agilen Konzepten zu arbeiten, zeigten schnell, dass es sich dabei eher um ein Mindset als um funktionsfähige Prozessansätze handelte.[196] Probleme, Missverständnisse und ernsthafte Störungen im betrieblichen Ablauf waren die Folge. Zudem herrschte ein falsches Verständnis davon vor, was das Konzept bedeutet: Viele verwechselten die agile Selbstorganisation mit einer Organisation ohne Führung. Viele hatten auch geglaubt, dass es im »agilen Reich« keine Ziele mehr gäbe und dass das Arbeiten dann auch gänzlich ohne Druck stattfinden könnte. In Fachbüchern zu agilen Organisationen wurden Konzepte vorgestellt, in denen die Führung auf viele Kolleginnen und Kollegen dynamisch und dezentral verteilt wurde, die zentralisierte Führung durch einige Führungskräfte war passé.[197] Manche Vorschläge gingen so weit, dass die Geschäftsführer oder Vorstände nur zu billigen hätten, was durch die Mitglieder der eingerichteten Führungskreise bereits beschlossen worden war – verkehrte Welt.

Auch diese Missverständnisse haben die eingangs kolportierte Konsumhaltung der Mitarbeiter gefördert. Die Chefs haben nichts mehr zu entscheiden, der Mitarbeiter steht im Mittelpunkt. Das Motto: Ich selbst weiß am besten, was ich brauche, um effektiv zu sein. Die so entstandenen Probleme wurden durch die Pandemie noch verstärkt, weil durch ausgedehntes Homeoffice den Führungskräften die Arbeit oft erschwert wurde. Des Weiteren setzten sich neben Remote Work neue Elemente von New Work wie Selbstorganisation oder Coworking Spaces zunehmend durch. Vieles in der neuen Arbeitswelt war etwas zu stark auf die jungen Generationen zugeschnitten, dies erschwerte vielen älteren Führungskräften die Arbeit zusätzlich. Dann kam noch die Sinndebatte zurück ins Arbeitsleben, wonach Arbeit unbedingt sinnstiftend sein muss. Beflügelt wurde diese Debatte durch Frederic Laloux Buch »Reinventing Organizations – Ein Leitfaden zur Gestaltung sinnstiftender Formen der Zusammenarbeit«[198], das einen regelrechten Hype zu agiler und sinnstiftender Arbeit ausgelöst hatte. Dementsprechend wurde Agilität häufig auch dort eingeführt, wo sie nur wenig geeignet war. Zudem wurden bei der Umsetzung auch oft handwerkliche Fehler gemacht. Wir erinnern uns an Kapitel 2.2.1, wonach laut Gesetz das Weisungsrecht beim Arbeitgeber und seinen Führungskräften liegt und die Arbeitnehmer dies auf Basis des bestehenden Arbeitsvertrages auch zu befolgen haben. Daran ändern (ohne zusätzliche Vereinbarungen) auch agiles Management und die Forderungen nach sinnstiftender

Arbeit nichts. Pacta sunt servanda – Verträge sind einzuhalten, das gilt auch für den Arbeitsvertrag. Aus einem Arbeitsvertrag resultieren eben auch Pflichten, die es zu beachten und zu erfüllen gilt. Demnach können sich Arbeitnehmer eben nicht nur jene Dinge aus ihrer Arbeitswelt aussuchen, die ihnen gerade zupasskommen und alles übrige einfach ablehnen. Die mit einem Arbeitsvertrag bestehende Leistungsschuld des Arbeitnehmers ist nicht einfach damit abgegolten, dass der Mitarbeiter nur physisch oder über digitale Medien »am Arbeitsplatz« präsent ist. Er schuldet eine Arbeitsleistung und die wird durch die Weisungen der Führungskräfte in Ergänzung zum Arbeitsvertrag konkretisiert.[199] Doch dieses Bewusstsein ist bei vielen inzwischen nicht mehr gegeben.

3
Arbeit ist Tausch – und kein Almosen

Ein Arbeitsvertrag ist im Prinzip mit jedem anderen Vertrag vergleichbar. Es gilt als gesetzliche Grundlage der § 611a des Bürgerlichen Gesetzbuches sowie der juristische Grundsatz Pacta sunt servanda, also Verträge müssen eingehalten werden. Hier die Arbeit dort das Geld, so die Gleichung beim Arbeitsvertrag. Zwei Parteien haben sich vertraglich geeinigt, ein langfristiges Austauschgeschäft zu bestreiten: Arbeit gegen Geld. Arbeit ist also ein Tauschgut und beide Parteien müssen den Vertrag erfüllen, solange er besteht. Das heißt, dass jede Partei verpflichtet ist, den Beitrag oder den Inhalt zu liefern, der vertraglich vereinbart wurde. Der Arbeitgeber zunächst das Entgelt und die sonstigen Verpflichtungen (Versicherungsbeiträge, Infrastruktur, Arbeitsmittel etc.) und der Arbeitnehmer seine Arbeitsleistung in hinreichender Quantität und Qualität. Arbeitsleistung zu verlangen ist also keine überholte neoliberale Forderung, sondern nichts anderes als die berechtigte Erwartung der Erfüllung dieses Tauschgeschäfts. Lohn und Gehalt sind keine Almosen des Arbeitgebers, sondern die Erbringung des geschuldeten Teils im Rahmen dieses Tauschgeschäfts. Nicht mehr und nicht weniger. Dieses Prinzip des Tauschgeschäftes gibt es in dieser Form seit dem Beginn der Zivilisation, seit die Menschen begannen, Waren und Dienstleistungen auszutauschen. Vor etwa 2.700 Jahren kamen die Menschen dann auf die Idee, anstatt des direkten Waren- und Dienstleistungstauschs den Wertetransfer indirekt durch Wertgutscheine, also Geld, zu bewerkstelligen. Hier die Ware, dort das Geld. Doch trotz vieler Parallelen zu allen anderen vertraglich geregelten Tauschgeschäften sind der Arbeitsvertrag und der damit rechtlich begründete, ständige Austausch von Arbeit gegen Geld etwas Besonderes. Es handelt sich eben nicht nur um ein puristisches Tauschen des jeweils vertraglich Geschuldeten, auch wenn das Gesetz dies erst einmal so vorsieht. Erst wenn aus der geschäftlichen Beziehung ein lebendiges »Geben und Nehmen« auf Basis von Vertrag und anständiger Leistung wird, ist der Nutzen für alle Beteiligten am größten. Dann wird der Vertrag zu einem zweiseitigen Pakt mit gemeinsamer Nutzenmaximierung.

3.1 Der Arbeitsvertrag in der Praxis: Rechte mit eingebautem Risiko für Arbeitgeber

Ein Arbeitsvertrag ist im Vergleich zu den meisten anderen Verträgen etwas Besonderes. Einerseits hat er für beide Parteien, vor allem für den Arbeitnehmer, existenzielle Bedeutung. Denn sie bestreiten meist ihren Lebensunterhalt von dem auf Basis des Vertrags geleisteten Arbeitsentgelt. Andererseits regeln viele weitere Gesetze und Verordnungen die Ausgestaltung der Arbeit, wodurch sich Risiken und Handlungsmöglichkeiten nicht selten zu Ungunsten einer Partei verschieben. Dies ist bei vielen anderen auf Verträgen fußenden Geschäften in dieser Form eben nicht der Fall. Deswegen wird immer wieder daran gezweifelt, ob Arbeitsverhältnisse und Arbeitsverträge in Deutschland wirklich fair sind. Stellen wir hierzu eine kurze Bestandsaufnahme an.

3.1.1 Rechte mit Risiko: Was Arbeitgeber wirklich schultern

Ein maßgeblicher Unterschied des Arbeitsvertrags im Vergleich zu anderen Verträgen besteht in der besonderen persönlichen Abhängigkeit des Arbeitnehmers und seiner Lebensumstände vom vertraglich geregelten Tauschgeschäft. Denn die Haare kann man sich bei Unzufriedenheit ohne Probleme auch bei einem anderen Friseur schneiden lassen. Man kann sich aber, zumindest in Deutschland, nicht so einfach einen neuen Job suchen. Zwar war es in den letzten 10 Jahren teilweise sehr einfach, einen neuen Job anzunehmen, weil es einfach genügend Angebote gab. Doch in jedem Fall ergeben sich bei einem Arbeitsplatzwechsel größere Veränderungen im Leben. Diese kann, schon allein aus familiären Gründen, nicht jeder problemlos mitgehen. Denn ein Arbeitsplatzwechsel bedeutet für Arbeitnehmer meist ein Risiko: Überstehe ich die Probezeit, wird das neue Unternehmen den Lohn pünktlich bezahlen, bin ich den Aufgaben wirklich gewachsen? Zudem kann sich die Konjunktur auch wieder ändern und man findet keinen adäquaten Job im Anschluss. Um das Risiko des Arbeitsplatzverlustes ohne schnelle Alternative abzumildern, gibt es im Arbeitsvertrag besondere Regelungen. Jenseits der genannten Abhängigkeit des Arbeitnehmers kommt als zweite wesentliche Besonderheit des Arbeitsvertrags die Weisungsbefugnis des Arbeitgebers hinzu. Durch entsprechende Gesetze soll der abhängig beschäftigte Arbeitnehmer vor der potenziellen Willkür des Arbeitgebers geschützt werden.

Deshalb gibt es in Deutschland in Ergänzung zum Arbeitsvertragsparagrafen 611a BGB weitere Regelungen wie den Kündigungsschutz oder die betriebliche Mitbestimmung. Dass diese an sich sinnvollen Regelungen auch so verwendet werden können, dass sie ihrem eigentlichen Zweck nicht mehr gerecht werden und dem Arbeitgeber/Unternehmen sogar schaden, betrachten wir etwas später. Doch was sagt das Kündigungsschutzgesetz denn für die Unternehmen, für die es anzuwenden ist, eigentlich aus?[200] Laut § 1 des Kündigungsschutzgesetzes (KSchG) ist eine Kündigung sozial ungerechtfertigt und damit unwirksam, wenn »sie nicht durch Gründe, die in der Person oder in dem Verhalten des Arbeitnehmers liegen, oder durch dringende betriebliche Erfordernisse, die einer Weiterbeschäftigung des Arbeitnehmers in diesem Betrieb entgegenstehen, bedingt ist.«[201] Das klingt eigentlich gar nicht dramatisch. Doch die Praxis zeigt, dass es durchaus sehr schwierig sein kann, einen Mitarbeiter verhaltensbedingt zu kündigen. Dazu muss vorher in der Regel erst abgemahnt werden und wenn es nach der Kündigung zu einem Prozess vor dem Arbeitsgericht kommt, kostet die Einigung auf die Wirksamkeit der Kündigung den Arbeitgeber zumeist richtig Geld in Form einer Abfindung. Macht ein Mitarbeiter »sein eigenes Ding« und befolgt die Weisungen der Vorgesetzten nicht (vollständig), kann man ihm mitunter dennoch nur schwer kündigen. Man muss ihm aber sein volles Entgelt bezahlen.

Mit dem Kündigungsschutz allein ist es aber noch nicht getan. Der Arbeitgeber hat im Rahmen eines Arbeitsvertrags noch viele andere Risiken zu akzeptieren, die durch die Arbeit eines von ihm bezahlten Arbeitnehmers entstehen können. Die Risiken von Krankheit und Schlechtleistung beispielsweise. In Deutschland gilt Lohnfortzahlung ab dem ersten Tag der Erkrankung, es gibt also nicht wie in anderen Ländern Karenztage. Mit dieser Regelung trägt der Arbeitgeber das Risiko der Krankheit eines Mitarbeiters vollumfänglich. Der Arbeitnehmer selbst ist an diesem Risiko überhaupt nicht beteiligt. Die Feststellung des Krankheitsfalles ist für den Mitarbeiter selbst relativ einfach. Er muss es dem Arbeitgeber nur mitteilen, ohne Angabe von Gründen oder die Erbringung eines Nachweises durch einen Arzt, wenn die Krankheit nicht länger als drei Tage dauert. Mit der dauerhaften Einführung der telefonischen Krankschreibung im Jahr 2024 ist aber auch das in vielen Fällen sehr einfach geworden.[202] Wer sich krank fühlt, kann in Deutschland sehr schnell ohne viel Aufwand und ohne finanzielle Einbußen eine Woche zu Hause bleiben. In den USA gibt es eine solche Lohnfortzahlung beispielsweise regulär nicht, dort liegt das Krankheitsrisiko dann zu 100 Prozent beim Mitarbeiter.

Doch neben dem Krankheitsrisiko muss der Arbeitgeber in Deutschland auch das Risiko von Fehlleistungen des Arbeitnehmers übernehmen. Erzeugt ein Fabrikarbeiter während einer Schicht nur Ausschuss, muss er dafür im Normalfall keinen Schadenersatz leisten. Er erhält auch dafür noch seinen regulären Lohn. Natürlich wird dies nicht ohne Tadel bleiben, doch finanzielle Schäden entstehen ihm dadurch nicht. Durch Fehlleistungen können dem Unternehmen aber weitere Folgeschäden entstehen wie beispielsweise die Zahlung von Verzugsstrafen, ein Mehraufwand für die richtige Erstellung des Produktes oder der Dienstleistung sowie Gewährleistungskosten. Denn der Unternehmer ist im Gegensatz zum Arbeitnehmer zu Schadenersatz verpflichtet. So heißt es in § 280 Absatz I BGB: »Verletzt der Schuldner eine Pflicht aus dem Schuldverhältnis, so kann der Gläubiger Ersatz des hierdurch entstehenden Schadens verlangen«.[203] Schuldet das Unternehmen also eine Leistung, ist es zu Schadensersatz verpflichtet und das kann auch bei Verzögerungen der Fall sein. Kann das Unternehmen also nicht liefern, weil ein Mitarbeiter krank ist, kann das eben Schadenersatzforderungen nach sich ziehen. Der Mitarbeiter bekommt davon aber in der Regel nichts mit. Arbeitet ein Mitarbeiter zu schlecht und zu langsam, so kann dies dem Unternehmen großen Schaden zufügen. Trotzdem bekommt der Mitarbeiter sein volles Gehalt, denn der Unternehmer darf es nicht kürzen. Spätestens hier stellt sich die Frage, ob das alles gerecht und fair ist. Im Privatleben müssen wir von uns selbst angerichtete Schäden nämlich sehr wohl ersetzen. Denn in § 823 Bürgerliches Gesetzbuch (BGB) heißt es dazu: »Wer vorsätzlich oder fahrlässig das Leben, den Körper, die Gesundheit, die Freiheit, das Eigentum oder ein sonstiges Recht eines anderen widerrechtlich verletzt, ist dem anderen zum Ersatz des daraus entstehenden Schadens verpflichtet«.[204] Entsteht ein Schaden durch eine nachweisbar fahrlässige Pflichtverletzung des Arbeitnehmers, so besteht zwar gemäß § 280 Absatz I BGB ein Anspruch des Arbeitgebers auf Ersatz des durch die Pflichtverletzung des Arbeitnehmers entstandenen Schadens.[205] Doch selbst wenn man den Schaden explizit nachweisen und beziffern könnte, heißt das noch nicht, dass der Arbeitnehmer den Schaden ersetzen muss. Denn die Rechtsprechung hat hierfür die Grundsätze der sogenannten Arbeitnehmerhaftung entwickelt, die bei betrieblich veranlassten Tätigkeiten den Arbeitnehmer vor Schadensersatzforderungen schützen, wenn diese auf leichter Fahrlässigkeit beruhen. Das Bundesarbeitsgericht begründet dies damit, dass jedem Arbeitnehmer Fehler passieren können, die zum Teil hohe Schäden verursachen, die der Arbeitnehmer jedoch seinerseits nicht immer beeinflussen kann.[206] Auch bei leicht fahrlässigem Verhalten des Mitarbeiters trägt der Arbeitgeber die Folgen der entstandenen Schäden. Und sogar bei grober Fahrlässigkeit muss der Mitarbeiter meistens den Schaden nicht vollständig ersetzen. Denn auch hier ist eine Haftungsmilderung möglich, wenn Schadenshöhe und Einkommen in einem erheblichen Missverhältnis stehen.[207] Soweit die juristische Perspektive. Der Mitarbeiter kann also gewaltige Schäden anrichten, wenn er unaufmerksam ist und nicht sorgfältig arbeitet, muss diese aber nicht ersetzen und bekommt dafür auch noch den vollen Lohn. Man muss also einräumen, dass ein Arbeitsvertrag die Lasten schon beträchtlich in eine Richtung verschiebt. Solche risikobezogenen Einbahnstraßen gibt es im Privatleben nicht. Ein Arbeitsvertrag ist im Vergleich zu anderen Verträgen, in denen »Dienstleistungen gegen Geld« getauscht werden, zumindest in Deutschland etwas Besonderes.

Aber damit noch nicht genug. Denn bei der Leistungserbringung durch einen Mitarbeiter gehen Unternehmer bei einer Einstellung ähnliche Risiken ein wie im Hinblick auf Krankheit des Arbeitnehmers. Nicht selten kommt es vor, dass Mitarbeiter während der Probezeit sich arbeitsam zeigen und scheinbar überdurchschnittliche Leistung erbringen. Sobald sie dann in den Genuss des Kündigungsschutzes gekommen sind, sinkt ihr Arbeitspensum dann entweder nach und nach oder sogar rapide. Das ist kein Klischee, sondern leider alltägliche Realität. Manche leisten aber auch weniger als der Durchschnitt, weil sie es nach einer gewissen Betriebszugehörigkeit aus irgendwelchen Gründen ruhiger angehen lassen wollen oder wie in den Boomjahren schlichtweg gebraucht werden, auch wenn sie nur wenig leisten. Laut der bereits mehrfach zitierten E&Y-Studie geben mehr als die Hälfte der Mitarbeiter nicht das, was sie geben könnten. Sie wollen aber alle den vollen Lohn bzw. das volle Gehalt ausbezahlt bekommen. Hier könnten die Arbeitnehmer wie zuvor beim Thema Lohnfortzahlung im Krankheitsfall argumentieren, dass dies das Risiko des Unternehmers sei, wenn er jemanden einstellt. In der Gesamtschau muss jedoch fairerweise festgestellt werden, dass hier viele Risiken auf die Schultern des Arbeitgebers verlagert wurden, der sich aufgrund bestehender Schutzbestimmungen wie eben die Lohnfortzahlung im Krankheitsfall oder der Arbeitnehmerhaftung kaum gegen deren Missbrauch wehren kann.

3.1.2 Kündigungsschutz als Kuscheldecke?

Fahren wir gleich beim letzten Kapitel fort. Die verhaltensbedingte Kündigung ist in Deutschland kompliziert, kosten- und zeitaufwändig. Und das auch in Fällen, in denen das wiederholt falsche Verhalten von Mitarbeitern und die Angemessenheit der Kündigung offensichtlich sind. »Richtig so!« hört man häufig in solchen Fällen, schließlich ist der Arbeitgeber in der stärkeren Position. Ob das immer so ist, darf bezweifelt werden. Denn richtig angestellt können sich Mitarbeiter rechtlich in eine so starke bzw. geschützte Position bringen, dass der Arbeitgeber nahezu machtlos ist – dies gilt insbesondere für wenig produktive Mitarbeiter, die diese Situation für sich entsprechend zu nutzen wissen. Der Kündigungsschutz ist in Deutschland so hoch wie in kaum einem anderen Land. Um einem einzelnen Mitarbeiter ohne betriebliche Gründe wie Unterauslastung krankheits- oder verhaltensbedingt kündigen zu können, muss in Deutschland schon viel passieren. Zudem muss noch eine Abfindung bezahlt werden. In unserem Nachbarland Österreich geht dies schon wesentlich einfacher, ohne dass dort unsoziale oder arbeitnehmerfeindliche Zustände herrschen würden. Das sprichwörtliche »You are fired!« in den USA stellt dagegen das andere Extrem dar. Mit einem Arbeitsvertrag geht ein Arbeitgeber in Deutschland also ein hohes Risiko ein. Denn wenn sich nach Wirksamwerden des Kündigungsschutzes herausstellt, dass der Mitarbeiter doch nicht das leistet, was erwartet werden darf, hat der Arbeitgeber diesen Mitarbeiter »an der Backe« und wird ihn ohne triftige Gründe auch kaum wieder los. Der Arbeitnehmer kann hingegen in den meisten Fällen sehr wohl kurzfristig kündigen. Innerhalb eines Monats oder oft auch zum Quartalsende können Mitarbeiter schnell ihr Engagement beenden. Doch auch seitens des Arbeitgebers besteht eine gewisse Abhängigkeit, sei es aus Kapazitätsgründen, sei es aus Kompetenzgründen. Kündigungen sind also für einen Arbeitgeber viel schwerer auszusprechen als für einen Arbeitnehmer. Gleichzeitig kann aber auch für Arbeitgeber die Kündigung eines Mitarbeiters schwerwiegende Folgen haben.

Den starken Kündigungsschutz nutzen nicht wenige als »Kuscheldecke«, um es sich im Unternehmen auf Kosten anderer bequem einzurichten. Dies ist möglich, weil es die Gesetzeslage hergibt. Wer denkt, dass es doch einfach sein müsste, einen Mitarbeiter mit Anfang 40, der im Laufe von fünf Jahren jedes Jahr zwischen 60 und 100 Krankheitstagen hatte, obwohl er an keinen chronischen Krankheiten leidet, zu kündigen oder ihn zur Reduzierung seiner Fehltage zu bewegen, muss sich eines Besseren belehren lassen. Es ist bekannt, dass es trotz Ausschöpfung aller juristischen Möglichkeiten nahezu unmöglich sein kann, solchen Leuten beizukommen. Für verhaltensbedingte Vorfälle gilt Ähnliches. Zwar ist hier der Spielraum für Kündigungen etwas größer. Dennoch kann man Mitarbeitern, die sich unter geschickter Ausnutzung des rechtlichen Rahmens einen »faulen Lenz« machen, meist nur wenig anhaben. Der Kündigungsschutz zwingt den Arbeitgeber, gute Miene zum bösen Spiel zu machen, solche Mitarbeiter unter ihrer Kuscheldecke mitzuziehen. Bestenfalls kann auf die nächste Gelegenheit gewartet werden, bis der Mitarbeiter einen Fehler macht oder von sich aus das Unternehmen verlässt. Manchmal ist eine Kündigung auch aufgrund bestehender Altersregelungen kaum mehr möglich, was die betreffenden Personen dann meist gut für sich zu nutzen wissen. Alles sehr unschöne Dinge für Führungskräfte: Sowohl die Tatsache, sich mit solch unbequemen Dingen auseinandersetzen zu müssen, als auch im Misserfolgsfall einem solchen Treiben machtlos zusehen zu müssen.

Doch die Gesetze sind wie sie sind, und der Gesetzgeber ist verpflichtet, diese so auszugestalten, wie sich das im Rahmen eines demokratischen Gesetzgebungsprozesses ergibt. Jedoch geht ein Arbeitsvertrag mitunter sehr zu Lasten der Arbeitgeberseite. Geht die Arbeitnehmerseite dann noch bewusst bis an die Grenzen des Erlaubten, dann kann ein Arbeitsvertrag schnell zur Einbahnstraße werden. Nämlich dann, wenn die Kosten für die Beschäftigung eines Arbeitnehmers höher sind als dessen erbrachter Wertschöpfungsbeitrag. Das Unternehmen wäre dann ohne den Mitarbeiter besser dran. Aber die Kündigungsgesetze ermöglichen eben nicht die angemessene Korrektur. »Summum ius summa iniuria« (Marcus Tullius Cicero), das Recht, wenn es nach dem Buchstaben ausgeübt wird, kann zu Unrecht werden, dass also, wer sein Recht durch buchstabengetreue Interpretation streng wahrt, oft Unrecht tut, andere übervorteilt oder lieblos handelt. Je umfassender und komplexer die Welt der rechtlichen Regelungen wird, desto mehr kommt der Gedanke der Gerechtigkeit unter die Räder. Zum Thema Gerechtigkeit hören wir später mehr.

Jenseits des Gerechtigkeitsempfindens drängt sich aber angesichts der gezeigten Schwierigkeiten die Frage auf, ob in solchen Fällen das Tauschgeschäft »Arbeit gegen Geld« noch als fair bezeichnet werden kann. Wann ist denn eine Sache oder ein Geschäft eigentlich »fair«? Der Begriff »Fairness« hat zwei inhaltliche Bedeutungen:[208]

- anständiges Verhalten; gerechte, ehrliche Haltung andern gegenüber
- den [Spiel-]Regeln entsprechendes, anständiges und kameradschaftliches Verhalten beim Spiel, Wettkampf o. Ä.

An dieser Stelle müssen wir uns den Spielregeln widmen. Es geht hier zwar nicht um ein Spiel. Dennoch ist der Begriff der Spielregeln in der Wirtschaftswelt passend. Bei uns geht es um die Regeln der Zusammenarbeit von Arbeitgeber und Arbeitnehmer und um die Frage, wann man diese als fair bezeichnen kann und wann nicht. Hierbei müssen wir uns noch kurz in Erinnerung rufen, dass die Festlegung dieser Regeln und deren Ausgestaltung im Arbeitsalltag wesentlich von fünf Parteien, wenn man das so formulieren möchte, beeinflusst werden:

- Gesetzgeber und Tarifparteien durch Setzung der Rahmenbedingungen
- Unternehmensleitung durch die Gestaltung der betrieblichen Leitlinien
- Betriebsrat durch den Fokus seiner Mitbestimmungsaktivitäten
- Belegschaft durch die Übernahme der Unternehmenskultur
- Mitarbeiter selbst durch ihr persönliches Verhalten

Vor allem die letzten beiden Punkte werden dabei stark von den Entwicklungen in Staat, Wirtschaft und Gesellschaft beeinflusst. Ob beispielsweise ein verstärktes »Krankfeiern« der Mitarbeiter geduldet wird oder nicht. Haben Unternehmen allgemein oder eine spezielle Firma für sich ein schlechtes Image als Trickser oder Abzocker, wird dieser Missbrauch eher gebilligt, als wenn Unternehmen als wertvoller Teil der Gesellschaft betrachtet und als Vorbilder für Leistung und Erfolg gesehen werden. Hier kann an das sich seit Jahren verschlechternde Image von Unternehmen in Medien und Gesellschaft erinnert werden.

Beim Spiel dienen Regeln dazu, unter den Teilnehmern möglichst für Chancengleichheit zu sorgen. Denn der Sieger soll aufgrund seines Geschickes gewinnen und nicht wegen ungleicher Ausgangsbedingungen. So sollte es auch bei der Zusammenarbeit von Arbeitnehmern und Arbeitgebern sein. Damit Mitarbeiter aufgrund ihrer Abhangigkeit vom Arbeitgeber nicht dessen Willkür ausgesetzt sind, wurden entsprechende Gesetze erlassen und diesbezügliche Vereinbarungen geschlossen. Wenn damit im Arbeitsalltag sozusagen Waffengleichheit herrscht, dann können die Regeln auch als fair bezeichnet werden. Hinzu kommt, dass diese so gestaltet sein müssen, dass man sie nicht ohne Weiteres umgehen kann. Zu ihrer fairen Umsetzung gehört, dass sich alle Beteiligten ausnahmslos daran halten. Denn die fairsten Regeln helfen wenig, wenn sie keiner beachtet. Ob nun die geltenden Regeln im Zusammenhang mit Arbeitsverträgen fair sind, hängt mit Sicherheit von der Sichtweise des Betrachters ab. Ob man sie leicht umgehen kann, ein wenig von der Finesse der Protagonisten. Ob man sie umgehen oder einhalten will, vom Willen der Beteiligten. Hier spielen Haltung, Einstellung und Anstand eine große Rolle. Hinsichtlich des Krankfeierns und des Kündigungsschutzes sind die Regeln meines Erachtens aber weder fair noch sind sie schwer zu umgehen.

3.1.3 Wer trägt was, wenn nichts läuft?

In Kapitel 2.1.1 haben wir von der großen Entfremdung der Deutschen von Ihrer Arbeit bzw. Berufstätigkeit erfahren. Nicht wenige Arbeitnehmer machen demnach reinen Dienst nach Vorschrift.[209] In solchen Unternehmen geht meist nicht mehr viel vorwärts: wie gelähmt wirkende Prozesse, träge Wertschöpfungsprozesse mit teilweisem Stillstand, administrative Selbstbeschäftigung. Das Wohl des Kunden und die Interessen des Unternehmens werden von den Mitarbeitern kaum beachtet, man kümmert sich um eigene Belange. Wie es in solchen Unternehmen um die Produktivität bestellt ist, lässt sich leicht denken. Dass dies nicht ohne Folgen auf die Wirtschaftlichkeit des Unternehmens bleibt, ist klar. Wer aber muss die Last der reduzierten Profitabilität tragen? Überwiegend der Arbeitgeber, denn die Arbeitnehmer bekommen weiterhin zuverlässig ihr Geld. Lediglich die Mitarbeiter mit erfolgsabhängigen Gehaltsbestandteilen müssen einen Teil dieser Last mittragen. Doch welche Möglichkeiten hat der Unternehmer, wenn alle noch so wohlgemeinten Motivierungsansätze erfolglos geblieben sind? In Anbetracht der Regeln des Kündigungsschutzes nur wenige. Wie wir im vorherigen Kapitel gesehen haben, kann er oft nur zähneknirschend zusehen und die »vorschriftsmäßigen« Mitarbeiter dennoch zu 100 Prozent bezahlen. Kommt dann noch ein entsprechend hoher Krankenstand dazu, kann man sich ausmalen, welche Lasten der Arbeitgeber zu stemmen hat. Denn der Arbeitnehmer muss auch, sofern die Krankheit sechs Wochen am Stück nicht überschreitet, keine finanziellen Einbußen befürchten. Die Frage, ob hier von Waffengleichheit und demnach von Fairness gesprochen werden kann, hatten wir im vorherigen Kapitel bereits aufgeworfen. Zumindest müssen die Arbeitnehmer einen Teil des Arbeitgeberrisikos der Unternehmenspleite mittragen, weil in diesem Fall auch ihr Arbeitsplatz weg wäre.

Kommt es im Unternehmen durch die wirtschaftliche Schieflage zu betriebsbedingten Kündigungen, können den Arbeitnehmern noch Abfindungen zustehen. Eine Abfindung, wofür denn eigentlich? »Für den Verlust des Arbeitsplatzes natürlich!« erhält man nicht selten blitzschnell als Antwort auf diese Frage. Doch hier gilt es hartnäckig nachzufragen, warum denn? Der Mitarbeiter hat doch jeden Monat sein Geld bekommen, das Tauschgeschäft ist doch fair gelaufen. Der Arbeitgeber ist doch dem Mitarbeiter nichts mehr schuldig! Auf diese Aussage wird dann oft auf die Treue des Mitarbeiters hingewiesen. In den Köpfen der Menschen herrscht eben die Ansicht, dass der Arbeitgeber sämtliche Risiken und Lasten zu tragen habe und der Arbeitnehmer davor möglichst geschützt werden müsse. Diese Denkweise hat sich eingebürgert. Kündigt ein Arbeitnehmer, kann dies für ein Unternehmen eine genauso hohe Belastung sein. In diesem Fall gibt es aber keinerlei Abfindung von Seiten des Arbeitnehmers. Für die Aus- und Weiterbildung des Arbeitnehmers beispielsweise, dafür, dass man ihm das Sammeln von Erfahrung und Know-how ermöglicht hat etc. Eigentlich absurd mögen da viele denken. Dass der Arbeitnehmer im Vergleich zum Arbeitgeber im Normalfall sehr schnell kündigen kann, haben wir im vorigen Kapitel gesehen. »Chefs und Führungskräfte müssen eben nur richtig führen, motivieren und den Mitarbeitern Wertschätzung zeigen, dann kündigt auch keiner.« Dieses Klischee der üblichen drei Verdächtigen haben wir bereits in Kapitel 2.1 abgehandelt.

Wenn man all das betrachtet, muss man sich eingestehen, dass Lasten und Risiken für die Fälle, in denen es im Unternehmen schlecht läuft, einseitig zu Lasten des Arbeitgebers verteilt sind. Hier wird häufig schnell mit der Fürsorgepflicht des Arbeitgebers für die Mitarbeiter argumentiert. Die steht zwar explizit so nicht im Gesetz, sie stützt sich jedoch auf die Pflichten aus dem Schuldverhältnis nach § 241 Absatz

2 BGB.[210] Der Arbeitgeber muss sich um seine Mitarbeiter kümmern, muss zusehen, dass das Unternehmen immer gut floriert, damit die Arbeitsplätze sicher sind, die Löhne und Gehälter zuverlässig und pünktlich bezahlt werden, die Gesundheit der Mitarbeiter geschützt wird und es ihnen auch sonst möglichst an nichts mangelt. Was häufig vergessen wird, dass mit der Fürsorgepflicht des Arbeitgebers auch die Loyalitäts- bzw. Treuepflicht des Arbeitnehmers einhergeht. Die findet sich zwar ebenfalls so nicht explizit im Gesetz, ist aber eine sich aus dem Arbeitsvertrag ergebende Nebenpflicht des Arbeitnehmers zur Wahrung der Interessen des Arbeitgebers. Auch dem liegt § 241 Absatz 2 BGB zugrunde. Dazu gehört auch, dass der Arbeitnehmer ein den Arbeitgeber schädigendes Verhalten zu unterlassen hat.[211] Der genannte Dienst nach Vorschrift hat dann aber hier keinen Platz mehr. Denn dieser schädigt ein Unternehmen, schon allein wegen des erwähnten Produktivitätsverlusts. Doch diese Loyalitätspflicht wird geflissentlich vergessen, unterschlagen oder kleingeredet. Denn die bedeutet, dass eben auch die Mitarbeiter einen Teil des Unternehmensrisikos zu tragen haben, auch wenn es in der Firma schlecht läuft, auch wenn die Wirtschaft insgesamt lahmt. Vertrag ist Vertrag, da muss man liefern. Nur weil die Stimmung schlecht ist, kann eine Partei nicht einfach ihren Teil am Geschäft nicht mehr liefern, von der anderen Partei aber Vertragserfüllung erwarten. Dabei ist unwesentlich, ob die reduzierte Vertragserfüllung in Form von Dienst nach Vorschrift oder einen Gang zurückschalten erfolgt. Man kann nicht 100 Prozent Geld verlangen, aber nur 60 Prozent Gegenwert bringen. Man zahlt ja auch nicht in der Bäckerei zehn Brötchen und gibt sich dann damit zufrieden, dass man nur sechs in die Tüte eingepackt bekommt. Der Arbeitnehmer schuldet zwar dem Unternehmen keinen bestimmten Arbeitserfolg. Er muss aber, wie uns eben das Bundesarbeitsgericht sagt, seine Arbeit »unter angemessener Ausschöpfung seiner persönlichen Leistungsfähigkeit« erfüllen.[212] Ein Arbeitsvertrag ist keine Einbahnstraße, gerade dann, wenn in der Firma vielleicht »nichts mehr läuft«.

Die im Vergleich zu anderen Ländern stark arbeitnehmerorientierten Arbeitsgesetze mögen über Jahrzehnte für Deutschland Wettbewerbsvorteile dargestellt haben, weil sie sozialen Frieden brachten, innerhalb dessen die Mentalität des aktiven Schaffens wirksam werden konnte. Mit der gesunkenen Bedeutung der Arbeit für die Menschen passt aber diese Paarung nicht mehr so zusammen, dass daraus große Wettbewerbsvorteile entstehen würden. Auch hier ist eine Balance verloren gegangen, auch hier ist etwas aus dem Lot. Damals gute Bezahlung, betriebliche Mitbestimmung und Schutz auf der einen Seite, harte Arbeit, Loyalität und Leistungsorientierung auf der anderen Seite. Mit harter Arbeit steht es heute nicht zum Besten und schon funktioniert das System nicht mehr so richtig. Außerdem verleitet die gesunkene Bedeutung der Arbeit die Menschen dazu, die wohlmeinende Gesetzgebung auszunutzen: Minderleistung, Dienst nach Vorschrift, Krankfeiern, falsch verstandene Work-Life-Balance u. v. a. Mit dem Spruch »I schaff beim Bosch und halt mei Gosch«, also dem Spruch derer, die bei dem schwäbischen Traditionskonzern gut verdienten und deshalb Ruhe gaben, ist es seit dem Einbruch im Fahrzeugbereich auch vorbei.[213] Die Arbeitswelt stand und steht immer noch vor tiefgreifenden Veränderungen, welche die Loyalität gegenüber dem Arbeitgeber aufgrund der verringerten Bindung ans Unternehmen schwächen können.[214] Gesetze und Rechtsprechung werden daher zunehmend den realen Verhältnissen der digitalen Arbeitswelt nicht mehr gerecht. Denn Mentalität und Wertebasis vieler Mitarbeiter hinsichtlich der Fairness im Tauschgeschäft mit dem Arbeitgeber haben sich tiefgreifend verändert. So wie traditionelle Führungsansätze im digitalen Zeitalter keinen Platz mehr haben, so hat auch die Gesetzgebung von damals in der modernen Zeit in gewissem Maße keinen Platz mehr. So wie man Arbeitnehmer berechtigterweise vor der eventuellen Willkür eines Arbeitgebers schützen muss, so sollte man andersherum auch den Arbeitgeber vor einer eventuell ungerechtfertigten Geringleistung schützen, die ihm das Geld unrechtmäßig raubt, weil keine entsprechende Gegenleistung erbracht wird. Ein Arbeitsvertrag darf eben auch in der digitalen Arbeitswelt nicht zur Einbahnstraße mutieren, in der eine Seite unverhältnismäßig gibt und die andere Seite unverhältnismäßig nimmt. Ein Arbeitsvertrag soll ein möglichst ausgeglichenes Geben und Nehmen der Partner zum größtmöglichen Wohl beider realisieren. Das ist keine Sozialromantik. In Anbetracht des Fortschritts ist es definitiv sinnvoll, die Arbeitsgesetze immer wieder an die sich zwangsläufig ergebenden Änderungen im Arbeitsleben anzupassen. Doch sie müssen auch dann angepasst werden, wenn dies aus sozialer Sicht für die Arbeitnehmer das Arbeitsleben nicht immer nur schöner, freier und angenehmer macht. Blickt man auf die Gesetzgebung hinsichtlich Kündigungen, Krankschreibungen oder Arbeitszeitregelungen, kann man diesen Eindruck aber nicht gewinnen. Wenn nichts mehr läuft, sei es wegen der Krisen einer Branche oder eines bestimmten Unternehmens, kann es nicht länger sein, dass nur der Arbeitgeber den Löwenanteil der Lasten trägt; ganz abgesehen von den ohnehin schon auf dieser Seite liegenden Risiken. Soziale Entwicklungen können nicht immer nur in eine Richtung gehen, wenn man ein System erneuern will. Im Arbeitsrecht ist es aber ähnlich, mit allen Konsequenzen für die Wirtschaft. Immer mehr Mindestlohn, immer mehr Rechte und Erleichterungen für den Arbeitnehmer und immer mehr Lasten und Risiken für den Arbeitgeber kann nicht die richtige Antwort auf die Frage nach der Wiederherstellung der Wettbewerbsfähigkeit Deutschlands sein. Arbeitsverträge dürfen auch in Zukunft keine Einbahnstraßen werden.

3.2 Mindestleistung und Anstandsdenken: Der feine Unterschied zwischen »können« und »wollen«

Bei der Abwicklung von (Rechts-)Geschäften stellt ein Vertrag die Grundlage dar und die Schaffung derselben, also die Einigung auf die Bedingungen, ist meist schon die halbe Miete. Aber eben nur die halbe.

Denn wie man bei der Abwicklung des Geschäftes vorgeht, hängt eben nicht nur von den Bestimmungen des Vertrags selbst ab. In einem Vertrag können nicht sämtliche Einzelheiten bis ins kleinste Detail geregelt werden. Für eine erfolgreiche Geschäftsabwicklung ist auch das Geschäftsgebaren der beteiligten Partner wichtig. Daran liegt es, ob jede Kleinigkeit zum Problem wird, ob sich die Parteien an die Absprachen halten oder wie man während des Deals miteinander umgeht – das ist in der Privat- und in der Geschäftswelt so. Bei einem Arbeitsvertrag ist das nicht anders. Das Gelingen der vertraglich geregelten Zusammenarbeit hängt auch entscheidend vom Geschäftsgebaren der Partner ab. Wie sie zum Vertragsinhalt, dessen Erfüllung und zum Vertragspartner stehen. Das Geschäftsgebaren wird stark von Haltung, Einstellungen und der Mentalität der Beteiligten beeinflusst. Die hat sich bei vielen hinsichtlich der Erfüllung des eigenen Arbeitsvertrages im Vergleich zur Zeit vor den Boomjahren entscheidend verändert. Nicht ohne Auswirkungen auf den wirtschaftlichen Erfolg Deutschlands.

3.2.1 Die stille Halbtagsmentalität bei Vollzeitgehalt

Arbeit und Beruf haben nicht mehr die Bedeutung bei den Menschen wie vor 25 Jahren. Der schaffensfrohe Überschwang von damals, als man sich fast schämen musste, wenn man nicht als Workaholic bezeichnet wurde, ist passé. Ich denke, jeder weiß, was mit den etwas überzeichneten Formulierungen ausgedrückt werden soll. Doch in den folgenden Boomjahren hat sich bei vielen Beschäftigten ein anderes Extrem etabliert, die »Halbtagsmentalität«. Das Prinzip ist so simpel wie schädlich: Es reicht, wenn ich nur so viel gebe und mich nur so stark anstrenge, als hätte ich einen Halbtagsjob. Das entspricht den 52 Prozent bei der E&Y-Studie, die einräumten, nicht mehr ihr Bestes zu geben. Und hier liegt ja eigentlich auch die Krux: Es geht darum, dass die Menschen sich durchaus mehr anstrengen könnten, ohne sich zu überlasten. Aber diese mögliche Dauerleistung, ihr Bestes also, geben sie eben nicht. Obwohl sie es könnten und genau genommen laut Arbeitsvertrag eigentlich auch müssten. Wir denken wieder an das Urteil des Bundesarbeitsgerichts mit der Forderung nach angemessener Ausschöpfung der eigenen Leistungsfähigkeit,[215] was eben nicht ein kontinuierliches »sich verausgaben« bedeutet. Aber eben so viel zu geben, wie man dauerhaft kann. Beispiele für die Halbtagsmentalität könnte man pointiert ungefähr folgendermaßen beschreiben:

- Meine Anwesenheit am Arbeitsplatz reicht erst einmal. Da habe ich schon viel für den Arbeitgeber geleistet.
- Meine Erreichbarkeit zu bestimmten Zeiten ist schon mehr als genug. Ich muss nicht während der ganzen Arbeitszeit erreichbar sein.
- Wenn ich mehr als einen halben Tag aktiv war, muss doch mein Geld verdient sein. Da braucht doch keiner mehr nach der Produktivität fragen.
- Zwei Stunden plaudern (»Office-Talk«) stärkt doch den Zusammenhalt des Teams. Da kann doch keine Führungskraft etwas dagegen haben.
- Wenn ich mal nichts zu tun habe, ist das doch nicht meine Schuld. Da kann ich mich dann auch mal privaten Dingen widmen und muss mich nicht gleich beim Chef melden.
- Wenn ich einen privaten Termin habe, muss ich ja nicht gleich Urlaub nehmen. Dann gehe ich halt ins Homeoffice. Ob ich dort überhaupt was tue oder wie produktiv ich dort bin, geht aber eigentlich niemandem etwas an.
- Die Feststellung meiner Leistung und Produktivität sehe ich nicht gerne, denn das geht schon sehr ins Persönliche.

Dieser Mentalität steht aber keine Bereitschaft gegenüber, das Entgelt an die geleistete Wertschöpfung, die das Unternehmen den Kunden weiterverkaufen kann, anzupassen. Die Menschen bestehen sogar sehr wohl darauf, ihr Vollzeitgehalt zu beziehen. Dass solche Denkmuster auf breiter Front Realität sind, lässt sich anhand verschiedener Punkte berechtigterweise annehmen. Hierzu sei zunächst die Selbstverständlichkeit angeführt, mit der in den letzten Jahren vielfach Forderungen nach der Vier-Tage-Woche bei vollem Lohnausgleich ohne Hinweis auf produktivitätssteigernde Maßnahmen aufgestellt wurden. Es wird vielmehr suggeriert, dies sei eine berechtige und längst überfällige Forderung. Auch wird behauptet, dass die Umsetzung für die Unternehmen nur eine Sache des Wollens und nicht etwa abhängig von der Finanzierbarkeit und der Produktivität sei. Ein weiteres Indiz für die Halbtagsmentalität sind die nach Corona aufgetretenen Auseinandersetzungen in zahllosen Unternehmen, als dort aus Produktivitätsgründen auf breiter Front die Rückkehr aus dem Homeoffice gefordert worden war. Dies betraf nicht nur Großunternehmen, sondern auch zahlreiche Arbeitgeber im Mittelstand. Obwohl sich in vielen Betrieben bald zeigte, dass eine höhere Präsenzquote den Erfolg des Unternehmens steigert, stemmten sich viele Mitarbeiter gegen die Neuregelung.

Die Halbtagsmentalität ist eine Facette des unguten Geschäftsgebarens, welches kein großes Interesse zeigt, dass der Vertragspartner das erhält, was man ihm per Vertrag zugesichert hat. Dabei scheinen viel mehr die eigenen Interessen an der vertraglich abgesicherten Partnerschaft im Vordergrund zu stehen. Ansonsten würde man nicht so einfach das eigene Geben reduzieren, ohne gleichzeitig zu fragen, ob damit die andere Seite die notwendige Gegenleistung erhält. Erfahrungsgemäß lassen sich die so agierenden Mitarbeiter in zwei Gruppen einteilen. Jene, die ihre Vertragserfüllung ganz bewusst so gestalten, und die anderen, denen gar nicht bewusst ist, dass ihr Verhalten gegen die vertraglichen Vereinbarungen verstößt. Letztere gehen häufig davon aus, dass die oben erwähnten Beispiele der Denk- und Handlungsmuster tatsächlich so stimmen. Dass sie mit ihrer reinen Präsenz am Arbeitsplatz allein schon ihr Geld verdienen. Oder dass zwei Stunden private Plauderei während der Arbeitszeit tatsächlich immer nur positiv seien, weil sie doch den Teamgeist stärken. Hier muss fairerweise ergänzt werden, dass natürlich die betreffenden Führungskräfte, die diesen Zustand nicht bemerken oder nichts dagegen tun wollen, eine Mitverantwortung haben.

Diejenigen, die bewusst Verhaltensweisen der Halbtagsmentalität an den Tag legen, lassen sich gemäß ihrer Handlungsmotive nach Rosenstiel meist in »nicht können« und »nicht wollen« unterscheiden.[216] Beginnen wir mit »nicht können«. Klingt zunächst seltsam, ist auf den zweiten Blick aber plausibel. Diese Menschen haben in der Ausbildung, im Studium oder in den Unternehmen vielleicht nie ein anderes Verhalten als die geschilderte Halbtagsmentalität kennengelernt. Eventuell macht sich der ein oder andere durchaus Gedanken darüber, dass dies vielleicht nicht richtig sein könnte. Doch dann folgen sie meist doch dem, was sie gelernt haben und »was die Mehrheit so macht«. Manche kennen es eben nicht anders, weil es ihnen so vorgelebt wurde. Hier kommt dann oft bereits das »nicht sollen« als Determinante nach Rosenstiel ins Spiel. Weil es andere im Unternehmen nicht gestatten, dass ein Mitarbeiter seinen Vertragsanteil erfüllt (die »Umstände« und eben nicht sie selbst). Diejenigen, die aber »nicht wollen«, geben bewusst nicht ihr Bestes. Eben weil sie aus einer Anspruchshaltung heraus davon ausgehen, dass die letzte Lohnerhöhung für sie zu gering ausgefallen ist und sie sich so einen Teil des Geldes zurückholen wollen oder weil sie generell mit den Führungskräften, den Chefs, für die man arbeitet, unzufrieden sind. Vielleicht aber einfach, weil sie faul sind oder arbeitsscheu. Denn, auch wenn das viele nicht hören wollen, solche Menschen, die sich ihr Geld mit möglichst wenig Aufwand und Mühe erschleichen wollen, gab es bereits vor 40 Jahren und die gibt es eben auch heute noch. Daran ändert auch das Beschweigen im Rahmen der Political Correctness vermutlich nichts.

Für mich ist die Halbtagsmentalität aus Gründen der Vernunft und des Anstands nicht akzeptabel. Aus Gründen der Vernunft nicht, weil jeder verstehen kann, dass in marktwirtschaftlichen Wirtschaftssystemen ein Unternehmen nicht dauerhaft überlebt, wenn die Mitarbeiter mehr Geld kosten, als sie erwirtschaften. Auch dann nicht, wenn das

Unternehmen »unter dem Strich« noch Geld verdient. Im Hochlohnland Deutschland sind Personalkosten bei vielen Unternehmen meist der größte Ausgabenposten. Wenn die Hälfte der Beschäftigten regelmäßig einen Gang zurückschaltet, schlägt das natürlich negativ auf Ertrag und Wettbewerbsfähigkeit durch. Das ist auch eine Frage des Anstands: Ich will meinem Partner, mit dem ich freiwillig ein für mich faires Arbeitsvertragsverhältnis eingegangen bin, keinen Schaden zufügen, ihn nicht betrügen oder hintergehen. Denn ich möchte auch nicht, dass er mich so behandelt. Ich kann jederzeit die korrekte Vertragserfüllung einfordern und für den Fall, dass ich mit dem Vertragsverhältnis nicht mehr einverstanden bin, kündigen. Ich muss also ein Mindestmaß (das heißt quantitativ) an verwertbarer (das heißt qualitativ) Wertschöpfung erbringen, wenn ich möchte, dass meinem Vertragspartner kein Schaden entsteht. Denn ich will ja auch nicht auf mein Geld verzichten. Und das kann im Vertragsverhältnis nur gelingen, wenn der Vertragspartner auch zu seiner Gegenleistung kommt. Wenn ich nicht die Zusatzleistungen erhalte, die ich meiner Meinung nach »verdient habe«, muss ich zukünftig nicht übermäßig leisten. Aber das Mindeste im Gegenwert von dem, was ich an Gegenleistung erhalte, muss ich erbringen, also mindestens das Gehalt. Mein Verständnis von Anstand gebietet daher angemessene Mindestleitung und verbietet Halbtagsmentalität.

3.2.2 Vom Blaumachen zum Dienst nach Vorschrift

Unter »Blaumachen« versteht der Duden »während eines bestimmten Zeitraumes ohne triftigen Grund nicht zur Arbeit zu gehen«.[217] Umgesetzt wird das in den meisten Fällen auf Kosten des Arbeitgebers durch Krankmeldung. Es wurde schon erwähnt, dass dies durch die telefonische Krankschreibung seit 2024 noch einfacher geworden ist. Der seit Jahren stetig wachsende Krankenstand in Deutschland mit Rekordwerten in den Jahren 2023/24 ist sicherlich auch den hohen Belastungen der Arbeitswelt geschuldet, aber eben auch auf verstärktes Blaumachen zurückzuführen. Die Beweggründe liegen im gesunkenen Stellenwert der Arbeit, in der vereinfachten Krankschreibung oder schlicht in einer allgemein verfehlten Anspruchshaltung. Ob nun wirklich nur die Belastungen gestiegen oder diese anspruchsbezogenen Motive an Bedeutung gewonnen haben, wissen wir zwar nicht. Dass aber der stetige Anstieg des Krankenstandes mit der Zunahme von Dienst nach Vorschrift korreliert, ist einfach nicht von der Hand zu weisen. Wenn man mit den Menschen spricht, erfährt man aber auch, dass sie oft gedankenlos einen Krankheitstag »einlegen«, ohne sich richtig darüber bewusst zu sein, wie viele davon sie im angebrochenen Jahr bereits hatten oder dass dies ihrem Unternehmen massiv schadet. Des Weiteren wissen viele nicht zwischen dem Status krank und arbeitsunfähig zu unterscheiden. Denn in vielen Fällen kann man arbeiten, wenn man ein wenig krank ist, ohne seine eigene Gesundheit oder die anderer zu gefährden. Es hat zweifellos keinen Sinn, sich bei schlimmer Krankheit ins Büro zu schleppen, nur um anwesend und dabei nicht produktiv zu sein, und so vielleicht auch noch die Genesung unnötig zu verlängern. Ob es allerdings solidarisch oder fair ist, am Montagmorgen nicht zur Arbeit zu gehen, weil Kopfschmerzen plagen, die mit einer normalen Kopfschmerztablette leicht zu bekämpfen wären, steht auf einem anderen Blatt.

Im Fall bewussten Blaumachens ist es letztendlich ein Missbrauch sozialer Errungenschaften, die es nicht in allen Ländern gibt. Missbrauch deswegen, weil die Inanspruchnahme reale Arbeitsunfähigkeit durch Krankheit voraussetzt – dies ist beim Blaumachen aber nicht gegeben. Missbrauch bedeutet in diesem Fall, dass man Leistungen unberechtigt auf Kosten anderer empfängt. In erster Linie auf Kosten des Arbeitgebers, in zweiter Linie auf Kosten anderer Beschäftigter und der gesamten Sozialsysteme. Ganz zu schweigen von der Nichterbringung der vertraglich geschuldeten Arbeitsleistung unter Vortäuschung falscher Tatsachen, nämlich der nicht bestehenden Arbeitsunfähigkeit. Ganz egal, welche Motive dahinterstecken mögen, dem muss man sich als Vertragspartner und Mitglied der Solidargemeinschaft bewusst sein.

Der aus der Sozialphilosophie stammende Begriff Subsidiarität besagt, dass der Staat im Verhältnis zur Gesellschaft nicht mehr, aber auch nicht weniger tun soll, als Hilfe zur Selbsthilfe anzubieten.[218] Der Staat oder höhere Instanzen schreiten dort ein, wo sich der Einzelne oder niedrigere Instanzen nicht mehr selbst helfen können. In Paragraph 1 des V. Sozialgesetzbuches heißt es, dass die Versicherten für ihre Gesundheit mitverantwortlich sind; sie sollen durch eine gesundheitsbewusste Lebensführung den Eintritt von Krankheit und Behinderung vermeiden oder ihre Folgen überwinden.[219] Auch im Sozialstaat ist der Einzelne zunächst für sich selbst verantwortlich und muss für sich selbst sorgen. Die Sozialsysteme dürfen also nicht mit einer »sozialen Hängematte« verwechselt werden.[220] Blaumachen ist aber letztendlich nichts anderes, wenn auch häufig nur indirekt.

Verschiedene Studien zeigen, dass ein Großteil der Beschäftigten in Deutschland nur noch den bekannten »Dienst nach Vorschrift« macht. Die vielzitierte Gallup-Studie beziffert den Anteil gar auf 78 Prozent.[221] Dieser Befund passt zur schon mehrmals zitierten E&Y-Studie, die konstatiert, dass 52 Prozent nicht mehr ihr Bestes geben. Die Hälfte der Beschäftigten scheint also regelmäßig nicht mehr das zu geben, was sie geben könnten und laut Gesetz auch müssten. Beim Dienst nach Vorschrift wird die Ordnung durch »buchstabengetreues« Einhalten der Vorschriften lahmgelegt, das steigert meist die Unordnung und die Unübersichtlichkeit.[222] Denn ein perfekter Dienst nach Vorschrift ist eigentlich unmöglich, weil kein Mitarbeiter alle Pflichten kennen und die Imperative der Ordnung 1:1 befolgen kann.[223] Infolgedessen wird das System bewusst zum Scheitern an sich selbst geführt, ohne dass die Mitarbeiter selbst angreifbar wären. Die Folge ist eine merkliche Herabsetzung der Produktivität durch den entstehenden Zeit- und Quantitätsverlust während der Arbeit. Dies geschieht häufig in solchen Fällen, in denen Mitarbeiter gegen unliebsame Entscheidungen protestieren, die sie am liebsten wieder rückgängig gemacht sehen würden. Doch scheinbar wird in letzter Zeit immer häufiger zu diesem Instrument gegriffen, weil bei den Beschäftigten die »emotionale Bindung, Loyalität und Vertrauen in die finanzielle Zukunft des Arbeitgebers eingebrochen« seien, so die Gallup-Studie.[224]

Die bekannte innere Kündigung zielt dagegen nicht auf eine Lähmung der Unternehmensprozesse, sondern auf das Herunterfahren der eigenen Anstrengungen auf ein Minimum, ohne auf Entgelt, Vergünstigungen oder Benefits im Unternehmen verzichten zu müssen. Innerlich zeigt man keinerlei Engagement für Unternehmen und Arbeitsplatz mehr und tut eben nur noch das Nötigste. Der bekannte Unternehmensberater Reinhard Sprenger hat den Mitarbeiter mit innerer Kündigung beschrieben: »Er hat kein Interesse mehr an Auseinandersetzungen und ist zum typischen Ja-Sager geworden. Er bringt keine Vorschläge mehr und nimmt Entscheidungen seines Chefs, insbesondere auch Eingriffe in seinen Kompetenzbereich, nur noch mit wohldosiertem Widerstand hin. Er rückt zwar gelegentlich noch mit seiner eigenen Meinung heraus, stimmt aber eilends zu, wenn der Chef darauf beharrt, dass das Wasser den Berg hinauffließe. ›Fehler vermeiden‹ heißt die Hauptdevise. Krankheit wird häufiger ›gefeiert‹. Das Interesse an Karriere ist zugunsten außerbetrieblicher Betriebsamkeit gesunken.« Sprenger ordnet die innere Kündigung unter einer »freizeitorientierten Schonhaltung« ein.[225] Dementsprechend ist die eigene Schonung ein wichtiger Aspekt, weshalb eben, so Sprenger, das Krankfeiern, also Blaumachen, zum festen Repertoire innerlich gekündigter Mitarbeiter zählt. Als übersteigerte Form der inneren Kündigung kann man die Gleichgültigkeit einordnen. Man arbeitet also nur noch bis zu jenem Maß an Konformität und Anstrengung, das für den Erhalt von Arbeitsplatz und Einkommen nötig ist. Jenseits des unteren Endes unseres Spektrums, also unter dem Dienst nach Vorschrift, kommt dann, wenn man so will, die rechtlich angreifbare, weil gegen das Gesetz verstoßende Arbeitsverweigerung für einzelne Tätigkeiten oder Aufgaben. Früher war der Dienst nach Vorschrift wie oben erwähnt eher typisch für Protestaktionen. Heute zählt er, wenn man den erwähnten Studien Glauben schenken mag, zum Verhaltensmuster vieler Beschäftigter und ist für viele zur »neuen Normalität« geworden. Dementsprechend war lange Zeit die innere Kündigung die letzte Stufe der Entfremdung der Mitarbeiter vom Unternehmen, die nun eben von Gleichgültigkeit und Dienst nach Vorschrift abgelöst worden zu sein scheint. Dass dies rechtlich gesehen nicht in Ordnung geht, weil die Mitarbeiter keine angemessene Ausschöpfung ihrer Leistungsfähigkeit mehr an den Tag legen, wir denken hier an das Urteil des Bundesarbeitsgerichts[226], ist eindeutig.

3.2.3 Betrug durch Unterlassung? Eine unbequeme Frage

Innere Kündigung, Dienst nach Vorschrift oder einfach nur mal einen Gang zurückschalten. Das bedeutet unter dem Strich, dass Mitarbeiter weniger Arbeitsleistung erbringen, als sie könnten und als sie nach Gesetz und Vertrag eigentlich auch müssten. Aber wer nimmt´s schon so genau? Die Mitarbeiter in der Regel sehr wohl, wenn es um ihre Bezahlung geht. Hier gibt es kaum Fälle, bei denen Arbeitnehmer großzügig darüber hinwegsehen, wenn ihnen Monat für Monat ein einmal mehr, einmal weniger großer Betrag gegenüber dem vereinbarten Entgelt fehlt. Doch wer es mit der Einhaltung des Vertrages durch den Vertragspartner so genau nimmt, muss bei sich selbst dieselben Maßstäbe hinsichtlich der Erbringung der geschuldeten Gegenleistung anlegen. Wer A sagt muss bekanntermaßen auch B sagen. Und genau dieses Verständnis scheint in weiten Teilen der Arbeitnehmerschaft nicht mehr gegeben zu sein.

Jene Menschen, die absichtlich so handeln, müssen sich durchaus die Frage gefallen lassen, ob sie sich bewusst sind, dass ihre Handlung nicht nur unanständig, sondern auch ungesetzlich ist. Denn sie könnten ja mehr tun, wollen aber nicht. Wenn sie sich dessen bewusst sind, muss auch die Nachfrage gestattet sein, ob ihnen klar ist, dass man das auch als betrügerische Absicht interpretieren kann. Denn es geht bei diesen Menschen darum, dass sie bewusst nicht die volle Leistung geben, für die sie eigentlich bezahlt werden und die sie geben könnten. Sie erfüllen also ganz bewusst ihren Vertrag nicht, um den Vertragspartner zu übervorteilen. Täuschen die Menschen bei der Arbeit auch noch regelmäßig volle Leistung vor oder stöhnen sie lauthals ob ihrer scheinbaren Überlastung, nur damit sie nicht mehr tun müssen, obwohl sie dies könnten, hat das mehr als nur einen faden Beigeschmack. So lautet § 263 Abs. I StGB:[227] »Wer in der Absicht, sich oder einem Dritten einen rechtswidrigen Vermögensvorteil zu verschaffen, das Vermögen eines anderen dadurch beschädigt, dass er durch Vorspiegelung falscher oder durch Entstellung oder Unterdrückung wahrer Tatsachen einen Irrtum erregt oder unterhält, wird mit Freiheitsstrafe bis zu fünf Jahren oder mit Geldstrafe bestraft.« Im Kontext dieses Buches umgeschrieben könnte er lauten: »Wer in der Absicht, sich einen rechtswidrigen Gehaltsvorteil zu verschaffen, das Vermögen des Arbeitgebers dadurch beschädigt, dass er durch Vorspiegelung unwahrer Überlastung oder durch Unterdrückung bestehender Unterauslastung einen Irrtum erregt oder unterhält, wird mit Lohnkürzung bis zu 30 Prozent oder mit Entlassung bestraft.« Aber bei Mitarbeitern, die ganz bewusst ihr Engagement herunterschrauben, nur weil es die Gesetze ermöglichen, kommt einem die Betrugsabsicht in den Sinn. Ähnliches gilt für das oben erwähnte Blaumachen. Ich lasse mich bewusst für einen Tag bezahlen, obwohl ich weder etwas arbeite noch krank, genauer gesagt arbeitsunfähig bin, gaukle dem Arbeitgeber dafür aber diese falsche Tatsache der Arbeitsunfähigkeit durch Krankheit vor und verschaffe mir dadurch zwar keinen Vermögensvorteil. Aber am Ende doch einen Vorteil, weil ich einen Urlaubstag gespart habe, der einem gewissen finanziellen Gegenwert entspricht. Für mich ist das Betrug, auch wenn Juristen das im Detail vielleicht anders sehen mögen. Das alles hat aber definitiv nichts mehr mit Fairness zu tun, die zu jedem Geschäft und zu jedem Vertrag eben auch dazugehört. Auch wenn es vielleicht nicht exakt den Tatbestand des Betrugs erfüllt.

Das soll natürlich nicht heißen, dass sich jeder jeden Tag die Seele aus dem Leib schuften muss. Aber in der Regel nie mehr als 50 oder

60 Prozent zu geben, wie es uns die verschiedenen Umfragen und Studien glauben machen wollen, ist inakzeptabel. Ein System, das solchen Missbrauch ermöglicht, bietet keine Waffengleichheit und damit keine Fairness mehr. Regelungen wie die vereinfachte Krankschreibung per Telefon oder der Kündigungsschutz machen dies möglich. Bei Kündigungen ist häufig die fehlende Nachweismöglichkeit einer dauerhaften Minderleistung eines der Hauptprobleme. Nur dann läge seitens des Arbeitnehmers eventuell eine zu ahnende Pflichtverletzung vor. Ob und zu welchen Konsequenzen das dann für den Arbeitnehmer führen kann, ist wiederum davon abhängig, ob es sich um einen personenbedingten oder einen verhaltensbedingten Grund handelt, der die Minder- bzw. Schlechtleistung herbeigeführt hat. Das heißt will er nicht oder kann er nicht. Bei verhaltensbedingten Gründen ist der Arbeitnehmer in der Lage, sein Verhalten zu steuern. Er macht also anscheinend nicht das, was er soll, obwohl er es könnte. Dann könnte der Arbeitgeber gegen die Geringleistung des Mitarbeiters vorgehen. Die Problematik der Erbringung eines hinreichenden Nachweises für die willentlich geringe Leistung eines Mitarbeiters ist aber wie erwähnt in vielen Fällen der Grund, weshalb Unternehmen nichts dagegen tun können.

Ein solches Mindset gibt es wirklich, in ganz ernster betrügerischer Absicht. Wir erinnern uns an die in Kapitel 1.2.2 geschilderten Sachverhalte während der Corona-Krise. Ein Unternehmen hatte im Zuge von New Work den Mitarbeitern 20 Prozent der Arbeitszeit für private Gespräche zur Steigerung von Wohlbefinden, Kreativität und Gemeinsinn zur Verfügung gestellt. Diese Zeit hatte der Mitarbeiter bewusst nicht für den Smalltalk, sondern zur Betätigung in seinem Nebenjob bei einem anderen Unternehmen genutzt. Er hatte also diese (Arbeits-)Zeit bewusst zum Nachteil des eigenen Unternehmens missbraucht. Das ist Betrug! Ob er sich dessen bewusst war, ob er gedankenlos oder ohne Unrechtsbewusstsein handelte, wissen wir zwar nicht. Gekündigt wurde er beim Aufdecken des Umstands dennoch fristlos. Anscheinend hat es in unserer Gesellschaft eine Veränderung im Unrechtsbewusstsein gegeben. Man denke hier an das bereits erwähnte Phänomen des Quiet Vacationings. Solche Verhaltensweisen häufen sich anscheinend. Sonst wäre der Dienst nach Vorschrift auch nicht für 78 Prozent der Umfrageteilnehmer eine völlig normale und akzeptable Handlungsoption gewesen.[228] Der Respekt vor dem Eigentum anderer, das Einhalten von Gesetzen, das Unterlassen von Diebstahl, Betrug und weiteren Delikten, die andere schädigen, scheinen in der Gedankenwelt vieler Menschen keine Selbstverständlichkeiten mehr zu sein. Da kann es nicht überraschen, dass anscheinend viele den Dienst nach Vorschrift oder die innere Kündigung als dauerhaft legitime Arbeitsweisen anerkennen, wenn sie mit dem Gehalt, der Führungskraft oder irgendetwas anderem unzufrieden sind. Das hat mit einem angemessenen Mindestrespekt für den Vertragspartner, in diesem Fall den Arbeitgeber, oft auch nur noch am Rande zu tun.

3.3 Fairness neu verhandeln: Wo endet Nachsicht, wo beginnt Selbstbetrug?

Bei der Beurteilung der eigenen und der Arbeit anderer ist der Übergang von der Nachsicht zum Selbstbetrug fließend. Das gilt für Führungskräfte und für Mitarbeiter gleichermaßen. Für die Führungskräfte, weil sie sich irgendwann eingestehen müssen, dass ihre Führungsarbeit längst das akzeptable Maß der Nachsicht überschritten hat. Dass die Mitarbeiter schon längst im Bereich des gegenüber dem Unternehmen nicht mehr vertretbaren Maßes an Unterbeschäftigung angekommen sind. Regelmäßig ein unproduktives Kaffeekränzchen hier, ständige Schonung am Arbeitsplatz da, überpünktlicher Feierabend und dann noch zwei wenig produktive Tage Homeoffice pro Woche dort. Das hat mit Fairness gegenüber der Führungskraft und dem Unternehmen schon lange nichts mehr zu tun. Doch das ist der Führungskraft entglitten und nun traut sie sich aus Angst vor schlechten Reaktionen der

Mitarbeiter nicht mehr einzuschreiten. Wie lange aber wird das noch gut gehen können?

3.3.1 Was ist »gerecht« – und wer entscheidet das?

Man kann sich verschiedene Situationen vorstellen, in denen der Chef eine Entscheidung getroffen hat, die man selbst als ungerecht empfindet. Dann nicht nur gute Miene zum bösen Spiel zu machen, sondern diese Entscheidung mit der eigenen Arbeit zu unterstützen, fällt nicht unbedingt leicht. Denn das natürliche Gerechtigkeitsempfinden gibt andere Handlungsimpulse. Expertenmeinungen zufolge ist dieses Gerechtigkeitsempfinden beim Menschen sowohl angeboren als auch anerzogen. Doch unabhängig davon beeinflusst es das Entscheiden und Handeln des Menschen sehr, den einen mehr, den anderen weniger. Es spielt in der Arbeitswelt eine große Rolle, das lässt sich anhand der präsenten Diskussion um soziale Gerechtigkeit oder Lohngerechtigkeit feststellen. Aber auch wenn das ein zutiefst menschliches Empfinden ist, so ist dieses Gerechtigkeitsempfinden bei Entscheidungen kein gutes Kriterium. Denn es ist von Natur aus subjektiv und hängt von der Perspektive des jeweiligen Betrachters ab. Was der eine als gerecht empfindet, kann ein anderer als zutiefst ungerecht erachten. Trotz der fehlenden Objektivität leitet das Gerechtigkeitsempfinden doch sehr oft und sehr stark das Handeln und vor allem auch das Unterlassen vieler Beschäftigter. Daher ist es auch nicht selten die Triebfeder für Blaumachen, Dienst nach Vorschrift u. a.

Gleichheit und Gerechtigkeit hängen zwar eng zusammen, bedeuten aber nicht dasselbe und sind nicht inhaltlich gleichzusetzen. Dazu ein simples Beispiel: In Artikel 3 des Grundgesetzes der Bundesrepublik Deutschland steht in Satz I: »Alle Menschen sind vor dem Gesetz gleich«[229] – doch so ist es nicht und so kann es im Grunde nicht in allen Einzelheiten sein. Menschen ohne entsprechenden Nachweis dürfen beispielsweise nicht auf markierten Behindertenparkplätzen parken. Denn § 209 Satz I des IX. Sozialgesetzbuches lautet: »Die Vorschriften über Hilfen für behinderte Menschen zum Ausgleich behinderungsbedingter Nachteile oder Mehraufwendungen (Nachteilsausgleich) werden so gestaltet, dass sie unabhängig von der Ursache der Behinderung der Art oder Schwere der Behinderung Rechnung tragen.«[230] Dieser Nachteilsausgleich sorgt im Rahmen der staatlich verstandenen Gerechtigkeit dafür, dass eben nicht alle (genau) gleich sind und es nach Meinung des Staates aber trotzdem gerecht zugeht. Gleichheit bedeutet also nicht immer automatisch Gerechtigkeit und umgekehrt. Wer also Ungleichheit festzustellen glaubt, muss nicht immer sofort an Ungerechtigkeit denken. Das Wort »glaubt« im vorherigen Satz weist darauf hin, dass es eben in der Praxis sehr schwierig sein kann, Gleichheit oder Ungleichheit immer exakt festzustellen. Eine absolute Gleichheit aller Personen gibt es also nicht. Man erkennt hieraus sofort die Problematik, die entsteht, wenn man sich »ungleich behandelt fühlt«. Dies mit »einen Gang zurückschalten« zu erwidern, wird bei genauer Betrachtung der beteiligten Umstände und Personen sehr schnell ein Akt realer Ungerechtigkeit, weil dadurch der Führungskraft und dem Unternehmen eventuell Unrecht geschieht. Doch es geht oft nicht nur um die Gleichbehandlung mit anderen. Die Gleichheitstheorie des belgischen Psychologen John Stacy Adams aus den 1960er-Jahren besagt vereinfacht, dass Mitarbeiter eine Gegenüberstellung dessen anstellen, was sie dem Unternehmen als Input geben und von ihm dafür als Output erhalten.[231] Halten sich Input und Output die Waage, ist zumindest schon einmal die Voraussetzung für Zufriedenheit erfüllt. Menschen sind demnach darauf bedacht, für ihren Einsatz faire Gegenleistungen zu erhalten.[232] Dann kann, muss aber noch nicht automatisch Zufriedenheit entstehen. Daraus lernen wir drei Dinge: Erstens, die Menschen wollen Fairness, damit nicht der Eindruck von Ungleichheit entsteht. Die bislang immer wieder erwähnte Fairness, zu der wie oben beschrieben eine gewisse Waffengleichheit gehört, ist also für die Mitarbeiter ein wichtiger Punkt. Zweitens, es handelt sich im Falle von Ungleichheit häufig um eine gefühlte, also wiederum subjektive Einschätzung. Denn als Output kann nach Adams' Theorie viel dienen, etwa Wertschätzung, Sympathie, Status oder Anerkennung. Und diese lassen sich eben oft nicht exakt in Zahlen und Fakten vergleichbar darstellen. Drittens gilt Adams' Theorie auch für Führungskräfte in ihrer Chef-Rolle: Auch sie können unzufrieden werden, wenn sie sich vom Mitarbeiter ungleich behandelt fühlen. Das Bedürfnis nach Gleichbehandlung unreflektiert als Kriterium dafür zu verwenden, einen Gang zurückzuschalten oder nicht, ist also alles andere als objektiv und fair, von der moralischen und juristischen Fragwürdigkeit mal ganz abgesehen.

Bei Gerechtigkeit sieht es ähnlich aus wie bei Gleichheit. Allein schon die Festlegung dessen, was darunter zu verstehen ist, bereitet Schwierigkeiten. Der griechische Philosoph Platon versteht unter Gleichheit, das Geschuldete und das Vereinbarte zu leisten sowie Verträge einzuhalten – das deckt sich mit dem Verständnis, das diesem Buch zugrunde liegt. Der Harvard-Professor Michael J. Sandel hat in seinem Bestseller »Gerechtigkeit – Wie wir das Richtige tun« dagegen das sog. Unterschiedsprinzip des amerikanischen Philosophen John Rawls beschrieben: »Rawls' Alternative, die er das ›Unterschiedsprinzip‹ nennt, korrigiert die ungleiche Verteilung von Talenten und Voraussetzungen, ohne die Befähigten zu behindern. Wie das? Ermutige die Begabten, ihre Fähigkeiten zu entwickeln und auszuüben, aber mit der Übereinkunft, dass die Belohnungen, die diese Talente auf den Märkten erfahren, der Gemeinschaft insgesamt gehören. Behindere die besten Läufer nicht; lasse sie laufen und ihr Bestes geben. Vereinbare aber vorher, dass die Gewinne nicht ihnen allein gehören, sondern mit denen geteilt werden sollten, denen ähnliche Gaben fehlen.«[233] Das bedeutet also, dass diejenigen, die stärkere geistige und körperliche Kräfte haben, diese auch für die Gemeinschaft einsetzen müssen, zum Wohl aller, sie im Gegenzug für ihr Mehr an Arbeit, Leistung und Genialität aber nicht mehr bezahlt bekommen, weil sie die Gaben nicht von sich selbst haben, sondern weil sie diese von der Natur geschenkt bekommen haben. Wer also die Kraft hat, das Doppelte wie ein anderer zu leisten, soll dies tun müssen, aber dennoch den gleichen Lohn bekommen. Der Starke muss demnach eine härtere Arbeit machen als der Schwache, der Tüchtige mehr Aufgaben bewältigen als der Faule, und der Kluge härtere Nüsse knacken als der Einfältige. Aber alle für den gleichen Lohn. Der Chefarzt erhält dann genauso viel wie ein Krankenpfleger und andersherum – das wäre demnach gerecht. Ohne die Arbeit von Krankenpflegern abwerten zu wollen, so hätte das aber nicht das Geringste mit Gerechtigkeit in marktwirtschaftlichen Wirtschaftssystemen zu tun. Beide Urheber, also Platon und John Rawls, sprechen aber von »Gerechtigkeit«. Wer hat also Recht? Schon anhand dieser Darstellung sieht man, wie dünn das Eis wird, wenn man Blaumachen und Dienst nach Vorschrift mit dem Umstand der ausgleichenden Gerechtigkeit rechtfertigen will.

Das Problem der Lohngerechtigkeit, etwa im Bereich der ungleichen Bezahlung von Männern und Frauen, ist trotz intensiver Diskussionen noch immer nicht überwunden.[234] Gerade bei diesem Thema zeigt sich, dass Gerechtigkeit viele verschiedene Ausprägungen hat. Die so oft zitierte soziale Gerechtigkeit beispielsweise oder das Thema Chancengerechtigkeit, nach der man versucht, möglichst vielen Menschen trotz bestehender Ungleichheiten zumindest gleiche (Start-)Chancen zu verschaffen. Ein Beispiel hierfür ist der im Jahr 2023 aufgekommene Vorschlag, jedem Volljährigen ein staatliches Startkapital von 20.000 Euro auszubezahlen, um die Vermögensungleichheit zwischen Arm und Reich zu verringern.[235] Finanziert solle dies aus der Erbschaftssteuer werden. Die Chancengerechtigkeit umfasst aber auch Maßnahmen wie Quotenregelungen, bestimmte Förderangebote oder differenzierte Voraussetzungen für den Zugang zu gewissen Positionen. Im Zusammenhang mit der im Folgenden noch zu diskutierenden Leistungsgerechtigkeit kommen im Rahmen des am Anfang erwähnten Nachteilsausgleichs bei der Chancengleichheit aber durchaus auch Gedanken auf wie: »Wenn ich das gleiche oder sogar mehr liefere, wieso wird mir eine Person im Rahmen eines Nachteilausgleichs vorgezogen?« So sinnvoll und gerecht der Nachteilsausgleich auf der einen Seite sein kann, so fragwürdig kann er aus einer anderen Perspektive sein. Es zeigt sich, dass das, was als gerecht empfunden wird, nicht gleichzusetzen ist mit theoretischen oder auch lebenspraktischen Gerechtigkeitsdiskursen.[236] Die zuvor erwähnte Leistungsgerechtigkeit ist wesentlich häufiger unter dem erwähnten Begriff Lohngerechtigkeit zu finden: gleicher Lohn für gleiche Arbeit, der Equal Pay Day weist jährlich auf dieses Thema hin. Eine andere Definition von Leistungsgerechtigkeit lautet aber auch: Gleiche Leistung für gleichen Lohn. Wer also sein Entgelt wie beispielsweise im Rahmen eines Tarifvertrages üblich aufgrund seiner Lohn- oder Gehaltsgruppe zugemessen bekommt, sollte auch genauso viel leisten müssen wie die leistungsstärksten Vertreter der jeweiligen Gruppe. Doch diese Forderung ist fast nirgends zu hören, schon gar nicht von Gewerkschaftsseite. Aber auch diese Forderung kann man als gerecht betrachten. Zumindest vom Standpunkt derer aus, die eben am leistungsstärksten sind, aber dasselbe Tarifgehalt bekommen wie die Gruppenschwächsten. Also Lohn- und Chancengleichheit ja, Leistungsgerechtigkeit aber nein? Gerade so, wie es einem in den Kram passt? Man erkennt die Schwierigkeit einer solchen Gerechtigkeitsdiskussion. Daher kann es keine akzeptable Option sein, nur auf Basis der subjektiv beurteilten Gleichheit und Gerechtigkeit das Tauschgeschäft »Arbeit gegen Geld« einseitig abzuändern oder mit innerlicher Kündigung oder Dienst nach Vorschrift neu zu gestalten. Will man hier faire Verhältnisse, und wir haben oben gesehen, dass dies ein menschliches Verlangen ist, das Arbeitgeber und Arbeitnehmer gleichermaßen betrifft, müssen die Fakten auf den Tisch gelegt werden und Arbeitnehmer und Arbeitgeber darüber miteinander ins Gespräch kommen.

3.3.2 Die Moral des Gebens: Warum Pflicht kein Schimpfwort ist

Die Werte eines Volkes formen und ermöglichen das gesellschaftliche Miteinander der Menschen. Sie basieren auf der geltenden Moral. Diese stellt eine Ordnung dar, ein konkretes Regelsystem, das aus Gebots- und Verbotssätzen besteht. Das ist am Arbeitsplatz nicht anders: Auch das ist eine Gemeinschaft, die gemeinsam geteilte Regeln für das Funktionieren braucht. Werte und Tugenden sind entsprechende Handlungsrichtlinien, anhand derer sich die Menschen in einer Gesellschaft oder auch am Arbeitsplatz sozialisieren können. Der schon mehrfach erwähnte Anstand formuliert Richtlinien, wie sich die Menschen aus ethisch-moralischer Sicht richtig verhalten sollen, damit sie den Erwartungen der Gemeinschaft entsprechen. Anstand beruht zwar auf Moral, er ist jedoch keineswegs mit dem »Moralisieren« (Erheben des Zeigefingers) zu verwechseln. Was heißt das für die Praxis? Moral ist das auf eine Gemeinschaft bezogene Regelsystem, das festlegt, welche Handlungen geboten, erlaubt oder verboten sind. Dieses System soll verhindern, dass jeder Einzelne willkürlich nach seinen eigenen Interessen handelt und dabei die Interessen der anderen Teilnehmer der Gemeinschaft außer Acht lässt. Außerdem ist Moral nicht auf Regeln beschränkt, sondern bildet auch den Rahmen für die Wertmaßstäbe der Gemeinschaft. [237] Moral hilft also, dass nicht jeder einfach nur den eigenen Interessen folgt. In den letzten zehn Jahren hat sich eine Tendenz unter vielen Beschäftigten etabliert, wonach Mitarbeiter mehr und mehr »ihr eigenes Ding« machen wollen. Die Werte haben sich wie schon mehrfach erwähnt in den letzten zehn Jahren verändert, was natürlich nicht ohne Auswirkung auf Moral und Anstand in den Unternehmen geblieben ist. Dies hat sich wiederum auf die Performance der Unternehmen und der ganzen Wirtschaft ausgewirkt.

Werte und Tugenden als moralische Handlungsrichtlinien können uns helfen, die Lücken im Wertekanon der Beziehung zwischen Arbeitgeber und Arbeitnehmer zu finden. Jedes Unternehmen folgt Werten, manche nur implizit, viele aber auch explizit. Sie sind dann meist im Unternehmensleitfaden aufgeführt und enthalten Punkte wie Kunden- und Mitarbeiterorientierung, Nachhaltigkeit oder Qualitätsfokus, auf die im Unternehmen großer Wert gelegt wird. Die Werte helfen dem Unternehmen bei der Umsetzung der Strategie, denn ohne eine gedeihliche Kooperation zwischen Arbeitgebern und Arbeitnehmern gelingt das nicht. Es bedarf auch eines mehr oder weniger allgemeingültigen Abkommens zwischen Arbeitnehmern und Arbeitgebern, das auf gemeinsamen Werten fußt, um die erfolgreiche Zusammenarbeit dieser Partner zu ermöglichen. Das hat es in Deutschland anscheinend auch eine lange Zeit wertebasiert und zumeist in impliziter Form gegeben. Jedoch scheint, wie wir im zweiten Kapitel gesehen haben, diesbezüglich einiges aus dem Lot geraten zu sein. Geht es nun darum, diesen Wertekanon wieder zu stärken und mehr Gemeinsamkeiten zu implementieren, kann man sich getrost die Frage stellen, welche Werte denn gelitten haben könnten, dass Anstand und vor allem Fairness in den Unternehmen unter die Räder gekommen sind. In den vorherigen Kapiteln haben wir immer wieder festgestellt, dass Blaumachen, Dienst nach Vorschrift oder die innere Kündigung letztendlich bedeuten, dass Mitarbeiter ihren geschuldeten Beitrag zur Vertragserfüllung nicht leisten. Sie erfüllen, wenn man das traditionell formulieren will, also ihre Pflicht nicht. Dabei steht im § 611a BGB (Arbeitsvertrag) explizit, dass der Mitarbeiter »verpflichtet« wird. Viele geben nicht, was sie geben sollen, und machen nicht, was sie machen sollen, sondern eben ihr Ding, obwohl der Arbeitsvertrag dem Arbeitgeber das Weisungsrecht zugesteht. Mit dem Unterzeichnen des Arbeitsvertrags haben Mitarbeiter dies aber akzeptiert. Aber Pflichten und deren Einhaltung sind in Deutschland nicht mehr in Mode. Von Pflichten zu sprechen, sie einzufordern oder gar mit der eigenen Neigung zur Pflichterfüllung zu kokettieren, ist schon lange nicht mehr angesagt. Es gilt teilweise sogar eher als reaktionär. Dafür sind die Rechte der Menschen immer gern gesehen und die Medien sind stets voll von Berichten, in denen diese wirkungsvoll an den Mann gebracht werden: Ihre Rechte bei Hitze im Büro,[238] bei Verspätungen oder Flugausfall,[239] bei Krankheit im Urlaub oder für alle sonstigen Lebenslagen.[240] Von den jeweiligen Pflichten ist allerdings jeweils kaum etwas zu lesen. Von der preußischen Tugend der Pflichterfüllung soll in diesem Zusammenhang gar nicht erst die Rede sein.

Aber auch wenn die letzten Sätze überspitzt formuliert sein mögen, so geben sie doch einen Teil des Selbstverständnisses vieler Menschen inhaltlich wieder: Rechte, ja bitte, Pflichten, nein danke.

Wer von Pflichten nichts hören will, der kann sich dem Thema Vertragserfüllung auch über Ehrlichkeit nähern. Wer sich und anderen gegenüber ehrlich ist, wird sich in Bezug auf das faire Tauschgeschäft »Arbeit gegen Geld« ehrliche Antworten auf die Fragen geben: Habe ich alles gegeben, was ich geben musste? Habe ich meinen Vertragsanteil erfüllt? Vielleicht noch die Zusatzfrage: Habe ich über das Mindestmaß hinaus auch das noch gegeben, was ich anderen für deren gedeihliche Arbeit und für den Erfolg des Unternehmens geben konnte? Kommt zur Ehrlichkeit noch Wahrhaftigkeit hinzu, so wird der Mitarbeiter seine (ehrlichen) Antworten auch kundtun und mit den Konsequenzen leben. Ehrlichkeit und Wahrhaftigkeit sind Werte, die der Einhaltung von Abmachungen und Verträgen förderlich sind. Ergänzen ließe sich das noch um Gewissenhaftigkeit. Sich also wirklich aktiv darum zu bemühen, dass die Arbeit keine oder möglichst wenig Fehler aufweist und die eigenen Aufgaben auch zur Zufriedenheit des Arbeitgebers und zum Wohle des Unternehmens erledigt sind. Wenn es um das Bemühen geht, keinem anderen etwas schuldig zu bleiben, also im Rahmen des Arbeitsvertrags auch nicht dem Arbeitgeber und den Kollegen, so sind die etwas antiquiert anmutenden Begriffe Redlichkeit und Rechtschaffenheit passend. Wer redlich ist und rechtschaffen arbeitet, bleibt keinem Vertragspartner etwas schuldig. In diesem Zusammenhang sollte auch noch die Tugend des Wohlwollens erwähnt werden. Man gönnt dem anderen Vertragspartner einfach den Vorteil, den er aus dem eingegangenen Tauschgeschäft zieht. Man hat nicht gleich Angst, übervorteilt worden zu sein. Man kartet auch nicht sofort nach, wenn beim dauerhaften Tauschgeschäft das Geben und Nehmen einmal aus der Balance gerät, ganz im Vertrauen darauf, dass dies kein Dauerzustand sein wird. Es gibt also eine ganze Bandbreite an Werten und Tugenden, die Mitarbeiter zur zuverlässigen Erbringung der vertraglich geschuldeten Leistung als Handlungsrichtlinien verwenden können, ohne den ungeliebten Begriff der Pflicht oder der Pflichterfüllung verwenden zu müssen.

Es ist moralisch erforderlich, seine Pflicht zu tun bzw. die geforderte Leistung zu erfüllen, also das, was man geben soll, zu geben, und das, was man tun soll, auch zu tun. Das sind wesentliche Voraussetzungen für Followership, auf die wir später noch näher eingehen. Es ist darüber hinaus aber auch völlig in Ordnung, in der einen oder anderen Situation vielleicht auch mehr zu geben, als man eigentlich müsste, weil man es eben kann. Weil man in dieser Situation anderen oder dem Unternehmen etwas Gutes tun kann, darauf vertrauend, dass man früher oder später selbst auch einmal in die Situation kommen wird, in der man froh ist, dass man Hilfe erfährt oder das Unternehmen sich als großzügig oder nachsichtig zeigt. Das ist praktiziertes Geben und Nehmen. Das ist eine Balance, die dem zuvor erwähnten Wertekanon lange Stabilität verliehen hat, und die meines Erachtens in den letzten Jahren verloren gegangen ist. Denn wenn eine Seite stets mehr gibt und die andere stets mehr nimmt, kann sich keine Ausgewogenheit einstellen – und das senkt die Fairness im Tauschgeschäft. Doch dieses Geben und Nehmen kann nicht allein auf Basis eines Vertrages geregelt werden – hierzu braucht es eben die gelebten und praktizierten Werte. Wenn dann auch noch die Gesetze keine Fairness mehr ermöglichen, wir denken hier beispielsweise an den Kündigungsschutz, dann ist die Gefahr eines Ungleichgewichts umso größer. Die Arbeitsgesetze sind aus einer Zeit und für eine Zeit verfasst, in der die Pflichterfüllung eben noch hoch im Kurs stand. Mit den diesbezüglichen Veränderungen im Werteempfinden haben die Arbeitsgesetze zum beschriebenen Ungleichgewicht und zum teilweisen Verlust der Fairness geführt. Wenn also schon die Gesetze das mittlerweile auf breiter Front praktizierte Blaumachen, den Dienst nach Vorschrift und die innere Kündigung im großen Stil nicht verhindern können, so soll es wenigstens der Anstand verhindern, indem die gezeigten Werte und Tugenden als Grundlage des täglichen Arbeitens beachtet werden. Ganz im Sinne Senecas: »Was das Gesetz nicht verbietet, verbietet der Anstand.«[241] Wer seine Pflicht erfüllt und das gibt, was er schuldet, soll nicht länger als Ewiggestriger gelten, der den Anschluss an die digitale Zeit verpasst hat. Pflicht und Pflichterfüllung sind keine Schimpfwörter, ganz im Gegenteil. Sie zeugen von einem fairen Verständnis, auf Basis dessen man seinen Partner nicht betrügt oder übervorteilt.

3.3.3 Arbeit als Beziehung – und nicht als Dienst nach Vorschrift

In den vorhergehenden Kapiteln war bereits mehrfach der Gallup Engagement Index 2024 zitiert worden. Demnach sei der Anteil derer, die emotional hochgradig an ihren Arbeitgeber gebunden sind, auf ein Rekordtief von 9 Prozent eingebrochen – 2023 waren es noch 14 Prozent. Nur noch die Hälfte der Beschäftigten wollte demnach länger als ein Jahr beim aktuellen Arbeitgeber bleiben und 78 Prozent machten lediglich Dienst nach Vorschrift.[242] Hier scheint die Beziehung zwischen den Mitarbeitern und ihren Unternehmen mittlerweile alles andere als tief und gefestigt zu sein. Denn sonst wäre die Wechselbereitschaft nicht so hoch und die emotionale Bindung nicht so rekordverdächtig niedrig. Ob aus der angekündigten Wechselbereitschaft dann auch wirklich ein Wechsel wird, bleibt dahingestellt. Denn nur wenige trauen sich, diesen Schritt auch wirklich zu tun.

Geschäftsbeziehungen sind sehr ähnlich der Beziehung zwischen Arbeitgeber und Arbeitnehmer. Verlangt der Kunde beispielsweise ständig neue Angebote, kauft aber wenig, pocht dazu ständig auf weitere Preisnachlässe, entstehen dem Lieferanten mehr Kosten als Nutzen. Diese Beziehung kann sich zur Einbahnstraße entwickeln, in der eine Seite nur fordert und nimmt, die andere aber ständig ohne nennenswerten eigenen Benefit gibt. Man kann sich das in umgekehrter Richtung genauso vorstellen. Ist diese Geschäftsbeziehung nicht oder nur schwer zu beenden, weil es beispielweise Lieferverpflichtungen oder keine Alternativlieferanten gibt, wird sie sich wahrscheinlich zu einer »Lieferung nach Vorschrift« entwickeln, ganz ähnlich dem Dienst nach Vorschrift. Nur das Nötigste, man ist froh, wenn das Geschäft abgeschlossen ist, bloß keine unnötigen Berührungspunkte. In einem solchen Fall wird die Beziehung der Vertragspartner nicht sonderlich tief und vertrauensvoll sein, auch wenn sie vielleicht über Jahre oder gar Jahrzehnte andauert und man eigentlich von »Stammkunden« sprechen könnte. Anders sähe die Beziehung aus, wenn beide Seiten darauf achten würden, was die jeweils andere braucht, um eben ein akzeptables Geschäft daraus zu machen. Sie müssten sich dazu annähern, die Menschen müssten gegenseitiges Interesse bekunden, Wünsche austauschen, sich aufeinander einlassen und in Beziehung gehen. Ganz anders sähe es noch aus, wenn aus der positiven Beziehung gar eine Partnerschaft würde, bei der beide zusehen würden, was sie tun können, damit der andere möglichst viel Nutzen aus dieser Geschäftsbeziehung ziehen kann. Denn dadurch steigt meist automatisch auch der eigene Nutzen, wenn man die Kooperation richtig gestaltet. Um diese nicht zu gefährden, werden die Partner auch nicht versuchen, sich einseitige Vorteile zu verschaffen, die vielleicht kurzfristig etwas einbringen, mittelfristig die Partnerschaft aber gefährden. Wenn sich zwischen Arbeitgeber und Arbeitnehmer auch eine solche partnerschaftliche Beziehung einstellt, führt dies aller Erfahrung nach in den meisten Fällen auch zu Vorteilen auf beiden Seiten. Denn Partner sind in der Regel fair zueinander, sie tricksen sich nicht gegenseitig aus und versuchen auch nicht, den anderen zu übervorteilen.

Partnerschaften leben davon, dass beide Partner darauf achten, dass auch der andere möglichst zu dem kommt, was er braucht. Dass er von der Partnerschaft nicht nur im Augenblick, sondern auch zukünftig etwas hat. Man ist also daran interessiert, dass auch der andere einen angemessenen Vorteil aus der Zusammenarbeit zieht. Das bedeutet, dass der eigene Vorteil nicht immer weiter maximiert werden kann. Denn in einer Situation profitiert der eine Partner mehr, in der anderen der andere. Dessen muss man sich aber bewusst sein und man muss es zulassen. Ohne diesen Partnerschaftsgedanken liegt der Fokus in der Zusammenarbeit meist allein auf dem eigenen Nutzen und weniger auch auf dem Nutzen des anderen. Das hatten wir ja schon mehrmals. Partnerschaft bedeutet aber nicht, dass der eine macht, was er will und der andere nur einfach zusieht. Die vereinbarten Regeln müssen schon eingehalten werden. Sie bedeutet aber auch nicht, dass sie schon bei der kleinsten Regelverletzung platzen muss. Denn Menschen sind nicht perfekt. Die Regeln sollen schon gründlich und präzise eingehalten werden, damit das Vertrauen in die Verlässlichkeit entstehen kann. In der Beziehung muss aber auch so viel Toleranz und Nachsicht möglich sein, dass menschliche Unvollkommenheiten und ungeplante Dinge nicht gleich zum Bruch führen. Auf diesem Nährboden kann gegenseitiges Vertrauen, das für eine Partnerschaft neben angemessenem Respekt und praktizierter Fairness eine der tragenden Säulen ist, entsprechend wachsen und die nötige Robustheit entwickeln. Letzteres bedeutet, dass das Vertrauen nicht gleich schwindet, wenn es auch einmal auf eine harte Probe gestellt oder sogar enttäuscht wird.

Eine Partnerschaft verlangt aber immer, dass beide Seiten aktiv mitwirken. Auch die Arbeitnehmer müssen dazu auf die Arbeitgeber zugehen, auch sie müssen ihren Teil dazu beitragen, dass Partnerschaft entstehen und gelingen kann. Auch hier ist ein Arbeitsplatz keine Einbahnstraße. Doch dazu ist zunächst ein belastbares Beziehungsfundament nötig. Auf Beziehungen muss man sich aber einlassen wollen. Das geht nur, wenn man dem Gegenüber ein hinreichendes Maß an Respekt und Wertschätzung entgegenbringt. Das bedeutet konkret Respekt für die Rolle der Führungskraft und das Anerkennen des Führungsanspruchs. Das bedeutet Wertschätzung für die Person der Führungskraft. Wertschätzung geht nämlich über den Respekt hinaus, weil sie eine Portion Wohlwollen für die Person beinhaltet.[243] Arbeitnehmer müssen deshalb auch ein Mindestmaß an Interesse an ihren Chefs und Verständnis für deren Aufgaben, Ziele und Schwierigkeiten zeigen, wenn eine Beziehung entstehen soll, die den Namen verdient. Dazu ist zwingend auch eine Anpassung der Haltung angebracht, denn nicht alle Vorgesetzten tricksen und sind unfähig, wie dies so oft behauptet wird. Arbeitnehmer mögen es ja umgekehrt auch nicht, dass in ähnlicher Weise negativ von ihnen gedacht und gesprochen wird. Hier ist Fairness gefragt. Die besteht nicht nur aus der bereits erwähnten Waffengleichheit, sondern hat viele Facetten. Sie ist ähnlich schwer zu definieren wie der Begriff Gerechtigkeit.[244] Fair zu den Chefs sein bedeutet, nicht Unmögliches von ihnen zu erwarten, denn sie sind wie alle anderen Menschen fehlbar, haben nicht unbegrenzt Zeit, kein enzyklopädisches Wissen und auch keine übersinnliche Wahrnehmung – wie eben alle anderen Mitarbeiter auch.[245] Es ist im Gegenteil naiv und unrealistisch, von Führungskräften zu erwarten, dass sie überall perfekt sind.[246] Sie dann nicht zu akzeptieren und ihnen keine Wertschätzung entgegenzubringen, ist problematisch. Bei Beziehungskonflikten geht es nämlich meist um das Grundbedürfnis des Menschen, von anderen akzeptiert und anerkannt zu werden.[247] Das heißt also um Respekt und Wertschätzung. Dass Wertschätzung aber nicht nur von der Führungskraft zum Mitarbeiter fließen kann, sondern auch andersherum gegeben werden muss, haben wir in Kapitel 2.1.2 gesehen. Nur so kann ein Mindestmaß an Beziehung entstehen, die im Idealfall zur Partnerschaft wird. Bei allem guten Willen und trotz passender Haltungen und Einstellungen ist es in der digitalen Arbeitswelt aber zweifellos schwieriger als früher, stabile Beziehungen zwischen Führungskräften und Mitarbeitern zu etablieren. Umso mehr müssen sich beide Seiten bemühen, Beziehungen entstehen und gelingen zu lassen. Wenn Mitarbeiter in beschriebener Weise vorgehen und Fairness in hinreichendem Maße praktizieren, kann sich aber eine gute Beziehung zu den Führungskräften etablieren. Die Partner müssen sich nicht notwendigerweise um den Hals fallen.

4 Ursachen und Kontext

Dass die gesunkene Wettbewerbsfähigkeit Deutschlands, die sich seit einigen Jahren in Form von Rezession, Pleitewelle und steigender Arbeitslosigkeit bemerkbar macht, für Unternehmen und die industriellen Beziehungen (einschließlich der Tarifpartnerschaft) nicht förderlich ist, haben wir bereits diskutiert. Will man diesen Trend umkehren, muss man zur Ableitung geeigneter Maßnahmen aber zunächst nach den zugrunde liegenden Ursachen suchen. Diese sind bei gesellschaftlichen Entwicklungen natürlich alles andere als eindeutig und können nicht wie beispielsweise in den Naturwissenschaften durch einschlägige Experimente schnell und zweifelsfrei ermittelt werden. Denn nicht jeder Mensch verhält sich gleich, weil Lebensumstände hat und Persönlichkeiten unterschiedlich sind. Zudem sind es in komplexen Systemen ja meist mehrere Faktoren, die gleichzeitig in unterschiedlicher Ausprägung und Stärke eine Rolle spielen. Deshalb muss man sich beim Versuch einer Ursachenanalyse damit begnügen, dass man nicht alle Faktoren zweifelsfrei identifizieren kann, dass es keine eindeutige und direkte Kausalität wie bei einer Maschine geben kann.

In den Vorkapiteln war bereits mehrmals von den Handlungsdeterminanten des Organisationspsychologen Lutz von Rosenstiel die Rede. Dieser einfache Ansatz ist hilfreich, um Handlungshemmnisse von Menschen in Organisationen, Unternehmen oder Behörden zu systematisieren und zu verstehen. Der Ansatz geht davon aus, dass das Verhalten der Menschen in den Organisationen hinsichtlich des Handelns und Nicht-Handelns in vier verschiedene Kategorien eingeteilt werden kann. Demnach hängt das Verhalten der Menschen am Arbeitsplatz von den folgenden Faktoren ab:[248]

- Persönliches Können: Fähigkeiten, Fertigkeiten, Wissen
- Individuelles Wollen: Motivation, Werte, Anstand
- Soziales Dürfen und Sollen: Normen, Regelungen, Moral
- Situative Ermöglichung: Hemmende oder fördernde Rahmenbedingungen

Diese vier Punkte sind im Bereich von Führung, Management und Leadership seit langem vereinfacht unter »können, wollen, dürfen, sollen« geläufig. Der Mitarbeiter kann oder will nicht, wenn gewisse Handlungen ausbleiben, oder auf Wunsch der Organisation darf oder soll er nicht handeln. Da unsere Betrachtungen auf die prinzipiellen Ursachen gerichtet sind und nicht auf Einzelsituationen, wollen wir den vierten Punkt der »situativen Ermöglichung« hier nicht weiter berücksichtigen. Die anderen drei Punkte helfen uns aber bei der Suche nach möglichen Ursachen für die oben genannte Entwicklung. Bei der Reflexion der nachfolgenden Inhalte ist es daher hilfreich, sich folgende Fragen zu stellen: Was hindert die Mitarbeiter daran, ihr Bestes zu geben? Was können oder wissen sie nicht (Können), sodass sie es nicht tun? Weshalb wollen sie das eventuell auch gar nicht (Wollen)? Oder welche Zwänge, Regelungen, Umstände oder Gedankenmuster in Gesellschaft und Organisation halten sie davon ab (Dürfen und Sollen)?

4.1 Komfortgesellschaft und Vollkaskomentalität: Entlastungsstaat als Entmündigungsstaat?

In den Zeiten des Booms und der Vollbeschäftigung stieg der Wohlstand in Deutschland spürbar an. Zwischen 2010 und 2020 sind die Reallöhne stetig gestiegen.[249] Die Steuereinnahmen sprudelten und der Staat konnte großzügig sein und sich vermeintlich viele Dinge leisten. Man denke beispielsweise an die Aufnahme von knapp 1,1 Mio. Flüchtlingen im Jahr 2015, die den Staat nicht finanziell überforderten.[250]

Oder die horrenden Summen an Corona-Hilfen im Milliardenbereich, Ausgabensummen, die zuvor als kaum möglich erschienen waren. Der damalige Finanzminister Olaf Scholz kommentierte das 2021 folgendermaßen: »Wir können das lange durchhalten.«[251] Das erweckte den Eindruck, dass nichts und niemand die Leistungsfähigkeit des deutschen Staates erschüttern könnte, sei die Krise auch noch so groß. Kein Wunder, dass gerade in den Corona-Jahren das Gefühl vom Leben in einem sorgenfreien Wohlfahrts- statt vom Wohlstandsstaat aufkam.[252] Kümmert sich der Staat um alles und bietet er für alle Beschwernisse des Lebens scheinbar Lösungen an, führt dies zu Gewöhnungseffekten und Sorglosigkeit. Die Menschen verlernen teilweise, ihr Leben umfänglich selbst in die Hand zu nehmen. Wenn das Geld nicht mehr reicht, gibt es bestimmt irgendeinen staatlichen Zuschuss. Es ist gut, dass es diesen staatlichen Rückfallschutz gibt, um soziale Notlagen abzufedern. Doch es ist etwas anderes, wenn man sich eher mit einem Not- bzw. Missstand einrichtet, als dass man versucht wird, aus eigener Kraft etwas zur Verbesserung beizutragen.

Ein Beispiel für die extreme Zunahme staatlicher Fürsorge ist das Wohngeld als Instrument zur Entlastung von Haushalten mit geringen Einkommen bei hohen Wohnkosten.[253] Der Kreis der anspruchsberechtigten Haushalte wurde Anfang 2023 von etwa 600.000 auf bis zu 2.000.000 erhöht, also um mehr als den Faktor 3 gesteigert![254] Um hier keinen falschen Eindruck zu erwecken: Dieses Beispiel soll nicht den Anspruch grundsätzlich in Frage stellen. Es geht nur darum, beispielhaft zu zeigen, wie die staatliche Fürsorge in Zeiten scheinbar gefüllter Kassen massiv ausgeweitet wurde. Doch anscheinend hat kein politisch Verantwortlicher darüber nachgedacht, dass dies bei allem Willen zur Unterstützung auch falsche Anreize setzen könnte. Oder dass auch einmal wieder Zeiten knapperer Kassen kommen könnten, wenn Boom und Vollbeschäftigung vorbei sind.

Vorausschauende Unternehmen bauen in guten Zeiten vor, weil sie wissen, dass es auch wieder »magere Zeiten« geben kann. Wir haben bereits die Beraterweisheit gehört, dass Unternehmen in guten Zeiten ruiniert werden und nicht in schlechten. Doch daran haben die Vertreter der Politik vielleicht nicht gedacht oder es aus politischem Kalkül einfach verdrängt, sodass in den letzten zehn Jahren einer Komfort-, Wohlfühl- und Fürsorgementalität der Weg gebahnt wurde. Statt zukunftsorientierter Reformen der Sozialsysteme (Renten-, Kranken- und Pflegeversicherung) wurde das scheinbar nie versiegende Füllhorn staatlicher Unterstützung immer weiter geöffnet. Das hat viele zum Glauben verleitet, so könne es ewig weitergehen. In Wirklichkeit geht das über den Weg der Arbeitskosten zu Lasten der Wettbewerbsfähigkeit Deutschlands und auf Kosten der jungen Generationen. Zudem hat dieser Ansatz direkt der beschriebenen Akzeptanz für Blaumachen & Co. den Weg geebnet.

4.1.1 Die Vollkaskomentalität – gefährliche Fürsorge

In den letzten beiden Jahrzehnten hat sich in Deutschland eine Vollkaskomentalität etabliert. Darunter ist der Wunsch oder die Erwartung der Menschen zu verstehen, dass der Staat alle Lebensrisiken der Bürger trägt und für alle sie betreffenden Probleme eine Lösung bereitstellt. Als sich die Rezession Ende 2023 gefestigt hatte, forderte Anfang 2024 der damalige Vorstandschef des Chemiekonzerns BASF, Martin Brudermüller, dass »die Vollkaskomentalität ein Ende haben muss«. Brudermüller kritisierte die Politik scharf und beklagte, dass »wir unsere Wohlstandsrendite über die Jahre viel zu wenig in die Zukunft und die Stärkung unserer Resilienz investiert haben, sondern lieber in den Sozialstaat und die Absicherung einer möglichst bequemen Gegenwart«. Statt Wohlstandsschlaf sei nun, so Brudermüller, Eigenverantwortung, Erfindergeist und Leistung gefragt.[255] Brudermüller teilt offenbar die eingangs erläuterte Anschauung, dass ein stetiger Weiterausbau des Wohlfahrtsstaats die falschen Anreize setzt, weil das die Menschen zunehmend aus der Eigenverantwortung entlässt und (Eigen-)Leistung nicht angemessen honoriert. Beispiele dafür, dass der Staat dieser Erwartung der Bürger mehr und mehr nachkommt, sind neben dem bereits erwähnten Wohngeld auch die sogenannten Entlastungspakete während der Energiekrise 2022, z. B. in Form des Tankrabatts. Aussagen wie »Sozial Schwache können sich das Autofahren nicht mehr leisten!« führen in diesem Zusammenhang nicht nur zum Ruf nach (mehr) staatlicher Fürsorge, sondern bedienen gleichzeitig politische Ideologien.[256] Um es gleich klarzustellen: Hier sollen nicht etwa sozial Schwächere oder Opfer von Unglücken angeprangert und an ihren Ansprüchen gerüttelt werden. Das ist Aufgabe der Politik. Die Beispiele wurden gewählt, um den zugrundeliegenden Automatismus aufzuzeigen: Der Staat soll helfen und immer schnell zur Stelle sein, indem er die Folgen bestehender Risiken übernimmt und die Kosten trägt. Auch in solchen Fällen, in denen dies sinn- und wirkungslos ist, weil die finanzielle Hilfe schnell verpufft, unzureichend oder durch die Verteilung mit der Gießkanne sogar ungerecht ist.[257] In solchen Fällen werden dann auch immer wieder vernünftige Grenzen verschoben, was noch von der Allgemeinheit zu tragen ist und was nicht mehr. Schon vor Corona gab es, ganz dem beschriebenen Automatismus folgend, auch Zuschüsse zum Urlaub für sozial Schwache.[258] Das zuvor erwähnte Zitat mit dem Autofahren, das sich sozial Schwache nicht mehr leisten könnten, ließe sich entsprechend abändern in »Sozial Schwache können sich keine Urlaubsreise mehr leisten.« Bei allem Verständnis für diese Probleme stellt sich hier natürlich die Frage nach den Grenzen, ab wann dies nichts mehr mit der Hilfe in schwierigen Situationen zu tun hat, sondern in Richtung staatsfinanzierten Komforts geht. Doch solche kritischen, durchaus auch unangenehmen Fragen scheinen immer mehr aus dem Blick der Gesellschaft zu verschwinden und nicht mehr akzeptiert zu werden.

Die beschriebenen Vorgänge zeigen ein wesentliches Problem der deutschen Gesellschaft. Über Jahrzehnte hatte man ohne äußere Bedrohungen im Wohlstand gelebt und viele haben sich daran gewöhnt, dass der Staat am Schluss als Retter einsteht.[259] Dass aber das Leben mit Risiken behaftet ist und daher unter Umständen auch eine Verschlechterung des Lebensstandards eintreten könnte, wird deswegen als Zumutung und als nicht akzeptabel empfunden. Für alle drohenden Lebensrisiken erwarten die Bürger dann eben, dass eine staatliche Vollkaskoversicherung einspringt, ohne dass sie dafür eine Police abgeschlossen hätten und ohne dass sie diese mit monatlichen oder jährlichen Prämien bedienen würden. Dies sei sozusagen mit den Steuern bereits abgegolten. Doch bereits im Jahr 2018 warnte der Deutsche Städte- und Gemeindetag, dass sich der Staat dies nicht mehr leisten könnte. Diese Vollkaskomentalität, so die Äußerung des Hauptgeschäftsführers Gerd Landsberg, wonach der Staat alles und überall leisten könne und für jedes individuelle Problem eine Lösung bereithalten müsse, könne auf Dauer nicht funktionieren.[260] Dies liest sich für den Einzelnen wenig schmeichelhaft. Sogar Unternehmen hatten sich teilweise an diese Art staatlicher Rettung gewöhnt, so der Präsident des Deutschen Instituts für Wirtschaftsforschung, Marcel Fratzscher, im September 2023: »ein Teil der Unternehmen erwartet, dass der Staat sie gegen Risiken absichert, existierende Strukturen zementiert und sie notfalls durch Subventionen stützt. Diese Vollkaskomentalität ist heute die größte Gefahr für die Zukunftsfähigkeit Deutschlands«.[261] Das Ganze hat also eine gesamtgesellschaftliche Dimension und ist nicht etwa, wie man vielleicht denken könnte, nur die Idee der kleinen und mittleren Einkommensschichten. In den Köpfen vieler Menschen, seien es nun Arbeitgeber oder Arbeitnehmer, hat sich in den letzten zehn Jahren also diese Erwartungshaltung festgesetzt: Nicht der einzelne Mensch, nicht der Bürger, nicht der Arbeitgeber, nicht der Arbeitnehmer trägt die jeweiligen Risiken, sondern der Staat! Und der immer stärker wachsende Staat hat diese Erwartungshaltung in den letzten zehn Jahren auch vielfach erfüllt. »Vollkasko-Denke trifft auf Nanny-Staat«, so wurde das Anfang 2025 im Nachrichtenmagazin Focus formuliert.[262]

Wenn aber heute in den Köpfen der Menschen die Vorstellung von oder der Wunsch nach einem alles regelnden Staat besteht, der für alles und jeden mit irgendeiner Form finanzieller Unterstützung aufwartet, kann man sich leicht ausmalen, wohin das langfristig führen wird. Es ist nicht die Aufgabe des (deutschen) Staates, jedem ein bequemes Leben zu finanzieren, so lauteten schon 2023 entsprechende Forderungen.[263] Die staatsfinanzierte Komfortgesellschaft ohne nennenswerte Risiken für den Einzelnen steht nicht im Grundgesetz und lässt sich auch nicht einklagen. Das hätte dann auch nichts mehr mit einem Sozialstaat zu tun, sondern eher mit einem Fürsorgestaat. Eine vergleichbare Mentalität gibt es auch in den Nachbarstaaten Schweiz und Österreich, wenn vielleicht auch nicht so stark ausgeprägt. Der Präsident des Schweizerischen Versicherungsverbandes Stefan Mäder sagte im Februar 2024, dass sich »auch in der Schweiz eine Art Vollkaskomentalität entwickelt hat, wenn auch nicht so stark wie im Ausland.«[264] Und der bereits zitierte österreichische Unternehmer und ehemalige SPÖ-Politiker Hannes Androsch hatte im Jahr 2016 schon gefordert: »Weg mit der Vollkaskomentalität zum Nulltarif und Aufbruch: Yes we can do it!«[265] Aber anscheinend behindert breiter Wohlstand solche Denkmuster. Diese Vollkaskomentalität stellt aber eine Abkehr vom Subsidiaritätsprinzip dar: Nicht mehr der Einzelne soll demnach an jenen Stellen für sich sorgen, an denen er es kann und an denen es für ihn zumutbar ist. Sondern der Staat soll ihm möglichst alle Risiken abnehmen und jeweils eine Lösung parat haben, die den Einzelnen dann auch nichts kostet. Dort, wo früher Menschen für sich selbst einstanden und für sich selbst sorgten, wenn es Probleme und Risiken im Leben gab, wird inzwischen mehr und mehr der Staat gefordert. Mit der Geburt erhält man aber keine Vollkaskopolice, die alle Risiken des Lebens und alles Unangenehme fernhält. Sollte die Gesellschaft dies aber fordern, hätte dies in mehrfacher Richtung einen sehr hohen Preis. Dass dieser Mentalitätswandel auch politisch bedient wird, lässt sich am Wahlkampf und am Ergebnis der zurückliegenden Bundestagswahl 2025 erkennen. »Mehr für Dich« war eine klare Botschaft, die man häufig direkt oder indirekt wahrnehmen konnte. Mehr Sicherheit, mehr Rente, mehr netto vom brutto. Doch wo soll dieses »Mehr« bei stagnierender Wirtschaftsleistung herkommen, wenn es nicht zusätzlich erwirtschaftet wird? »Von denen, die viel haben«, lautet eine pauschale Antwort, die man nicht selten auf diese Frage erhält. »Reichtum begrenzen«, wie es etwa die bei der Bundestagswahl 2025 erstarkte Partei Die Linke fordert. Also nicht mehr jeder Einzelne soll für sich und sein eigenes Auskommen sorgen, sondern man nimmt sich von den anderen, die haben, um das eigene Leben bequem möglichst mit der Vier-Tage-Woche finanzieren zu können. So könnte man es etwas überspitzt formulieren. Ab einem Single-Einkommen von netto 5.780 Euro pro Monat bzw. von netto über 8.670 Euro als Paar ohne Kinder zählt man in Deutschland 2025 als einkommensreich.[266] Das bedeutet, dass viele Unternehmer als reich einzustufen wären, deren Einkommen, wenn man die Forderung der Linken für bare Münze nähme, begrenzt werden müsste. Aber die Unternehmer sollen trotzdem weiterhin alle unternehmerischen Risiken persönlich tragen sowie gute und sichere Arbeitsplätze schaffen. Kaum ein Unternehmer schafft das allerdings mit einer Vier- oder Fünf-Tage-Woche und einer wöchentlichen Arbeitszeit von 32 bis 35 Stunden, wie das für die Beschäftigten gefordert wird.

4.1.2 Die Rolle der Politik: Wer verteilt, verdrängt Verantwortung und weckt Ansprüche

Die Politik bedient seit geraumer Zeit die deutsche Vollkaskomentalität, sicherlich auch aus wahltaktischen Gründen. Dass der Staat in Notlagen hilft und durch steuerliche Maßnahmen wünschenswerte Entwicklungen in Wirtschaft und Gesellschaft zu lenken versucht, ist vernünftig und für die zukünftige Entwicklung wichtig. Doch es stellt sich die Frage, wo die Grenzen liegen. Denn wer übermäßig verteilt, verdrängt aus den Köpfen der Menschen die Verantwortung für sich selbst und die eigene Lebensführung. Denken wir hier nur an die in Kapitel 3.3.1 erwähnten 20.000 Euro, die alle 18-Jährigen als Startkapital vom Staat bekommen sollen.[267] Vom Grundgedanken her ist das »staatliche

Grunderbe« im Ansatz nachvollziehbar, um einkommensschwache Eltern zu »entlasten«, nimmt eine derartige staatliche Fürsorge nicht nur den Eltern die Verantwortung dafür ab, ihren Kindern einen guten Start ins Erwachsenenalter zu ermöglichen. Das erweckt auch einmal mehr den Eindruck, dass der Staat schon in allen Lebenslagen für seine Bürger sorgen wird. Dass ihnen dementsprechend auch immer irgendetwas »zusteht« – auch das ist eine spezifische Mentalität, die wir bereits erwähnt haben. Wo zieht man also die Grenze staatlicher Unterstützung? Staatliche Hilfe ja, aber staatliches »Verhätscheln« nein. So könnte man es prägnant formulieren. Doch wo beginnt die übermäßige Behütung, die die Eigeninitiative verhindert und die Eigenverantwortung der Menschen unterdrückt? Diese Frage muss sich die Politik gefallen lassen. Denn die Verteilungspolitik der letzten Jahre hat durch die damit geförderte Vollkaskomentalität zum Verlust der Wettbewerbsfähigkeit Deutschlands beigetragen. Bei Kindern hat Überbehütung ähnlich negative Folgen wie Vernachlässigung, weil sie sich dadurch bestimmte Bewältigungsstrategien nicht aneignen.[268] Bei Erwachsenen kann es eben den teilweisen Verlust der Fähigkeit der selbständigen Bewältigung des Lebens mit all seinen Herausforderungen bewirken.

Die Politik hat diesem Wunsch nach Sorglosigkeit in den letzten Jahren mit den »Entlastungspaketen« nach dem Beginn des Ukraine-Kriegs immer mehr entsprochen. Dazu zählt auch das 2023 eingeführte Deutschlandticket der Bahn zum damaligen Preis von 49 Euro. Wer wollte, der konnte damit einen Monat lang bequem, billig und sorglos mit der Bahn in ganz Deutschland reisen, das alles wurde vom Staat mit Steuergeldern in Milliardenhöhe subventioniert.[269] Das Ticket soll ganz offiziell dazu dienen, »die Bürgerinnen und Bürger angesichts der gestiegenen Energiepreise finanziell zu entlasten«.[270] Dies stärkt bei den Menschen jedoch abermals die Erwartungshaltung, dass sich der Einzelne immer weniger um sein Leben und die damit verbundenen Risiken kümmern und sich für eventuelle Krisen wappnen muss. Denn es gibt stets irgendeine Institution, die sich im Fall der Fälle schon darum kümmern wird. Diese staatliche Behütungs- und Verteilungspolitik verdrängt aber bei den Menschen die Verantwortung, sich selbst um ihr Leben kümmern zu müssen.

Die EU hat in den letzten 15 Jahren intensiv und (leider) auch mit großem Erfolg an der Regulierung von immer mehr Lebensbereichen mitgewirkt. Diese »Regulierungswut«[271] erregt aber nicht nur bei Unternehmen, sondern auch bei den EU-Bürgern immer mehr Ärger. Deshalb hat sich die EU-Kommission Anfang 2025 dazu entschlossen, in großem Stil Regelungen zu streichen. Danach soll es 2025 eine beispiellose Anstrengung mit dem Ziel einer stärkeren Vereinfachung geben, einfachere Vorschriften und weniger Bürokratie.[272] Doch auch in Deutschland ist in diesem Zeitraum die Bürokratie deutlich gewachsen. Zwischen 2014 und 2024 sind zum Beispiel allein die Einzelnormen der bundesrechtlichen Gesetze um knapp 18 Prozent angestiegen.[273] Diese Form der übermäßigen Präsenz des Staates in allen Lebensbereichen wirkt sich negativ auf die Entscheidungsfreiheit und die Bereitschaft zur Übernahme von Verantwortung aus. Dies kann wie die Vollkaskomentalität aber nicht ohne Auswirkungen auf das Arbeitsleben bleiben. Dementsprechend kann man an vielen Stellen bemerken, dass gesunder Menschenverstand, die Wahrnehmung von Ermessensspielräumen und persönliches Urteilsvermögen der Menschen am Arbeitsplatz immer geringer werden. Stattdessen berufen sich viele auf geltende Gesetze und deren strenge Umsetzung (»Tut mir leid, da kann ich nichts machen«). Der omnipräsente Staat fördert damit selbst die Akzeptanz des Diensts nach Vorschrift, der hier aber nicht dem Protest, sondern der peniblen Beachtung von Zuständigkeit, Sanktionierungs- und Regelungsmacht dient, mit allen Konsequenzen für Eigenverantwortung, Flexibilität und Produktivität am Arbeitsplatz. Ein weiteres Anzeichen für zunehmende Regulierung und Beeinflussung durch den Staat ist die gestiegene Zahl von Staatsbediensteten. Denn die Regulierung muss auch entsprechend in die Praxis umgesetzt und kontrolliert werden. Die Einwohnerzahl Deutschlands stieg von 81,75 Mio. im Jahr 2010 auf

83,58 Mio. im Jahr 2024,[274] was einem Anstieg von 2,2 Prozent entspricht. Im gleichen Zeitraum ist die Zahl der Erwerbstätigen von 41,1 Mio. auf 46,1 Mio. angestiegen,[275] dies entspricht einem Plus von 12 Prozent. Die Zahl der Beschäftigten im Öffentlichen Dienst ist in dieser Zeit aber von 4,59 Mio. auf 5,37 Mio. gestiegen,[276] also um satte 17 Prozent. Der Staat leistet sich immer mehr Personal zur Aufrechterhaltung des im vorhergehenden Kapitel zitierten »Nanny-Staates«.[277] Die immer stärkere Regulierung des täglichen Lebens scheint allerdings nicht bei allen Menschen auf Ablehnung zu stoßen. Viele argumentieren damit, dass es eben im Sinne von Gleichheit und Gerechtigkeit sei, wenn gewisse Dinge nicht mehr der Entscheidungsfreiheit des Einzelnen unterlägen, sondern von staatlicher Seite geregelt würden. Dies beraubt die Bürger aber nicht nur in vielen Fällen ihrer Entscheidungsfreiheit und somit ihrer Möglichkeit zur freien Lebensgestaltung. Die Überregulierung nimmt ihnen dadurch auch die Verantwortung dafür ab, gewisse Dinge im Leben einfach selbst in die Hand nehmen zu können. Das passt voll und ganz zur Bequemlichkeit eines »Rundum-sorglos-Paketes«. »Nennt man das Kind beim Namen und nennt es ›Verstaatlichung‹, so wird aller Sozialismus unromantisch und nüchterner.« hat Theodor Heuss einmal gesagt.[278]

Überversorgung, Überbehütung und Überregulierung durch den Staat haben aber nicht nur eine schwindende Eigenverantwortlichkeit der Bürger zur Folge. Sie stärken auch die vorher bereits erwähnte Anspruchsmentalität (»Das steht mir zu!«). Denn wenn es scheinbar in fast jeder Situation irgendeinen staatlichen Fördertopf, eine Behörde oder eine sonstige staatliche Stelle gibt, die einem bei fast jedem Problem Unterstützung gewährt, setzt sich leicht das Gedankenmuster fest, dass einem in jeder unangenehmen Lage oder Mangelsituation Hilfe »zusteht«, egal von wem. Eine solche Haltung animiert, gerade im Unternehmen umso mehr zur Erstellung der in Kapitel 2.2.1 erwähnten, einseitigen Wunschlisten. Dies befeuert das Anspruchsdenken, das bei Nichterfüllung eben mit Blaumachen oder Dienst nach Vorschrift quittiert wird. Doch in ihrer Überregulierungswut geht die Politik seit langem auch mit einem weiteren schlechten Beispiel voran. Bei knappen Kassen scheint es heute im Gegensatz zu früher keine Option mehr zu sein, auf der Ausgabenseite zu kürzen. Stattdessen gibt es nur mehr Versuche, die Einnahmenseite zu verbessern. Das sieht man an der aktuellen Bundesregierung, die sich trotz der Wahlversprechen mit den angekündigten Kürzungen etwa beim umstrittenen Bürgergeld schwertut.[279] Stattdessen werden – wiederum entgegen der Wahlversprechen – immer wieder Ansätze zur Erhöhung von Steuern und Abgaben diskutiert, angefangen bei der Vermögenssteuer bis hin zur Erhöhung der Beitragsbemessungsgrenze zur Finanzierung der Krankenkassen.[280] Das Muster entspricht dem im Vorkapitel beschriebenen Nehmen von denen, die scheinbar haben. Es wird kein Gedanke darauf verschwendet, wie man mit den vorhandenen Mitteln besser auskommen kann, man muss ja schließlich »entlasten«. Das Leben ist aber letztendlich kein staatlich finanzierter Ponyhof, der nur von Umverteilung leben kann. Ausufernde Umverteilungsorgien werden zu nachhaltigem Verlust von Leistungsträgern im Land führen.

4.1.3 Vom Erben statt Arbeiten – neue Wohlstandsillusionen

Sinnsprüche der Babyboomer-Generation wie »Wer nicht hart schuftet, wird es im Leben zu nichts bringen und sich keinen Wohlstand verdienen« sind bei den jüngeren Generationen Y und Z nicht mehr gefragt.[281] »Schuften« ist out, dafür ist »Leben« in. Jüngere profitieren mittlerweile von dem, was frühere Generationen an Werten geschaffen haben und können sich dadurch auch mit einem normalen Gehalt einen akzeptablen Wohlstand leisten. Viele leben in eigenen Immobilien, die ihre Eltern oder Großeltern gebaut oder erworben haben. Andere können sich mittlerweile auch ohne harte Arbeit einen hohen Lebensstandard leisten, weil sie Werte geerbt haben, die ihnen ein stabiles Zusatzeinkommen bescheren: Immobilien, Aktien, Unternehmen oder Beteiligungen daran. Den Daten des Statistischen Bundesamts nach haben sich die staatlichen Einnahmen durch die Erbschaftssteuer zwischen 2010 und 2023 mehr als verdoppelt.[282] Nie zuvor wurde so viel vererbt wie seit Beginn der 2020er-Jahre. Eine wichtige Erbschaftsregel lautet: »Wenn Immobilie, dann auch viel Geld«.[283] Das bedeutet, wenn jemand Immobilien erbt, handelt es sich meist auch um eine große Summe. Verständlich, dass es die Erben dann entweder »ruhiger angehen« lassen können und wie erwähnt trotz eines hohen Lebensstandards »nur« einen gewöhnlichen Job ausführen oder sogar keiner Erwerbsarbeit mehr nachgehen. Für die Mehrzahl der Deutschen ist dies allerdings nicht der Fall, auch wenn sich das wahrscheinlich viele wünschen, sodass sie nach wie vor für ihr Einkommen arbeiten müssen. Der Traum von der Rente mit 40 erfüllt sich trotz angeblich wirksamer »Patentrezepte« dennoch meist nur für wenige.[284] Der Traum vom Wohlstand ohne Arbeit bleibt für die Mehrzahl nur eine Illusion.

Durch die hohen vererbten Vermögen ist die Anzahl derer, die es »geschafft« haben und wie beschrieben für einen spürbaren Wohlstand nicht mehr hart »schuften« müssen, merklich gestiegen.[285] Dies hat nicht zuletzt wegen entsprechender Berichterstattung in den (sozialen) Medien bei nicht wenigen Menschen Begehrlichkeiten geweckt. Für sie sollte doch auch ohne Erbschaft und Schufterei ein zumindest angemessener Wohlstand möglich sein. Die Mär von den »im Geld schwimmenden Unternehmern«, die nur einen Teil ihrer »satten Gewinne« an die Mitarbeiter abtreten müssen, verleitet daher den einen oder anderen dazu, »mehr aus seinem Job herausholen« zu wollen. In den zurückliegenden Boom-Jahren hat sich bei vielen Beschäftigten eine ausgeprägte Selbstüberschätzung gezeigt, die ein diffuses Gefühl der chronischen Unterbezahlung hervorgerufen hat. Auch dies hat in vielen Fällen zu unrealistischen Gehaltsforderungen geführt, die gerade in den Jahren der sich fortsetzenden Rezession und der steigenden Arbeitslosigkeit nicht erfüllt werden können. Infolgedessen mussten sich viele vom Traum vom großen Geld und dem großen Wohlstand verabschieden. Wie im Fall der nicht erfüllten Wunschlisten aus Kapitel

2.2.1 hat die daraufhin einsetzende Wut und Enttäuschung zu Verweigerungshaltung geführt, infolge derer oft dauerhaft mehr als nur ein Gang zurückgeschaltet wurde.

Das zuvor erwähnte »mehr aus dem Job herausholen« wird häufig auch auf Basis einer ganz anderen Motivation praktiziert: Wir erinnern uns an den Bundestagswahlkampf 2025, während dem der Spruch »Mehr für Dich. Besser für Deutschland« das Wahlkampfmotto der SPD war:[286] Mehr Rente, mehr netto, mehr Freizeit, mehr Wohlstand – so lässt sich das interpretieren. Das suggeriert, dass das keine Frage der (finanziellen) Möglichkeit, sondern nur eine des (politischen) Wollens zu sein scheint und man es einfach nur tun bzw. umsetzen muss. Schon seit längerer Zeit häufen sich Publikationen mit Titeln wie »So holen Sie 2025 bis zu 70 freie Tage raus«, »So holen Sie am meisten bei Ihrer Steuererklärung raus« oder »Tipps für den Auto-Verkauf: So holen Sie am meisten raus«.[287] Doch wie lässt sich – übertragen auf den Arbeitsplatz – dieses »Rausholen« durch die Mitarbeiter im Hinblick auf ein faires Tauschgeschäft zwischen Arbeitnehmer und Arbeitgeber interpretieren? Entweder der Mitarbeiter nimmt sich das, was ihm eigentlich ohnehin schon zusteht. Dann braucht er nichts »herausholen«. Dann muss er sich bestenfalls über sich selbst ärgern, weil er anscheinend ohne die Tipps gar nicht wusste, was ihm vertraglich »wirklich zusteht«. Oder er nimmt sich mehr, als ihm eigentlich zusteht, weil er durch die Tipps die bestehenden Regeln und Vertragsbestandteile umgeht oder sich nicht an sie hält: mehr Freizeit bei gleicher Bezahlung durch Blaumachen beispielsweise.[288] Entweder man verdreht (z. B. Krankmeldung, obwohl man gesund ist) oder beschönigt die Tatsachen (z. B. Quiet Vacationing im Homeoffice), sodass einem dadurch mehr Vorteile entstehen als vereinbart (z. B. mehr Freizeit). Oder der Arbeitgeber weiß nicht um solche Aktionen seiner Mitarbeiter und diese nutzen seine Unwissenheit gezielt zum eigenen Vorteil. Oder aber der Arbeitgeber kann aufgrund der Gesetzeslage – etwa wegen des Kündigungsschutzes – kaum etwas dagegen tun. Im Extremfall ist der Arbeitgeber gar in einer Notlage und man macht sich diese zum eigenen Vorteil zunutze. Vor diesem Hintergrund muss man sich als Arbeitnehmer doch die Frage gefallen lassen, ob das auch der Fairness entspricht, die man sich zu Recht vom Arbeitgeber erwartet. Denn immer dann, wenn man mehr nimmt, als einem zusteht, nimmt man einem anderem etwas weg, was eigentlich dem anderen vertraglich zustehen würde. Diese »Rausholen-Mentalität« ist einer langfristigen, fairen Partnerschaft des Gebens und Nehmens zwischen Arbeitgeber und Arbeitnehmer nicht förderlich. Die meisten Arbeitgeber kennen diese Tricks, weshalb sie nicht selten ins Leere laufen. Hier ist die Antwort der Arbeitnehmer dann nicht selten der Dienst nach Vorschrift. Damit man sich zumindest auf diesem Weg der Illusion hingeben kann, doch etwas für sich herausgeholt zu haben. Der gesellschaftliche Anstand hat sich in den letzten zehn Jahren deutlich verändert. Die Schattenwirtschaft in Deutschland, oft besser unter dem Begriff Schwarzarbeit bekannt, war von 2010 bis 2021 auf einem fast konstanten Niveau von ungefähr 340 Mrd. Euro. Von 2022 bis 2024 ist dieser Wert allerdings schlagartig um über 40 Prozent auf über 480 Mrd. Euro angestiegen.[289] Darauf soll sich jeder selbst seinen Reim machen.

Eine ähnliche Denkweise, die sich in den letzten zehn Jahren festgesetzt hat, zielt darauf, dass der einmal erreichte Wohlstand nun dauerhaft gewährleistet werden muss; egal von wem, auch bei veränderten Umständen, die das Leben nun mal mit sich bringt, ganz in Vollkaskomanier. Randbedingung ist dabei aber, dass man selbst nicht mehr als die »normale« Arbeitszeit dafür aufbringen muss, also 38 oder 35 Stunden. Wünschenswert wären natürlich für viele immer noch 32 Stunden. Man muss von seiner Arbeit leben können, ist ein oft gehörter Satz, der eigentlich völlig richtig ist. Die Frage ist eben nur, was dem jeweiligen Verständnis nach zum (guten) Leben gehört und welche bzw. wie viel Arbeit damit gemeint ist. Hier ist definitiv auch ein Blick auf die Ausgabenseite ein wichtiger Aspekt. Am Ende des vorhergehenden Kapitels haben wir kurz festgestellt, dass dies häufig nicht mehr üblich ist.

Der Staat lebt das seit langem vor. In diesem Kontext hat sich auch die Haltung eingenistet, dass für den Fall, dass das Leben durch steigende Preise teurer wird, irgendjemand nahezu automatisch dafür sorgt, dass das Gehalt entsprechend angepasst wird. Mit dem Titel »Hey Boss, ich brauch' mehr Geld« hat der Schlagersänger Gunter Gabriel diesen Ansatz bereits künstlerisch im Jahr 1974 verarbeitet. Lohn und Gehalt hängen aber nicht davon ab, was die Menschen zum Leben brauchen, sondern jenseits von bestehenden (Tarif-)Verträgen vor allem davon, welchen Wert die geleistete Arbeit am Markt in Form der durchsetzbaren Löhne (= Marktpreise) darstellt. Ansonsten wäre es möglich, auch für einfachste Arbeiten, die am Markt nur Produkte und Dienstleistungen mit geringen Preisen ermöglichen, hohe Löhne zu bezahlen. Doch hier hat sich die Vorstellung festgesetzt, dass eben der Arbeitgeber zu bezahlen hätte (Stichwort Gewinnverzicht) oder im Zweifelsfall der Staat (Stichwort Lohnaufstockung). Der eigene Verzicht auf Wohlstand durch reduzierte Ausgaben kommt hingegen nicht in Frage. Wenn man aber bei den Ausgaben tatsächlich nichts mehr reduzieren kann, und diese Fälle gibt es definitiv auch, ist die Erhöhung des eigenen Einkommens natürlich ein legitimer Ansatz, um von der eigenen Arbeit leben zu können. Doch hier darf eben der Markt nicht vergessen werden. Wenn der marktgerechte Lohn bei einer Arbeitszeit von 35 Stunden für das Leben nicht ausreichend ist, ist es eine durchaus akzeptable Frage, ob die Arbeitszeit nicht dauerhaft auf 38 oder gar 40 Stunden erhöht werden kann. Jahrzehntelang waren 40 oder 38 Stunden die Norm. Doch genau hier liegt eine weitere Barriere des neuen Denkens: Mehrarbeit kommt gar nicht in Frage. Freizeit ist das neue Credo, wir erinnern uns an den Tarifabschluss 2025 im öffentlichen Dienst aus Kapitel 1.2.3: »Niemand kann gedrängt werden, mehr zu arbeiten – das ist Teil der Tarifvereinbarung«.[290]

4.2 Bildung, Medien, Erziehung: Das Fundament wackelt

Das hohe Einkommens- und Wohlstandsniveau der letzten zehn Jahre in Deutschland wurde durch ein System ermöglicht, das sich wesentlich auf die im internationalen Vergleich hohe Qualität deutscher Produkte und Dienstleistungen stützte. Ein hoher Qualitätsstandard erfordert aber eine hohe Qualifikation der Beschäftigten, die die Produkte und Dienstleistungen herstellen und anbieten. Sinkt deren Qualifikation, ist auch mit dem Rückgang der Qualität zu rechnen. Dass dies in den letzten Jahren der Fall war, zeigt der im Kapitel 1.1.3 diagnostizierte »Abstieg« von »Made in Germany«. Wohlstand und hohe Einkommen sind auf Dauer nur dann erreichbar, wenn die Qualifikation der Beschäftigten im internationalen Vergleich entsprechend hoch ist. Nur so können auch Produkte und Dienstleistungen auf hohem und höchstem Niveau angeboten werden. Geringqualifizierte werden aber nur geringe Einkommen erzielen können. Denn jeglicher Zuschuss zum eigentlich durch die Arbeit erwirtschafteten Lohn, der gewährt wird, um davon leben zu können, ist entweder eine von staatlicher Seite (Lohnaufstockung) oder durch die Unternehmen per Gesetz gewährte Subvention (Mindestlohn) dieser Niedriglöhne. Denn rein ökonomisch betrachtet lassen sich die Niedriglöhne nicht höherpreisig am Markt verkaufen, weshalb eben der Zuschuss nötig ist. Wer aber bereits in Zeiten der Erwerbstätigkeit auf solche Zuschüsse angewiesen ist, wird aller Wahrscheinlichkeit nach auch im Rentenalter auf Unterstützung angewiesen sein. Denn mit niedrigen Löhnen lässt sich im derzeitigen Rentensystem auch mit vielen Arbeitsjahren nur eine niedrige Rente erzielen. Für auskömmliche oder hohe Einkommen sind aber nicht nur hohe Qualifikationen nötig. Diese müssen in den Unternehmen auch mit der entsprechenden Konsequenz in Produkte und Dienstleistungen höchster Qualität umgesetzt werden. Genau hier hat in den letzten zehn Jahren jedoch eine merkliche Erosion eingesetzt. Nicht nur Bildung und Ausbildung haben gelitten. Auch Ansporn und Eifer, die eigene Kompetenz in die Tat umzusetzen, sind davon betroffen. Dazu kamen überhöhte und falsche Ansprüche, gefördert von Gesellschaft und Medien, sowie eine häufig überbehütete Erziehung mit allen Konsequenzen. Darauf kann sich aber kein Hochleistungsstaat, wie es Deutschland sein muss, um Wohlstand und Sozialleistungen auf höchstem Niveau zu ermöglichen, mehr gründen.

4.2.1 Pisa, Praxis, Poesie: Was wir noch können – und was nicht

Betrachtet man die Ergebnisse der PISA-Studien der letzten 15 Jahre, sind einige Tatsachen für Deutschland erschreckend. Zwar sind die PISA-Studien hinsichtlich ihrer Aussagekraft nicht unumstritten. Sie liefern dennoch brauchbare und korrelierende Ergebnisse. Deutschland konnte sich in den letzten zehn Jahren im internationalen Vergleich nicht mehr aus dem Mittelmaß befreien. Die Entwicklungen der mittleren mathematischen, naturwissenschaftlichen und der Lesekompetenz in Deutschland sind seit 2012 sogar mehr als besorgniserregend.[291] In einem Land, dessen Hauptindustrien in den Bereichen Fahrzeug-, Maschinen- und Anlagenbau sowie der IT-Industrie liegen, sind diese drei Kompetenzen der Schlüssel für ausreichenden Fachkräftenachwuchs. Laut einer Studie der TU München ist die mittlere mathematische Kompetenz deutscher Schüler von 503 Punkten im Jahr 2003 noch auf 514 Punkte im Jahr 2012 gestiegen.[292] Seit 2012 ist sie aber kontinuierlich gefallen, bis zum Jahr 2018 auf 500 Punkte, und bis zum Jahr 2022 auf 475 Punkte.[293] Da ist es nur ein schwacher Trost, dass sich der OECD-Durchschnitt seit 2003 ohne jegliche Aufwärtsbewegung nur verschlechtert hat. Bei der naturwissenschaftlichen und der Lesekompetenz sieht es laut der Studie ähnlich niederschmetternd aus. Stieg die mittlere naturwissenschaftliche Kompetenz von 2006 bis 2012 in Deutschland von 516 auf 524 Punkte an (Lesekompetenz von 496 auf

508, Höhepunkt 2015 mit 509), so sank sie dann bis 2022 kontinuierlich auf 492 Punkte ab (Lesekompetenz auf 479).[294] Diese Entwicklung spricht für sich und bedarf keiner weiteren Erläuterung. Innerhalb von zehn Jahren sind diese Zukunftskompetenzen unter das Niveau des Jahres 2000 gefallen.

Doch nun gegenüber den jüngeren Generationen den mahnenden Zeigefinger zu erheben, ist fehl am Platz. Die Gen Z ist so erzogen, weil die Gesellschaft es so wollte und zugelassen hat. Gleichmacherei, fehlender Leistungsgedanke und Wettbewerbsdruck sowie eine Haltung, dass man nichts Schlechtes mehr sagen darf, sondern nur noch in euphemistischer Form von Verbesserungspotential spricht. Diese, wenn man so möchte, »Weichspülerkultur« der Erziehenden hat die Vertreter der jungen Generationen so werden lassen, wie sie heute sind, was ihnen immer wieder völlig ungerechtfertigterweise unter die Nase gerieben wird.

Schon vor zehn Jahren haben Lehrer gewarnt, dass Kindern die motorischen Kompetenzen zum Erlernen der Handschrift verlorengehen.[295] Die Bildungsexpertin Stephanie Ingrid Müller merkte zum Tag der Handschrift 2019 an, dass sich Menschen den Inhalt besser merken, wenn sie mit der Hand schreiben.[296] Zum Tag der Handschrift im Januar 2025 wurde festgestellt, dass »die Gen Z eine Fähigkeit verliert, welche die Menschheit seit 5.500 Jahren besitzt. In einer aktuellen Studie einer norwegischen Universität stellen die Forscher fest, dass 40 % der Studenten die Fähigkeit verloren haben, handschriftliche Texte zu verfassen. Auch türkische Professoren machen ähnliche Erfahrungen mit ihren Studenten, die zur Gen Z gehören«.[297] Die zuvor zitierte Expertin ging 2025 noch darüber hinaus und postulierte, dass »Schreiben zu können die Voraussetzung für Denken ist«.[298] Diese Entwicklungen sind für die Bildung ein Bruch mit den letzten Jahrtausenden. Das muss zweifellos auf den Berufsalltag durchschlagen. Das sind aber nur Beispiele. Welche anderen Fähigkeiten verloren gehen, wissen wir dabei noch gar nicht endgültig. Smartphones, iPads und sonstige Systeme haben hier wie erwähnt scheinbar ihren Fußabdruck im Gehirn der Menschen hinterlassen. Doch nicht nur bei den Schülern, sondern eben anscheinend auch in weiten Teilen der Gesellschaft in den verschiedensten Generationen. Denn auch hier tun sich wie erwähnt viele mittlerweile schwer, Texte richtig lesen und verstehen zu können. Wenn aber viele Beschäftigte nicht mehr in der Lage sind, Dinge zu bewältigen, die jahrzehntelang internationaler Standard waren, kann die Qualität in deutschen Unternehmen kein Spitzenniveau mehr erreichen. Dann muss die Wettbewerbsfähigkeit schwinden, ganz zu schweigen von der Fähigkeit, die Herausforderungen der Zukunft, etwa im Bereich der KI, zu meistern.

Der Kompetenzverlust von Beschäftigten hat seinen Ursprung aber höchst wahrscheinlich nicht nur im Nachlassen der schulischen Leistungen. Es gibt laut dem Bundesinstitut für Berufsbildung bereits seit 2013 eine »Akademisierung der Berufswelt«.[299] Seit der Umsetzung des Bologna-Prozesses zum Beginn des neuen Jahrtausends ist die Zahl der Studiengänge und Abschlüsse dramatisch gestiegen. Viele private Hochschulen sind entstanden, sodass die Zahl der Studierenden an Privathochschulen im Wintersemester 2021/22 zwölf Mal so hoch war wie 20 Jahre zuvor.[300] Durch das neue Angebot und die stufenweise Ausbildung mit Bachelor- und Masterabschluss haben sich für junge Menschen etliche zusätzliche Möglichkeiten ergeben, das Studium an die persönliche Situation anzupassen. Das fachliche Niveau der Studienabgänger entwickelte sich dennoch nicht durchweg positiv, im Hinblick auf viele Angebot konnte man den Eindruck gewinnen, dass »Masse vor Klasse« gelten würde. Denn die privaten Hochschulen, von denen mittlerweile etliche wieder von der Bildfläche verschwunden sind, mussten sich nicht zuletzt wegen finanzieller Zwänge erst auf dem Bildungsmarkt etablieren. Mit der Evaluierung der Lehre und mit Online-Rankings von Professoren und Hochschulen hat es aber scheinbar eine Tendenz zur besseren Bewertung der Absolventen gegeben.[301] Eine nicht durchweg positive Entwicklung: Wer als Hochschullehrer zu streng bewertet, erhält schlechte Online-Bewertungen und hat dadurch zukünftig weniger Studierende. Das wirkt sich auf die verfügbaren Finanzmittel für das Hochschulinstitut aus und bewirkt entsprechenden Druck auf die Lehrenden. Das soll definitiv nicht die Arbeit der Hochschulen und die Qualität der Absolventen herabsetzen. Es ist der Versuch, die zunehmende Erosion der beruflichen Qualifikation zu erklären. Dasselbe scheint auch im handwerklichen Bereich bei der Ausbildung von Facharbeitern und Meistern zu passieren, wie man im Gespräch mit Vertretern entsprechender Prüfungskommissionen erfahren kann. Dies alles passt zur Einschätzung des Ökonomen Daniel Stelter, der im Januar 2025 in einem Artikel des Nachrichtensenders »Welt« konstatiert, dass »wir eine gigantische Einser-Schwemme, aber bei Pisa einen massiven Absturz haben«.[302]

Jenseits der Überforderung merkt man vielen Menschen in Deutschland auch zunehmend an, dass sie wenig oder keinen Spaß bei der Arbeit empfinden. Sie haben wohl das Gefühl für die »Poesie der Arbeit« (Maxim Gorki) verloren.[303] Poesie mit dem Verständnis, dass Arbeit mit Spaß und Leichtigkeit zu tun hat, mit der man sie macht: Arbeit nicht als Last, sondern als Grund für einen gewissen Stolz.

4.2.2 Die Tyrannei des Besonderen: Warum Kinder nicht Chef sein sollten

Herbert Grönemeyer veröffentlichte 1986 den bekannten Song »Kinder an die Macht«, dessen Refrain lautet: »Gebt den Kindern das Kommando, sie berechnen nicht, was sie tun. Die Welt gehört in Kinderhände, dem Trübsinn ein Ende, wir werden in Grund und Boden gelacht, Kinder an die Macht.« Bereits im Jahr 2008 hat der Facharzt für Kinder- und Jugendpsychiatrie Michael Winterhoff auf die Folgen der Erziehung durch »Super Nannys« hingewiesen.[304] Auch wenn Winterhoff und seine Thesen nicht unumstritten sind, ist das eine kurze Reflexion wert. Denn er hinterfragt darin zum Beispiel die Forderung, Kinder im alltäglichen Leben stärker mitbestimmen zu lassen.[305] Doch was wäre, wenn

Kinder wirklich an die Macht kämen? Bei Grönemeyer wird die Antwort gleich gegeben: »Sie berechnen nicht, was sie tun«. Genau das, was im Liedtext schön positiv klingt, hätte in der Realität vermutlich höchst negative Auswirkungen. Wenn Mächtige nicht berechnen, was sie tun, was also die Konsequenzen ihres Handelns sind, können Chaos, Verunsicherung oder wirkliche Tyrannei die Folgen sein (die aktuelle Präsidentschaft von Donald Trump vermittelt einen Eindruck davon). Kinder können weder die Folgen ihres Handelns absehen noch die Verantwortung für dessen Folgen tragen. Darum gibt es ja eine Altersgrenze für die Strafmündig- und für die Volljährigkeit. Entwickeln Kinder wenig kooperative Charaktereigenschaften, kann man sich ausmalen, wie es unter ihrer Herrschaft aussehen könnte. Die bereits erwähnte Buchautorin Susanne Nickel attestiert den Vertretern der Gen Z in ihrer Focus-Kolumne Ende Juni 2025 Gleichgültigkeit, Desinteresse, Egoismus, Respekt- und Disziplinlosigkeit und sogar Anflüge von Arroganz.[306] Doch auch wenn man sich von dieser Pauschalierung distanziert, so muss man doch eingestehen, dass sich die Generation Z deutlich von den Vorgängern unterscheidet. Zudem wächst diese Generation zwangsläufig mehr und mehr in Führungspositionen hinein, kommt also in gewisser Weise »an die Macht«. Doch auch wenn sie nicht in eine Führungs- oder Machtposition kommen, so haben die Menschen gerade in Zeiten von Social Media & Co. doch eine beträchtliche Beeinflussungsmacht, über die sie ihren Einfluss geltend machen können.[307] Auch so können die jüngeren Generationen ihre Vorstellungen davon, wie es in Unternehmen zu laufen hat, durchsetzen. Fakt ist also: Die Millennials und die Gen Z haben in den Unternehmen eine gewisse Macht, über die sie ihre gegenüber älteren Generationen anderen Vorstellungen von Arbeit und Zusammenarbeit wirksam einbringen können.

In den 2000er-Jahren konnte man die verstärkten Bemühungen vieler Eltern beobachten, ihren Kindern das Gefühl zu vermitteln, etwas absolut Besonderes zu sein. Die Ausgefallenheit der damals in Mode gekommenen Vornamen vermittelte einen Eindruck davon. Die Einzigartigkeit der Zöglinge wurde häufig auch öffentlichkeitswirksam in Form von Aufklebern mit dem jeweiligen Namen am Heck des Familienautos präsentiert. Einer Studie der Universität Jena zufolge war das Motiv für das Anbringen solcher Aufkleber neben dem Sicherheitsgedanken vor allem der Stolz auf das Kind, dessen Namen und das Streben nach Individualität.[308] Diese Besonderheit gepaart mit der Individualität der sozialen Netzwerke haben bei Millennials und Vertretern der Generation Z die Ausbildung eines spürbaren Selbstbewusstseins gefördert. Laut Statistischem Bundesamt nimmt die Neigung zur Individualität von den Babyboomern zur Generation Z stetig zu.[309] So weisen die in den Statistiken aufgeführten Werte für das Bestreben nach einzigartigem Stil, ungewöhnlichen Interessen oder der Notwendigkeit des eigenen Contents bei Vertretern der Generation Z fast den doppelten Wert auf als bei den Angehörigen der Babyboomer. Individuell sein, etwas Besonderes sein – daran ist nichts auszusetzen, sofern es nicht zu Lasten des Gemeinsinns und der Gesellschaft geht. Problematisch wird es, wenn sich diese Haltung (»Nur ich bin hier für mich wichtig, alle anderen gehen mich nichts an«) in Unternehmen und Gesellschaft durchsetzt, wie dies in den letzten zehn Jahren zu beobachten war.

Wenn jemand Macht hat oder bekommt, der sich für etwas ganz Besonderes hält, und der glaubt, dass ihm deshalb auch mehr zusteht als anderen, kann man sich vorstellen, welche Machtverhältnisse in den Unternehmen entstehen können. Machtspiele, Intrigen, Tricksereien u. v. m. setzen sich auf breiter Front als Führungs- und Machtansätze durch. In Verbindung mit dem oben beschriebenen Anspruchsdenken wird dann machtvoll mehr Freizeit, mehr Lohn, bessere Arbeitsbedingungen (mehr Pausen, schönere Büros etc.), mehr Homeoffice usw. durchgesetzt. Genau das geschieht in vielen Unternehmen in ganz subtiler Weise. Viele setzen ihre verfügbare Beeinflussungsmacht in den verschiedensten Facetten für ihre Ziele ein, ohne sich dabei immer voll bewusst zu sein, dass es sich hier um die Ausübung von Macht handelt.

Dazu zählt als Mittel zur Erzeugung von Handlungszwängen eben auch bewusster »Dienst nach Vorschrift«[310] oder das Quiet Vacationing.

4.2.3 Apps statt Anstrengung: Wenn Technologie Denken ersetzt

Dienst nach Vorschrift oder der zurückgeschaltete Gang passieren nicht nur, weil man, wie in den vorherigen Kapiteln beschrieben, das Vertrauen zu Chefs und Unternehmen verloren hat, etwas heraus- oder zurückholen will. Oft ist es einfach auch nur Überforderung oder der mangelnde Wille, sich anzustrengen. Man ist überfordert und möchte keine unnötigen Fehler machen. Deshalb Gang runterschalten, Komplexität herausnehmen, so gut es geht Unterstützung durch Internet, unternehmenseigene ERP-Systeme oder andere Programme einholen. Dass dies wahrscheinlich nicht dieselbe Qualität der Ergebnisse liefern dürfte wie eigene Anstrengungen, das wird in Kauf genommen, ganz im Sinne der Komfortgesellschaft. Denn Denken ist anstrengend und wenn einem das irgendeine Technologie weitgehend abnehmen kann, wird ein Verlust von Qualität und Quantität der Arbeit in Kauf genommen.

Die inhaltliche Überforderung kann sowohl schulische Ursachen haben als auch einer unzureichenden beruflichen Qualifikation geschuldet sein. Daneben gehen auch ganz alltägliche Fähigkeiten zur praktischen Bewältigung des Lebens immer mehr verloren. Auch hier hat die Nutzung von Smartphones und Apps ihre Spuren hinterlassen. Ein Problem, das mit all den beschriebenen Ereignissen und Phänomenen im Zusammenhang steht, wenn auch nur indirekt, ist die Tatsache, dass viele Deutsche nicht mehr richtig lesen und schreiben können. Glaubt man den Zahlen in den Medien, so waren dies im Jahr 2019 bereits über 6 Mio. Menschen.[311] Wer diese kulturellen Grundfähigkeiten nicht richtig beherrscht, tut sich in vielen Fällen bei der Abarbeitung von Aufgaben und Prozessen am Arbeitsplatz schwer. Der Griff zu einer einfach bedienbaren App oder einem KI-Tool bringt hier schnelle Abhilfe, idealerweise, wenn mit Spracherkennung gearbeitet werden kann. In

Deutschland sind angeblich 17 Mio. Menschen auf Angebote mit einfacher und leicht verständlicher Sprache angewiesen.[312] Man kann davon ausgehen, dass dies nicht ausschließlich Menschen mit Migrationshintergrund sind. Wer aber Lesen und Schreiben in der Schule nicht richtig erlernt hat, der wird sich im Privat- und Berufsleben sehr schwertun. Zu diesem Ergebnis passt der Umstand, dass viele Schulabgänger in einem derartigen Ausmaß nicht richtig schreiben, lesen und rechnen können, dass etwa das Handwerk wegen dieser Defizite inzwischen Alarm schlägt.[313] Die Jugendlichen sind dabei keine Analphabeten, sondern können wegen der mangelnden Lesekompetenz den Inhalt des Gelesenen nicht richtig bzw. vollständig verstehen.[314] Laut eines aktuellen Unicef-Berichtes können nur noch 60 Prozent der Menschen rechnen und lesen – 2018 waren dies noch 73 Prozent. Laut Unicef sind dafür aber nicht allein die digitalen Medien verantwortlich, sondern auch die sozialen Bindungen in Familie und Schule hätten entscheidenden Einfluss.[315] Doch wie eine Pisa-Sonderauswertung aus dem Jahr 2021 zeigt, haben Schülerinnen und Schüler »keine Lust mehr zu lesen«.[316] Dieser Trend wurde auch in der Pisa-Studie 2022 bestätigt, wonach das »Unbehagen am Lesen« zunimmt.[317] So gaben 44 Prozent der Schüler im IQB-Bildungstrend 2022 an, dass sie wenig Interesse am Fach Deutsch hätten, weil der »lebensweltliche Bezug« fehle.[318]

Lesen ist anstrengend. Hörbücher und Videos sind dagegen wesentlich bequemer zu konsumieren. Videos und Tutorials gibt es auf allen möglichen digitalen Kanälen. Nachrichtensender, Magazine und Zeitungen bieten viele Nachrichten nur mehr per Videoclip an, weil sie nur so an ihre Leserschaft herankommen. Der Podcast-Markt boomt.[319] Wer aber nur noch Podcasts hört oder Videos ansieht, darf sich nicht wundern, wenn die Lese- und Schreibkompetenzen immer weiter abnehmen. Das gilt auch für Erwachsene, denn der Video- und Podcast-Markt richtet seine Angebote längst nicht mehr ausschließlich an Schüler oder die jüngeren Generationen. Ob nun immer mehr Videos angesehen werden, weil die Lesekompetenz schwindet oder die Lesekompetenz wegen des verstärkten Konsums abnimmt, ist einerlei. Die traurige Tatsache ist, dass die Deutschen immer weniger lesen und sich damit schwertun, Gelesenes zu verstehen und normale Sprache im Alltag sinnvoll zu verwenden. Hier holt der Lebensbezug die Lücken beim Sprachverständnis dann aber sehr schnell ein. In solchen Situationen ist verständlich, dass der schnelle Griff zur App oder einem KI-Tool ohne eigene Anstrengung naheliegt. Doch das hilft im Grunde wenig, weil die Kompetenzen dadurch immer weiter schwinden und die Mühe der eigenen Anstrengung kaum noch honoriert werden. Es ist dann eben nicht nur eine Sache des Könnens, sondern auch des Wollens. Die Verwendung solcher Hilfsmittel ist in Ordnung, aber nur so weit, dass sie eben nicht die eigene Kompetenz völlig erschlaffen lässt. In ähnlicher Form haben mit dem Beginn des Smartphone-Zeitalters viele Studierende argumentiert, dass sie durch die stetige Verfügbarkeit des Internets die erlernten Inhalte ja eigentlich gar nicht mehr richtig verstehen und durchdringen müssten. Es reiche völlig aus, wenn man wisse, wo die Information stünde. Doch jenseits der Tatsache, dass ein modernes KI-Tool die Informationssammlung und -analyse mittlerweile schneller und präziser erledigt, ersetzt dieses blanke »Wissen, wo etwas steht« keine menschliche Fachexpertise und Urteilskraft am Arbeitsplatz. Auch hier hat sich durch die digitalen Helfer eine gewisse Bequemlichkeit breitgemacht.

Diese Entwicklung hin zu immer weniger Selbstdenken und einem immer stärkeren Einsatz von Technik ist ambivalent. Hinsichtlich der Bequemlichkeit und der Arbeitsproduktivität sind diese Anwendungen mit Sicherheit für viele Nutzer ein Segen. Man betrachte hier nur die enorme Zeitersparnis durch den zielgerichteten Einsatz leistungsfähiger KI. Diese Erleichterungen hat es im Laufe der technischen Entwicklung immer wieder gegeben, man denke beispielsweise an den großflächigen Einsatz leistungsfähiger PC am Arbeitsplatz in den 1990er-Jahren. Bei den neuen Tools ist aber die Grenze des »Segens« dahingehend erreicht, dass sie den Menschen das Denken und die Anstrengung in einer Art und Weise abnehmen, dass sie bald ohne diese Hilfsmittel kaum noch hinreichend lebens- und arbeitsfähig sind. Durch ihren Einsatz entsteht nicht selten der Eindruck, dass eine angemessene Anstrengung am Arbeitsplatz nicht mehr nötig ist. Man gibt nicht mehr sein Bestes, also das in der jeweiligen Situation Mögliche und Zumutbare, weil man glaubt, dass die schnelle und mitunter mangelhafte Ergebnisablieferung per App oder KI-Tool den eigenen Anteil am Tauschgeschäft schon erfüllt haben müsste. Auch hier ist es keine akzeptable und lösungsorientierte Option, dass die ältere Generation die Schuld bei der jüngeren sieht. Denn sie haben die Erziehung und diese Entwicklung gefördert oder zugelassen. Der ehemalige Gymnasiallehrer Winfried Kretschmann, seit 2011 Ministerpräsident von Baden-Württemberg, hat 2024 verlautbart, dass es seiner Meinung nach zukünftig keinen Sinn mehr mache, eine zweite Fremdsprache zu lernen, da dies Apps übernehmen würden.[320] Er führte auch weiter aus, dass viele Lehrpläne veraltet seien und vieles zugunsten der KI verändert werden müsste. Natürlich wurden im Zuge des Fortschritts Lehrpläne sinnvollerweise immer wieder angepasst. Heutzutage wird in den Schulen auch nicht mehr wie noch vor 50 Jahren das Arbeiten mit dem Rechenschieber gelehrt. Doch das hat berechtigte Grenzen. Gelesene Texte zu verstehen und eigene Ideen in Textform so zu verfassen, dass eine andere Person den zu vermittelnden Inhalt verstehen kann, ist Kernbestandteil menschlicher Kommunikation und darf unter keinen Umständen auf der Strecke bleiben.

Globale Wettbewerbsfähigkeit ist auf höchstem Niveau nur mit Hightech möglich. Oder durch extrem günstige Preise für akzeptable Qualität. Letzteres scheidet für Deutschland wegen seiner Kostenstrukturen aus. Für Hightech sind aber trotz Apps und KI-Tools auch zukünftig höchst fähige Köpfe nötig, um bestehen zu können. Denn andere Industrienationen warten nicht auf Deutschland und die Apps gibt es dort auch. Das immer stärkere Ersetzen des eigenen Denkens durch Apps und der Ersatz eigener Anstrengung in körperlicher und geistiger

Hinsicht durch bloße Technologie werden dem aber nicht gerecht werden können. Der nächste Schritt zum Ersatz des Menschen für solch »einfache« Dinge wie die Koordination des Einsatzes der Technologien ist zudem nicht mehr weit.

4.3 Narrative der Bequemlichkeit: Opfergeschichten, die Selbstverantwortung lähmen

In diesem Abschnitt werden Narrative vorgestellt. Darunter versteht man in den Sozialwissenschaften erzählte Darstellungen, die in einer Gruppe sinnstiftend wirken und deren Weltbild prägen, so dass diese hier zur Erklärung der Ursachen von Phänomenen wie Blaumachen & Co. dienen können. Sie sind das Ergebnis zahlreicher Beobachtungen und Gespräche in verschiedenen Unternehmen unterschiedlicher Branchen. Sie zeigen hohe Gemeinsamkeiten auch bei Fällen, die inhaltlich sehr wenig gemein haben. Das weist darauf hin, dass die zugrundeliegenden Ursachen eben menschlicher Natur sind. Menschliche Emotionen nehmen dabei wenig Rücksicht darauf, in welcher Branche man gerade beruflich tätig ist – entsprechend kann nicht automatisch darauf geschlossen werden, dass sich diese Narrative überall in der Wirtschaft und in allen Unternehmen eingestellt haben.

4.3.1 Die Heldengeschichten der Übertreibung und Überforderung

In den Boomjahren hat sich in den Unternehmen in Anbetracht von Fachkräftemangel und Wachstum vermehrt alles nur noch um die Belegschaft gedreht. Der Mensch im Mittelpunkt des Unternehmens, ganz im Sinne von New Work (► Kap. 2.2.2). Sie konnten nahezu alle Wünsche vorbringen und diese wurden auch erfüllt (► Kap. 1.2.2), wenn auch nicht selten unter Zähneknirschen der Arbeitgeber. Es ging stets darum, kein Personal zu verlieren. Plötzlich waren die Mitarbeiter die neuen Helden im Unternehmen, das haben zahlreiche Recruiter in ihren Stellenangeboten auch aufgegriffen.[321] Vorausgegangen war die Ausbildung eines veränderten Führungsverständnisses, das Mitte der 2000er-Jahre eingesetzt hatte; der Trend ging zu immer stärkerer Partizipation, hin zur dienenden Führung.[322] Die Rolle von Führungskräften hat sich seit der Jahrtausendwende verändert, vom Stabilisierer zum Change Manager, von der Rolle des Kontrolleurs zum Ermöglicher (Enabler) oder sogar zum demütigen Anführer.[323] Den Mitarbeitern wurde dabei immer mehr Mitsprache eingeräumt, daran ist prinzipiell nichts auszusetzen. Dies wurde aber derart übertrieben, dass die Bedeutung von Management und Führung nahezu pervertiert wurde: Die auf den Kopf gestellte Führungspyramide in Extremform.[324] Leader wurden plötzlich oft nur mehr als »Diener« gesehen und auch entsprechend behandelt. Viele der neuen »Herren«, also die Mitarbeiter, benahmen sich 2019 und in den Folgejahren auch in Herrenmanier. Das konnte man u. a. auch im Gespräch mit Betriebsräten feststellen. Überlagert wurde das Ganze dann mit der Einführung von agilem Arbeiten, das viele mit Arbeit ohne Chef, ohne Ziele und ohne Druck verwechselten (▶ Kap. 2.3.3). Die altbekannte Position »Ohne mich/ uns läuft hier nichts« ist offen artikuliert nichts anderes als eine Machtdemonstration, mit der man die eventuelle Ohnmacht oder den geringen Handlungsspielraum der Gegenseite klar herausstellen möchte.[325] Die verfügbare Beeinflussungsmacht der Mitarbeiter wird so in klassischer Weise »von unten nach oben« klargestellt. Die Mitarbeiter als machtvolle Helden im Unternehmen.

Nach der Überwindung der Corona-Pandemie brach diese Heldenstory in vielen Unternehmen einfach zusammen. Die wirtschaftliche Krise ließ die Arbeitslosigkeit ansteigen, die Führungskräfte konnten und mussten in Anbetracht von Rezession und Insolvenzwelle die Zügel wieder anziehen. Plötzlich bemerkten die neuen Helden, die Arbeitnehmer, dass sie nicht mehr alles ungehindert machen konnten, dass viele auch entbehrlich waren. Denn neues Personal wurde nicht mehr um jeden Preis engagiert und den Forderungen von Mitarbeitern wurde fortan nicht mehr umgehend nachgekommen. Betriebsräte, die in den Jahren zuvor noch an fast allem herumgemäkelt hatten, kuschten mit einem Mal förmlich vor den Führungskräften und ließen Dinge scheinbar tatenlos zu, die man bis dato für unmöglich gehalten hatte. So ähnlich wie im Fall von Volkswagen, dessen Management in einem Paukenschlag 2024 plötzlich den Beschäftigungssicherungsvertrag gekündigt hatte.

Die einstigen Helden schienen plötzlich gescheitert zu sein – wie in einer antiken Tragödie. Denn auch dort scheitern die Helden unausweichlich, weil der Mensch der Hybris verfällt und dem ihm bestimmten Schicksal durch sein Handeln entgehen will, aber nicht kann.[326] Frei interpretiert ließe sich das auf das Schicksal der einstigen Unternehmenshelden dahingehend übertragen, dass sie an der Hybris des Hochmuts und der Vermessenheit gescheitert sind. Hochmut deswegen, weil sie sich in ihrem Anspruchsdenken nicht nur getäuscht, sondern das Zusammenspiel von Leader und Follower im Anflug heldenhafter Selbstüberschätzung ad absurdum geführt hatten. Vermessenheit deswegen, weil sie die oft bestehende Überforderung nicht selbst bemerkt oder – schlimmer noch – kaschiert haben. Doch Hochmut kommt bekanntermaßen vor dem Fall und die Mitarbeiter verdrängten, dass es nach dem Boom auch wieder »magerere Zeiten« geben könnte (▶ Kap. 4.1). Die emotionale Bauchlandung vieler einstiger Helden war dann umso bitterer, sodass Entsetzen und Kränkung vielfach die Reaktionen waren. Der Heldentraum war ausgeträumt. Die Mitarbeiter fühlten sich wieder als Opfer von Unternehmen und Führungskräften mit den bekannten Folgen.[327]

Wie bereits mehrfach dargestellt hat sich die Selbstüberschätzung der Mitarbeiter in vielen Fällen während des Booms von 2017 und 2023 eingestellt. Überzogene Karrierepläne, absurde Gehälter und die Besetzung hochkarätiger Stellen mit offensichtlich unterqualifizierten Kandidaten waren im Angesicht des grassierenden Fachkräftemangels damals häufig an der Tagesordnung. Als weiterer Faktor kam hinzu, dass sich viele Beschäftigte gemessen an den beruflichen Anforderungen als überqualifiziert betrachteten. Dies in Kombination mit den veränderten Führungsverhältnissen führte zu einem ausgeprägten Gefühl der Überlegenheit, der Unersetzbarkeit und Unverletzlichkeit. Diese gefühlte Überqualifikation von Mitarbeitern ist nicht ungewöhnlich. Sie liegt in mit Deutschland vergleichbaren Industrienationen typischerweise im Bereich von 15 bis 20 Prozent der Beschäftigten.[328] Interessant ist aber, dass diese Werte für Deutschland im erwähnten Zeitraum deutlich zugenommen haben. Lag die deutsche Quote 2019 noch bei etwa 12 Prozent[329], so stieg sie 2024 auf 19 Prozent.[330] Dies kann auch eine Erklärung für die oft nicht wahrgenommene Überforderung sein. Die Generation Z ist angeblich die am besten ausgebildete Generation der Geschichte und weist demnach auch am Arbeitsmarkt die meisten Überqualifizierten auf. [331] Kein Wunder also, dass hier die Kränkung am größten ausfällt, wenn diese Menschen plötzlich gesagt bekommen, sie seien überfordert.

In Zeiten inflationär geforderter Wertschätzung, die keinen Tadel mehr duldet und stetes Lob verlangt, führt die angesprochene Überqualifizierung bzw. Überforderung schnell dazu, dass die Mitarbeiter verschnupft sind und sich ungerecht behandelt fühlen. Die Folge war und ist Dienst nach Vorschrift. Auch die Angehörigen der Generation X und der Babyboomer sind davor nicht gefeit. Sie haben aber noch die Zeiten kennengelernt, als man »vom Chef immer wieder eins zwischen die Hörner bekommen hat«. Aufgrund dieser Erfahrungen müssten sie Resilienz entwickelt haben, doch das scheint nicht der Fall zu sein. Ansonsten wären die Werte der E&Y-Studie nicht so hoch. Die Menschen sind im Vergleich zu früher anscheinend wirklich schneller gekränkt und beantworten dies mit den beschriebenen Reaktionen. Das mag am falschen Verständnis von Wertschätzung liegen oder den beschriebenen Veränderungen bei der Führung. Denn dienende Leadership hat die

Verhältnisse umgedreht und Führungskräfte in manchen Fällen »degradiert«. Wenn dann die Zügel plötzlich wieder angezogen werden, scheinen sich die Menschen gekränkt ins Schneckenhaus zurückzuziehen und ihren Dienst nach Vorschrift mit »dramatisch gesunkenem Vertrauen in Vorgesetzte« zu begründen.[332] Vielleicht sind viele aber aufgewacht und haben erkannt, dass die Vorgesetzten aus guten Gründen das Sagen haben und dass sie selbst keine mächtigen Helden sind.

4.3.2 Die Schuldzuweisung als Reflex

Die Suche nach den Schuldigen einer Misere ist kein typisch deutsches Problem. Ebensowenig wie das Abschieben der Schuld auf einen vermeintlichen Sündenbock. Der Sündenbock geht auf Jahrtausende alte religiöse Rituale zurück – die Suche danach ist einer der mächtigsten Impulse des Menschen.[333] Besonders in schwierigen Situationen, bei Unglücken oder Krisen, die bei den Menschen Frustration oder Angst hervorrufen, richten sie ihre Aggression oft auf Personen oder Gruppen, die unbeliebt, leicht identifizierbar und machtlos sind. Dies stärkt nicht nur angeblich die Gemeinschaft, sondern hat vor allem den bereits beschriebenen Effekt, dass scheinbar jede Mitverantwortung von allen anderen Beteiligten abfällt.[334] Ist dann der Sündenbock »geschlachtet«, scheint das Problem auch endlich gelöst zu sein, weil ja der vermeintliche Verursacher »unschädlich« gemacht wurde. So wirkungsvoll und angenehm dieser Mechanismus für die Psyche und die Emotionen des Menschen sein mag, so kurz greift er aber hinsichtlich der wirklichen Lösung des Problems. Verstärkt wird dieses Verhalten oft noch durch den landestypisch stark ausgeprägten Sozialneid.[335] Dadurch wird der Sündenbock-Mechanismus nicht nur in Unglücks- oder Krisenfällen bedient, sondern auch bei gefühlter oder erlebter, vor allem bei sozialer Ungerechtigkeit. Die Häufigkeit der Suche nach den Sündenböcken erhöht sich signifikant, wenn soziale Themen im Raum stehen. Das geschieht immer dann, wenn sich die Lebensumstände der Menschen verändern, durch neue Gesetze oder Vorschriften. Wenn umverteilt werden soll oder sich die Regeln ändern, die letztlich festlegen, was den Menschen zusteht. Besonders empfindlich reagieren die Menschen dann, wenn ihnen etwas »weggenommen« werden soll, Geld oder Freizeit beispielsweise. Dann wird die Suche nach den Sündenböcken schnell intensiviert, in der Hoffnung, dass mit dem Finden und Opfern derselben der drohende Verlust eigener Besitzstände oder Errungenschaften vielleicht doch noch abgewendet werden kann. Denn Menschen geben das, was sie erreicht haben, nur sehr ungern wieder her, auch wenn sie es in ihrer aktuellen Lebenssituation vielleicht gar nicht mehr benötigen.[336]

Was hat sich in den letzten fünf bis zehn Jahren geändert, dass sich ein Narrativ wie »Geht zu den anderen, ich bin nicht schuld« so festgesetzt hat? Zunächst hat der durch den Boom zugenommene Wohlstand die Neiddebatte beflügelt. Die bekannte Schere zwischen arm und reich, die sich angeblich immer weiter auftut, ist schon seit Jahrzehnten ein bekannter und beliebter Standardsatz der öffentlichen Debatte.[337] Verantwortungsflucht folgt ganz typischerweise der Ausbildung der Bequemlichkeits- und Komfortgesellschaft, denn die Sündenbockkultur erschwert die Lösungsfindung, weil sie die wahren Verantwortungsverhältnisse verzerrt. Wer (scheinbar) nicht schuld ist, kann moralisch bequem in seiner bisherigen Verfahrensweise verharren – wie praktisch. So wollen viele auch gar keine Verantwortung tragen, weil es dann, wie es der bekannte Unternehmensberater Reinhard Sprenger formuliert, anstatt der Frage »Wer ist schuld?« eben heißen müsste »Was kann ich dafür tun? Wie kann ich die Aufgabe lösen?«[338] Plötzlich wäre man selbst derjenige, der mit Lösungen aufwarten und zur Verbesserung beitragen muss. Weil man aber, so Sprenger, weiter »passiv bleiben kann, einen Jammerzirkel gründen kann und man sich legitimiert fühlt, mit einer Hand in der Tasche anderer Leute zu leben«, wollen viele eben keine Verantwortung übernehmen und stattdessen weiter aus der Opferrolle heraus reflexartig anderen in bekannter Manier die Schuld zuschieben.

4.3.3 Wenn man über Leistung nicht mehr reden darf

Über Geld spricht man in Deutschland bekanntlich nicht. Entweder, so sagt der Volksmund, weil man es hat, oder, weil es sich um das Thema Gehalt handelt, das tabu ist. Dementsprechend lügen auch viele, wenn sie über ihr Gehalt befragt werden, weil sie beeindrucken, ihre Privatsphäre oder sich selbst vor Verurteilung schützen wollen.[339] Aus der Erfahrung heraus weiß man, dass diese Flunkerei oft daher stammt, dass sich die Menschen mit ihrem Gehalt brüsten wollen oder weil sie sich schämen, dass sie ihrer Meinung nach wenig verdienen und eben nicht als Hungerleider, Versager oder als erfolglos dastehen möchten. Und so, wie man über das Gehalt nicht spricht, soll in Unternehmen häufig auch nicht über die Leistung gesprochen werden. Über Leistung spricht man also nicht, weil einem etwas weggenommen werden könnte. Geld, Ansehen, Freizeit oder der bequeme Freiraum am Arbeitsplatz. Wie das?

In Kapitel I.3.2 haben wir bereits gesehen, dass den Deutschen die Leistungsbereitschaft im Vergleich zu den Jahrzehnten davor abhandengekommen ist. Der Hunger nach Leistung fehlt, so formulieren das Experten. Was sehr wohl verlangt wird, ist die Lohngleichheit, also gleicher Lohn für gleiche Arbeit. Das wird besonders im Zuge der Geschlechtergerechtigkeit gefordert. Die entsprechende Leistungsgerechtigkeit, also gleiche Leistung für gleiches Geld, ist hingegen nicht gefragt. Dass also jeder, der ein bestimmtes Gehalt bekommt, auch die entsprechende Leistung in Qualität und Quantität bringen muss. Das würde bedeuten, dass sich viele Beschäftigte wesentlich mehr anstrengen, genauer, schneller oder länger arbeiten müssten als bisher, um dasselbe Gehalt zu bekommen. Genau das ist aber nicht gewünscht. Denn das würde eben eine wesentlich größere Anstrengung bedeuten oder zu Gehaltseinbußen führen, wenn der Betreffende nicht mehr leisten kann oder will. Diese Betrachtung bleibt aufgrund der geschilderten gesetzlichen Rahmenbedingungen zwar theoretisch, doch gewisse Zulagen oder Gehaltserhöhungen könnten durchaus betroffen sein. Die Führungskräfte könnten vor diesem Hintergrund den Druck auf die Mitarbeiter erhöhen. Nicht erst mit dem Aufkommen der Mär vom Arbeiten ohne Druck in der agilen Welt gilt die Beschäftigung dann als ideal, wenn sie nicht durch ambitionierte Ziele und Leistungskriterien belastet wird. Warum das so ist – nun ganz einfach, weil, so formuliert es auch der Autor Ingo Hamm, Arbeit und Leistung anstrengend sind und das passt schlecht in die Komfortgesellschaft.[340]

Nicht alle wollen sich also bei der Arbeit in einem angemessenen Maß nach ihren Möglichkeiten anstrengen, wie es das Gesetz fordert. Laut dem zitiertem Buch »Lust auf Leistung« von Ingo Hamm gibt es derzeit einen öffentlich-medialen Anti-Arbeit-Shitstorm, der auf die Empfehlung hinausläuft: weniger arbeiten, damit wir glücklicher werden. Hamm spricht von Utopien wie dem bedingungslosen Grundeinkommen und einem Zeitgeist, in dem Arbeit im Grunde »ein Übel, eine Last, uncool, stressig, belastend, reiner Gelderwerb, Pflicht, Fron, eines Menschen unwürdig, Maloche oder galoppierende Fremdbestimmung« ist.[341] Für Menschen, die dieser Kultur folgen, gilt salopp formuliert: Arbeit ist schlecht! Ergo: Leistung bei der Arbeit auf ein Minimum senken und damit keiner auf die Idee kommt, das Entgelt an die Leistung koppeln zu wollen, müssen wir die Diskussion um Leistung so gut es geht unterdrücken. Sogenannte Leistungsträger werden wir als solche brandmarken, denn die wollen sich nur auf unsere Kosten profilieren. Sicherlich denken nicht alle so. Es gibt bestimmt Gemäßigte, die durchaus gern arbeiten, es aber einfach gemächlicher angehen lassen wollen, ohne dabei auf Geld zu verzichten. Sie wollen Lohngerechtigkeit im Sinne von »gleicher Lohn für gleiche Arbeit«, aber keine Leistungsgerechtigkeit, also »gleiche Arbeit für gleichen Lohn!«[342]

Störend sind dabei wie angedeutet die willigen Leistungsträger. Deren Ansatz könnte ja Schule machen und zur Erhöhung des allgemeinen Leistungsniveaus beitragen. Das ist nicht gewünscht, sodass neben der Unterdrückung der Leistungsdebatte nicht selten eine Stigmatisierung dieser Personen stattfindet, um ihren Eifer zumindest zu dämpfen – in derselben einfältigen Art wie früher in der Schule, als die Klassenstreber bedrängt wurden. In dieser Kultur darf Leistung kein Thema sein. Hier gilt nicht, dass wer viel leistet, auch mehr erhält, sondern apodiktisch gleiche Entlohnung für alle, unabhängig von der Leistung. Wer also mehr verdient, der ... – hier wird die Neiddebatte direkt bedient. Der nach wie vor existierende (Alp-)Traum vom bedingungslosen Grundeinkommen zeigt, dass es bei nicht wenigen Menschen dieses Verständnis gibt, dass Menschen letztlich auf Kosten anderer ein hinreichendes Einkommen haben könnten. Hier zählt Leistung dann nichts mehr. Das Geld, so die Überzeugung, wird schon von irgendwo herkommen und der Gedanke vom absoluten Wohlstands- und vom Wohlfahrtsstaat hat seine Wirkung gezeigt. Ganz ähnlich wie zu Zeiten der Atomstromdebatte, als für viele der Strom einfach nur »aus der Steckdose« kam. Hier liegt auch die Ursache, weshalb sich diese Narrative in den letzten Jahren so stark verbreitet haben. Die Wohltaten und Absurditäten der Boomjahre haben ihre Spuren hinterlassen. Also weg mit der Leistungsdebatte, irgendwer wird das schon bezahlen. Fairness und Zukunftsfähigkeit sind Fehlanzeige, dafür aber alles (scheinbar) sozial und bequem. Diese Ideen folgen ganz der Idee und dem Automatismus der Vollkaskomentalität.

Abgesehen von der mangelnden Fairness, die bezogen auf die Gesamtgesellschaft nachteilig ist, wäre dieses Verdrängen des Leistungsprinzips aus Gedanken und Gesprächen zunächst nicht einmal so schlimm. Doch ein Unterdrücken der Leistungsdebatte führt nicht nur dazu, dass die Transparenz fehlt und dadurch eben keine Lohn- bzw. Leistungsgerechtigkeit mehr herrscht. Daraus ergibt sich zwangsläufig, dass Leistung nicht als etwas Positives, als etwas Erstrebenswertes betrachtet wird, sondern eine fatale Rückwirkung auf die Arbeitsleistung hat. Wenn Leistung keinen Wert mehr hat, wird sich das in einem Unternehmen auf den Leistungswillen und die Motivation der Arbeitnehmer und somit auch auf die Produktivität auswirken. Auch wenn es Stundenlohn heißt, so lässt sich betriebswirtschaftlich betrachtet in den meisten Fällen nicht die Anwesenheitszeit des Mitarbeiters am Markt verkaufen, sondern vielmehr der durch ihn erzeugte Mehrwert, den er in dieser Zeit schafft.

4.3.4 Das neue Feindbild: Besserverdienende, Reiche, Unternehmer

In einer repräsentativen Umfrage gab die Mehrheit der Befragten an, sich am eigenen Arbeitsplatz weniger zu engagieren, wenn sie im Unternehmen gezahlte Spitzengehälter als unberechtigt hoch empfanden. Mit diesem Verhalten wird der Rechtsgrundsatz »pacta sunt servanda«, also die Pflicht zur Vertragserfüllung, die auch bei Arbeitsverträgen uneingeschränkt gilt, missachtet. Ungerechtigkeit, zumal wenn sie weniger auf Faktenwissen als vielmehr auf Empfindungen beruht, berechtigt eben nicht zur Nichterfüllung des freiwillig eingegangenen Tauschgeschäfts Arbeit gegen Geld.

Dieser Vorgang passt zum neuen Feindbild: Es ist das Bild vom bösen, raffgierigen Unternehmer oder Manager, der sich selbst auf Kosten der Mitarbeiter bereichert. Dieses Bild gibt es schon viel länger, doch sind geschätzt in den letzten zehn Jahren zu diesem Personenkreis noch die Reichen, die Führungskräfte und die Besserverdiener hinzugekommen. Gefördert wurde diese Wahrnehmung durch die politische Debatte um die Wiedereinführung der Vermögenssteuer, die Erhöhung von Steuern, Abgaben oder Sozialversicherungsbeiträgen für Besserverdienende[343] sowie die Idee eines »Boomer-Solis« zur Unterstützung einkommensschwacher Rentner.[344] Hier erkennt man wieder den »Entlastungsautomatismus« der Vollkaskomentalität (▶ Kap. 4.2.1).

Verstärkt wird diese Überzeugung durch das veränderte Verständnis der Deutschen von Solidarität, die regelmäßig sofort eingefordert wird. Verändert hat sich das Verständnis dahingehend, dass eine Konzentration auf Schwächere oder sogenannte benachteiligte Gruppen stattgefunden hat, obwohl der eigentliche Begriff nicht darauf beschränkt ist. Solidarität drückt den Zusammenhalt zwischen gleichgesinnten bzw. gleichgestellten Individuen und Gruppen sowie von Personen gleicher Anschauungen, Werte und Ziele aus. Wenn wir also mit unseren Mitbürgern solidarisch sein wollen, dann gilt das nicht nur für die Schwächeren, sondern für alle, auch für die Besserverdienenden und die Reichen. Doch hier hat sich in den letzten zehn Jahren eine gefühlte Fokussierung ergeben: Mit Schwachen, Armen, Notleidenden, Benachteiligten muss man solidarisch sein, mit Menschen, denen es scheinbar besser geht, die vielleicht einen höheren Status oder ein höheres Einkommen haben als der Durchschnitt, ist das hingegen verpönt. Es gilt: Die Guten hier, die Bösen da. Böse, weil sie vielleicht Unternehmer sind, wie erwähnt ein höheres Einkommen haben oder besser (aus-)gebildet sind, oder einfach nur, weil sie aus dem Durchschnitt herausragen. Doch wenn wir Solidarität von allen verlangen, müssen wir auch allen gegenüber solidarisch sein. Denn Solidarität ist ein Prinzip, das die Zusammengehörigkeit, das heißt die gegenseitige (Mit-)Verantwortung und (Mit-)Verpflichtung betont.[345] Doch mit vermeintlich Starken oder Wohlhabenden scheint man in Deutschland nicht solidarisch sein zu wollen. Übertragen auf den Unternehmensalltag passt das genau zum Verhalten gegenüber den Feinden des Feinbildes: Bist Du kleiner oder niedriger in der Hierarchie als ich, kriegst Du Unterstützung und Hilfe, bist Du größer, weiter oben in der Hierarchie oder gar ein Chef oder eine Führungskraft, bekommst Du nur das Nötigste.

Ergänzend soll hier noch angeführt werden, dass sich nicht nur das Verständnis von Solidarität, sondern auch dasjenige von sozialer Verträglichkeit in den letzten zehn Jahren geändert zu haben scheint. Nach dem Ende des Booms wurden Kündigungen wieder aktuell. Dabei wurde in der Presse natürlich wie immer betont, dass die Personalanpassungen sozial verträglich sein würden, vor allem im erwähnten Fall von Volkswagen, wo eben zehntausende Stellen betroffen sind.[346] In diesem Rahmen wird auch häufig erwähnt, dass es zu keinerlei betriebsbedingten Kündigungen kommen wird. Das heißt aber meist nichts anderes, als dass die Mitarbeiter nicht gekündigt werden, sondern dass man ihnen das Unterzeichnen eines Aufhebungsvertrages durch eine hohe

Abfindung schmackhaft macht. Diese Vorgehensweise wird meist unter dem Begriff »sozial verträglicher Personalabbau« zusammengefasst. Doch dieses »sozial verträglich« bedeutet für viele Menschen einfach nur: Der Arbeitgeber zahlt alles. Es scheint sich ein Verständnis festgesetzt zu haben, wonach der Stärkere immer alle Lasten zu tragen und keinen Vorteil haben sollte und die Schwachen alles erhalten und wenig oder nichts dafür tun müssten. Entlastung also, ganz in Vollkaskomanier. Das passt wiederum zum beschriebenen, neuen Feindbild.

5
Wege aus der Sackgasse

Wer immer dasselbe tut, wird immer dasselbe bekommen, das ist eine klassische Erkenntnis des systemischen Denkens. »Die Definition von Wahnsinn ist«, so hat angeblich Albert Einstein gesagt, »immer wieder das Gleiche zu tun und andere Ergebnisse zu erwarten«.[347] Wenn in einem System nichts Wesentliches geändert wird oder man die in eine bestimmte Richtung drängenden Impulse nicht umlenkt, dann wird sich dieses System immer stärker in die eingeschlagene Richtung entwickeln. Wenn es also – ganz konkret formuliert – bei den Beschäftigten in Deutschland immer weiter in Richtung Blaumachen und Dienst nach Vorschrift, hin zu Vollkaskomentalität, Verantwortungsflucht, Opferrolle, Drückebergerei, Führungskräfte-Bashing und Komfortgesellschaft geht, wird die Wettbewerbsfähigkeit Deutschlands wegen sinkender Produktivität weiter leiden. Die Lage wird sich eher noch verschärfen. Da könne doch der einfache Mitarbeiter nichts dagegen tun, das sei die Sache der Verantwortlichen, heißt es oft. Stimmt, möchte man entgegnen, doch so simpel ist es eben nicht. Natürlich fallen diese Anpassungen im betrieblichen Kontext in den Bereich der verantwortlichen Fach- und Führungskräfte. Aber die Mitarbeiter sind mitverantwortlich, wie wir in den Vorkapiteln eingehend erläutert haben. Auch sie müssen etwas tun, denn die nötigen Reform- und Veränderungsprozesse in Unternehmen, Staat und Gesellschaft können nicht allein durch Chefs, Führungskräfte oder Politiker angestoßen und umgesetzt werden. Die Mitarbeiter sind es, die zusammen mit den Führungskräften einen neuen Weg der Kooperation einschlagen müssen, der ein stärker zielorientiertes Miteinander bewirkt. Nur auf diesem Wege lässt sich, ganz allgemein gesprochen, diese Sackgasse verlassen und ein neuer

Weg für die Zukunftsgestaltung einschlagen. Um aber diese ausgetrampelten Pfade zu verlassen, müssen Vorgesetzte und Mitarbeiter wieder zu einem stärkeren wechselseitigen Geben und Nehmen zurückfinden, das für jeden der Partner unterm Strich zu einem wirklichen »Mehr« führt.

5.1 Mitarbeiterkultur neu denken: Followership als vergessene Disziplin

»Ich konnte ja nicht, weil...«, »der Chef ist schuld und wir leiden darunter«, »wir sollen jetzt für die Managementfehler den Kopf hinhalten« – das sind typische Sprüche, die man bei Veränderungsprozessen hört.[348] Sie weisen auf eine Opfer- und Verantwortungsfluchtkultur hin: Man tut so, als wäre man frei von jeglicher Mitverantwortung, wenn im Unternehmen etwas nicht klappt, als wäre man selbst auch frei von Fehlern. Die drei üblichen Verdächtigen sind Feigenblätter dafür, den bequemen Status quo nicht verlassen zu müssen. Dabei liegt die Verantwortung für Erfolg oder Misserfolg nur selten auf einer Seite.[349] Denn die Follower, die Geführten, sind es, die die Arbeit machen.[350] Auch wenn es in Deutschland nach wie vor so ist, dass als Relikt einer führungskräftebezogenen Welt die Erfolge schnell dem Chef zugeschrieben werden,[351] so ist es doch fast immer ein Ergebnis aller Beteiligten. Diese Erkenntnis setzt sich mehr und mehr durch, indem die gefeierten Anführer die Bedeutung ihrer Mitstreiter für den Erfolg öffentlich würdigen. Das wird gern gesehen, stellt es doch die Form der Wertschätzung dar, die seit einigen Jahren propagiert wird. Was allerdings weder gewünscht noch anerkannt wird, ist die Tatsache, dass im Falle von Misserfolgen dann eben nicht nur die Führungskräfte verantwortlich sind, sondern auch die Mitarbeiter.[352] Denn das würde ja bedeuten, dass das Team und die Mitarbeiter auch ihren Teil an der Kritik und dem Tadel abbekommen müssten, der oft mit dem Misserfolg einhergeht. Wer aber eine Veränderung zum Besseren will oder herbeiführen muss, der sollte den Kreislauf aus falscher Wertschätzung und Verantwortungsverschiebung durchbrechen. Das Konzept der Followership ist hier der passende Ansatz, um Mitarbeiter wieder zu ihrer eigentlichen Verantwortung zu führen, ein besseres Miteinander von Mitarbeitern und Führungskräften zu erreichen und so die Kräfte im Unternehmen wieder auf das gemeinsame Erfolgsziel hin zu bündeln. Denn Führungskräfte und Mitarbeiter sind keine gegensätzlichen Parteien, sondern Partner, die beide das gleiche Ziel haben (sollten): den Unternehmenserfolg. Das Thema Followership ist vor fast 40 Jahren in den USA entwickelt worden und in Europa noch relativ unbekannt, es wird fälschlicherweise mit sozialen Netzwerken in Verbindung gebracht.[353]

5.1.1 Vom Opfer zum Akteur: Warum Followership eine Tugend ist

Die Mitarbeiter als Opfer der drei üblichen Verdächtigen: Schlechte Arbeitsbedingungen, fehlende Wertschätzung, schlechte Führungskräfte, von diesen alleingelassen und nicht selten überfordert. Schlechte Führungskräfte gibt es ohne Zweifel. Doch das ist nicht der Regelfall wie zahlreiche reißerische Bücher suggerieren wollen. Die Mehrzahl der Führungskräfte leistet sehr gute bis exzellente Arbeit und kümmert sich bestens um die Mitarbeiter, dafür gibt es zumeist nur wenig Lob. Unzufriedene finden sich stets bereit, am Führungskräfte-Bashing mitzuwirken. Dies hat zu einem Muster geführt, das man seit langem kennt: Geht es dem Unternehmen schlecht, sind stets Chefs und Führungskräfte schuld. Dabei können Führungskräfte wie zuvor erwähnt allein fast nichts ausrichten und für das Gesamtergebnis eines Teams, für Erfolg oder Misserfolg, sind stets Leader und Follower gemeinsam verantwortlich. So wie der beste Musiklehrer mit nur wenig begabten oder lernunwilligen Schülern kein Spitzenorchester aufbauen kann, gelingt auch einem Spitzenmanager kein Top-Ergebnis, wenn das Team nicht die entsprechende Followership-Leistung an den Tag legt.[354]

Denn Leader und Follower sind untrennbar miteinander verbunden. Die Aufgabe des Leaders bekommt ja erst durch das Zusammenwirken mit seinen Followern einen wirtschaftlichen Sinn. Führungskräfte wären im Grunde überflüssig, wenn es niemanden gäbe, den sie führen könnten oder der sich führen ließe.[355] Ein Leader ohne Follower könnte sich bestenfalls selbst führen, aber das ist keine Leadership, das ist – wiederum neudeutsch – »Selbstmanagement«.[356] Der große Management-Vordenker Peter Drucker hat bereits vor vielen Jahrzehnten klar und deutlich festgestellt: »Die einzige Definition eines Leaders ist jemand, der Follower hat«.[357] Da Leadership aber nicht im Erteilen von Befehlen besteht, sondern eben eine Wechselwirkung zwischen Leadern und Followern ist, kann der Gesamterfolg nicht ohne Mitwirkung der Follower entstehen. Denn Followership ist eine aktive Rolle, die den Leader beim Erreichen von Ergebnissen unterstützt.[358] Die Aufgaben der Leader und der Follower müssen erfüllt werden, damit der Organisationszweck erfüllt und die Ziele erreicht werden können.[359] Zwar kann jede Rolle für sich von den jeweiligen Spielern exzellent ausgefüllt werden, jedoch wird der größte Erfolg dann erreicht, wenn beide Rollen in enger Kooperation gut ausgefüllt werden.[360] Unternehmensmisserfolg bedeutet damit auch automatisch Misserfolg der Mitarbeiter.

Was aber macht einen erfolgreichen Follower aus? Worin genau besteht die Aufgabe des Followers und welche Eigenschaften zeichnen ihn aus? Follower sind selbstständige und konstruktiv kritische Menschen, die mit Kreativität an Lösungen arbeiten.[361] Dabei bedeutet kritisches Denken, an Probleme nicht aktivistisch, sondern analytisch-denkend heranzugehen, unvoreingenommen Ideen und Informationen zu sammeln und zu bewerten sowie die Implikationen verschiedener Alternativen möglichst objektiv gedanklich zu durchdringen.[362] Eine selbständige Beurteilung der eigenen Arbeitssituation ohne Unterstützung durch die Führungskraft ist das Ziel. Der wissenschaftliche Vater der Followership, Robert Kelley, charakterisiert die besten Follower als jene, die Initiative zeigen, Verantwortung übernehmen, aktiv teilnehmen, Eigeninitiative zeigen und im Job über sich hinauswachsen. Die schlechtesten Follower sind dagegen passive und faule Menschen, die ständig angestoßen werden müssen, dauernd Aufsicht benötigen oder sich vor der Verantwortung drücken.[363] Diese Ausführungen stammen aus den frühen 1990er-Jahren, die Beschreibung trifft aber auch heute ins Schwarze.[364] Also Eigenverantwortung statt selbstmitleidiger Opferhaltung, kein Lamento nach dem Motto »wir müssen das jetzt ausbaden«. Dann kann man als Follower effektiv sein und mit seiner eigenen Arbeit auch etwas bewirken. Follower sind Akteure, wirksame Follower unterscheiden sich, so Kelley weiter, in ihren Motiven für die Rolle und in deren Wahrnehmung von unwirksamen.[365] Effektive, also wirksame Follower sind kooperativ und kollaborativ, sie arbeiten unvoreingenommen mit Teamkollegen, der Abteilung und auch mit dem Leader zusammen.[366] Es wird also mit jedem zusammengearbeitet, egal welche Stellung oder Funktion er im Unternehmen hat und unabhängig von seinem Status oder Einkommen. Gute Followership kann man in drei Punkte zusammenfassen:[367]

- Nachfolgen, sich also vom Leader leiten lassen, ihn unterstützen,
- Verantwortung für die Organisation übernehmen, dazu auf Leader und andere Follower einwirken, sowie
- sich selbst managen, damit die Organisationsziele möglichst optimal erreicht werden.

Leader und Follower haben keine konkurrierenden, sondern komplementäre Rollen,[368] Followership ergänzt Leadership.[369] Der Follower erledigt Dinge, die nicht Aufgabe des Leaders sind und die dieser auch gar nicht tun kann. Er konkurriert in dieser Hinsicht auch nicht mit dem Leader darum, wer welche (Leadership-)Aufgaben wahrnimmt, sondern erbringt jenseits der ihm übertragenen Sachaufgaben auch Follower-Aufgaben, die der Leader nicht erbringen kann.[370] Das Einwirken auf andere Follower beispielsweise, und zwar eben aus der Follower- und nicht aus der Leader-Rolle. Follower sind keine »Co-Leader«, die für den Leader auch Führungsaufgaben erledigen.[371] Die Einführung von Followership bedeutet eben nicht, den Mitarbeitern einfach nur mehr Entscheidungsspielraum zu geben, wie dies im Rahmen von Empowerment oder Agilität oft der Fall ist. Das wäre dann zunehmend eine Welt von Leader und Co-Leader ohne richtige Follower, was sich nach einer bestimmten Zeit in gewisser Weise ad absurdum führen würde. Denn auch selbstgesteuerte Teams sind nicht machtfrei und benötigen deshalb Führungsaufgaben.[372] Das verlangt einen gewissen Grundrespekt vor den Menschen und ein Mindestmaß an Wohlwollen, und sei es eben nur »dem Unternehmen zuliebe«. Um ein guter Follower sein zu können kommen noch Follower-Kompetenzen hinzu wie Verantwortungsbereitschaft, Vertrauenswürdigkeit, Zuverlässigkeit, Kompromiss- und Teamfähigkeit oder Akzeptanz und Toleranz.[373]

Follower sind Personen im Unternehmen, die den Führungsanspruch anderer Personen anerkennen und ihr eigenes Handeln an deren Handlungen und Erwartungen anpassen. Sie lassen sich bereitwillig von den Führenden auf die relevanten Ziele hin beeinflussen und setzen ihre Energie zur Erfüllung der ihnen übertragenen Aufgaben und nicht zur regelmäßigen und/oder dauerhaften Opposition gegen den Führenden ein. Sie kooperieren bereitwillig mit den Führenden und widersetzen sich diesen nur in jeweils berechtigten Fällen. Letzteres tun sie aus sachlichen Gründen und nicht, weil sie den Führungsanspruch des Führenden anzweifeln. Der Chef ist also Chef und das ist rechtens. Kein ständiges Herummäkeln an seinen Entscheidungen. Keine ständigen Versuche, ihm irgendwelche Fehler nachzuweisen, um selbst mehr Entscheidungsspielraum zu gewinnen. Follower entsprechen den Anweisungen und Anforderungen ohne reine Jasager oder Befehlsempfänger zu sein.[374] Das tun sie, um die Zielerreichung und die kollektive Stabilität und Sicherheit des Unternehmens aufrechtzuerhalten.[375] Solch ein Handeln geht über das ganz normale Tauschgeschäft »hier die Arbeit, da das Geld« hinaus. Dementsprechend geht es auch über die mindestens vertraglich geschuldeten Pflichten hinaus. Follower muss man also sein »wollen«, es sei denn, irgendwelche zusätzlichen vertraglichen Verpflichtungen oder unternehmerischen Regelungen erfordern dies zwangsläufig. Followership verlangt dementsprechend Engagement. Für einen Follower sind somit Blaumachen, Dienst nach Vorschrift oder innere Kündigung widersprüchlich zu ihrem Wunsch, Follower, im besten Fall gute Follower sein zu wollen. Für das Unternehmen, für die Kollegen, für den Chef, für den eigenen Erfolg und die eigene Zukunft.

5.1.2 Engagement ist keine Überforderung

Viele Arbeitnehmer verwechseln persönliches Engagement im Beruf mit Ausbeutung, Überanstrengung und Überforderung. Das kann zusammentreffen, muss es aber nicht zwangsläufig. Man kann sich sehr wohl engagieren, ohne dass die Work-Life-Balance leidet. Man kann sehr wohl ein guter Follower sein, ohne damit gleich vor dem Burnout zu stehen. Was man aber nicht kennt, macht Angst und Followership klingt so sehr nach Überanstrengung, dass viele lieber sagen: mit mir nicht. Natürlich ist Vorsicht die Mutter der Porzellankiste und niemand hat etwas davon, wenn sich Mitarbeiter im Job verausgaben und dann wirklich krankheitsbedingt ausfallen. Doch zwischen Engagement und dauerhafter, schädlicher Arbeitsüberlastung besteht ein großer Unterschied. Jenseits von Followership gab und gibt es Argumentationen, dass man im Grunde nicht fünf Tage arbeiten müsste, wenn man die Mitarbeiter von überflüssigen administrativen Tätigkeiten und produktiv sinnloser Arbeit »befreien« würde. Dazu müssten betriebliche Arbeitsabläufe »von Überflüssigem entlastet« werden.[376] Mit »man« sind hier natürlich meist die Führungskräfte gemeint. Denn dann könnten, so die typische Argumentation, die Mitarbeiter in vier produktiven Tagen so viel wegschaffen wie in einer unproduktiven Arbeitswoche mit den regulären fünf Arbeitstagen.[377] Korrekt. Wenn aber die Arbeit nicht zur Überbelastung führt, können die Mitarbeiter in fünf produktiven Tagen mehr schaffen als in vier. Und in 35 Stunden mehr als in 32

Stunden, in 38 oder 40 sogar noch mehr. Was für ein schlummerndes Potenzial für die Steigerung der Produktivität! Maßnahmen zur Erhöhung der Produktivität sind aber kein Novum des digitalen Zeitalters, sondern wurden bereits vor 30 Jahren systematisch erarbeitet und umgesetzt. Schon damals wurde das fälschlicherweise mit »schneller oder mehr arbeiten für's gleiche Geld« verwechselt. Doch bereits damals galt die aus dem Lean Management stammende Erkenntnis: »Don't work harder, work smarter«.[378] Sich befreien von unnötigen und unproduktiven Prozeduren, um mehr Zeit für die eigentliche Wertschöpfung zu haben. Das macht wirklich Sinn, sodass man dann auch ohne Überbelastung fünf Arbeitstage pro Woche arbeiten kann. Denn bis vor zehn Jahren war in den Unternehmen noch die Fünf-Tage-Woche mit bis zu 40 Stunden der Standard, ohne dass die Mitarbeiter reihenweise mit Überlastungssymptomen ausgefallen sind. Effizienz und Effektivität bei der Arbeit sind in diesem Zusammenhang entscheidend. Dies ist nicht nur eine Sache der Organisation, sondern auch eine Sache der persönlichen Arbeitsweise und Disziplin, die den Arbeitsvorgang von oft nicht wirklich nötigen persönlichen Tätigkeiten »entlastet«: Häufiges Kaffeeholen, regelmäßige Mail- und Social-Media-Checks, der private Chat auf dem Flur u. v. m. Auch das muss in diesem Zusammenhang angesprochen werden.

Beim Thema Überforderung muss noch eine kleine Unterscheidung getroffen werden. Die Möglichkeit besteht nämlich hinsichtlich der Kompetenzen oder der quantitativen Arbeitsbelastung. Der Mitarbeiter schuldet dem Arbeitgeber laut Arbeitsvertrag keinen bestimmten Erfolg, sondern nur den angemessenen Einsatz seiner Arbeitsleistung. Das ist sinnvoll, denn nicht jeder Mensch ist gleich und damit in der Lage, eine bestimmte Arbeitsleistung zu erbringen. Da hat Mutter Natur einen natürlichen Unterschied zwischen den Menschen geschaffen, der berücksichtigt werden muss. Doch auch eine kurzzeitige Mehrbelastung innerhalb der persönlichen Leistungsmöglichkeiten bedeutet noch keine dauerhafte Überforderung – eine solche gilt es definitiv zu vermeiden. Aber eine, um bei den Worten von Reinhard Sprenger zu bleiben, dauerhafte Schonhaltung zur Vorbeugung potenzieller Überforderung rechtfertigt das nicht.

5.1.3 Respekt und Wertschätzung als zweiseitige Verhaltensweise

... die in zwei Richtungen wirkt, in der Respekt sozusagen von der Führungskraft zum Mitarbeiter fließt und andersherum, keine Einbahnstraße also. Das ist eine Grundvoraussetzung dafür, dass sich gute Followership etablieren kann, die den Gesamterfolg im Unternehmen unterstützt.

Wie erwähnt ist ein Grundrespekt notwendig, damit sich Followership etablieren kann und sich der Unternehmenserfolg in hinreichender Weise einstellt. Gerade in der digitalen Arbeitswelt ist es nicht zuletzt wegen der hohen Taktgeschwindigkeiten nötig, sich selbst und anderen Fehler und Unzulänglichkeiten einzugestehen. Denn kein Mensch ist fehlerfrei. Eigene Fehler zu vertuschen, zu verschleiern, zu verharmlosen oder zu negieren würde nicht nur der beschriebenen Opferhaltung weiter Vorschub leisten, es würde vor allem Verbesserungen verhindern oder das Einhalten akzeptierter Fehlergrenzen unterbinden. Diese Haltung gesteht auch den Führungskräften methodische, fachliche oder persönliche Fehler zu, die eben fast alle Menschen haben. Denn auch Chefs sind nicht vollkommen, haben nicht unbegrenzt Zeit, kein enzyklopädisches Wissen und auch keine übersinnliche Wahrnehmung.[379] Darum sind Berichte über narzisstische, toxisch wirkende oder überforderte Führungskräfte, die vor allem während der Corona-Pandemie verbreitet wurden, nicht fair. Die Anforderungen an Führungskräfte sind in Zeiten von New Work mit Homeoffice, Coworking und Agilisierung nicht einfacher geworden, so dass Respekt und eine Portion Wohlwollen durchaus angebracht sind. Denn das für den Unternehmenserfolg so wichtige Zusammenspiel von Führungskräften und Mitarbeitern gelingt am besten, wenn alle Beteiligten im Unternehmen die Grundposition des Respekts einnehmen. Darunter ist eine Haltung gegenüber sich selbst und anderen Menschen zu verstehen, aus der heraus man sich selbst grundsätzlich in gleicher Weise wertschätzt und vertritt, wie man dies auch anderen Menschen zugesteht. [380]

Kompetenzen wie Verantwortungsbereitschaft, Vertrauenswürdigkeit, Zuverlässigkeit oder Kompromiss- und Teamfähigkeit gehören zum Mindset der Follower.[381] Daneben wird auch die Fähigkeit eingefordert, »nach oben« zu managen.[382] Das bedeutet, die jeweilige Führungskraft wirksam, effektiv und erfolgreich werden zu lassen und auch dafür zu sorgen, dass sie ihre Stärken einsetzen und dadurch Leistung erbringen kann. Gute Followership darf aber auch nicht mit blinder Gefolgschaft verwechselt werden, die durch naiv-gutgläubige Follower oder manipulatives Verhalten der Führungskräfte entstehen kann.[383] Dazu braucht der Follower neben Mut aber auch Akzeptanz, Respekt und Toleranz, die er für den Leader aufbringen muss. Nach oben zu managen erfordert vom Follower eine Akzeptanz des Leaders, die keinen Spielraum für ein kontinuierliches Infragestellen der Rolle des Leaders oder ein regelmäßig ungerechtfertigtes Aufbegehren gegen den Leader zulässt.[384] Das gilt auch in agilen Organisationen, denn auch in selbstorganisierten Teams wird Leadership gebraucht.[385] Dass Führungskräfte Respekt nicht nur verdient haben, sondern auch einfordern dürfen, haben wir bereits gesehen. Das hat zudem auch etwas mit der in letzter Zeit so häufig geforderten Wertschätzung für die Mitarbeiter zu tun. Denn die hat, so der bereits zitierte Kommunikationsforscher Friedemann Schulz von Thun, etwas mit der Reversibilität im Sprachverhalten zu tun.[386] Die Kommunikation muss demnach so verlaufen, dass der Empfänger einer Botschaft in gleicher Weise mit dem Sender kommunizieren darf, ohne dass die gegenseitige Beziehung dadurch gefährdet wird. Kommunikation läuft nicht nur durch Worte ab. Dementsprechend sind Aktivitäten, die Persönlichkeit und Autorität des Leaders unterminieren, wie ein schnippischer, respektloser Umgangston oder ein öffentlich spektakulär wirkendes Anzweifeln von Kompetenz oder Handlungsfähigkeit von Führungskräften seitens der Follower unangebracht. Dasselbe gilt für Führungkräfte – also gleiches Recht für alle.[387] Wer Wertschätzung verlangt, muss mindestens angemessenen Respekt zurückgeben. Zu guter Letzt ist mit diesem Respekt auch eine hinreichende Toleranz für die Unzulänglichkeiten von Leadern verbunden, denn auch sie sind wie Follower nur Menschen mit Stärken und Schwächen.[388] Respekt und angemessene Wertschätzung sind keine Einbahnstraßen. Auf diesen können nämlich keine erfolgreichen und belastbaren Beziehungen zwischen Leadern und Followern entstehen und gedeihen.

5.2 Führung neu definieren: Führungskraft als Haltung, nicht als Titel

Management- und Führungsratgeber gibt es mehr als genug. Auch zur nobel klingenden und deshalb verstärkt benutzten Leadership. Es vergeht kaum ein Tag, an dem in Berufsnetzwerken wie LinkedIn nicht wieder zahlreiche Empfehlungen gegeben werden, wie richtiges Leadership im digitalen Zeitalter funktioniert, weshalb immer die Führungskräfte schuld sind, wenn Mitarbeiter kündigen, oder Begründungen dafür, weshalb Mitarbeiter von den Chefs einfach mehr »entlastet« werden müssten. Dieses Buch hat nicht diesen einseitigen Fokus. Es geht auch nicht darum, detailliert aufzuzeigen, was (angeblich) von so vielen Führungskräften falsch gemacht wird und welche negativen Auswirkungen dies für Mitarbeiter und Unternehmen hat. Auch nicht darum, wie es in der Praxis zugehen müsste, um echten Führungserfolg zu erzielen und warum Führungskräfte regelmäßig daran scheitern. Es geht vielmehr darum, den Arbeitnehmern zu zeigen, was sie mit vergleichsweise einfachen Mitteln dafür tun können, um wieder für ein ausgewogeneres Geben und Nehmen im Verhältnis von Unternehmern, Führungskräften und Mitarbeitern zu sorgen. Dafür müssen auch die Führungskräfte einiges tun und anders machen als bisher, darum geht es in diesem Kapitel.

5.2.1 Leadership oder Kuschelmanagement?

Während der Corona-Pandemie hat die Kritik an Führungskräften zugenommen, Berichte über Fehlverhalten hatten regelrecht Konjunktur. Begleitet wurde dies von mehreren entscheidenden Entwicklungen. Die Herausforderungen der VUCA-Welt gingen in die BANI-Welt über[389], New Work wurde durch die Pandemie beschleunigt,[390] Homeoffice zur Selbstverständlichkeit[391] und die Gen Z war endgültig in der Arbeitswelt angekommen.[392] Dies alles konnte nicht ohne Folgen auf Führungskräfte und ihr Verhalten bleiben. Den Erwartungshaltungen der Mitarbeiter sollte auch aufgrund des Führungskräftemangels gebührend Rechnung getragen werden. Nicht wenige Führungskräfte hatten Schwierigkeiten bei der Anpassung,[393] wodurch die erwähnte Berichterstattung mutmaßlich beflügelte wurde. Sie suggerierte, dass in der Praxis schlechte Führung wesentlich häufiger anzutreffen sei als gute. Dementsprechend schien dem Begriff Führung und den damit betrauten Führungskräften mehr und mehr etwas Negatives anzuhaften,[394] ähnlich wie dem Begriff Macht, der schon lange in weiten Teilen der Bevölkerung rein negativ konnotiert ist.[395] Ganz im Gegensatz dazu fand der Begriff Leadership während der Pandemie wesentlich häufiger Verwendung und wurde zudem sehr positiv belegt. Der Begriff Führung wiederum wird häufig mit Management assoziiert, obwohl er damit nicht übereinstimmt. Management wird spätestens seit Corona negativ verstanden, man denkt an »rigoros«, »profitgierig« oder »nicht menschenfreundlich«.[396] Der Managementexperte Fredmund Malik hat bereits vor knapp 20 Jahren festgestellt, dass »unter der Bezeichnung ›Management‹ alles zusammengefasst wird, was als schlecht hingestellt wird und nur die als ›niedrig‹ eingestuften Dinge betrifft, und umgekehrt unter dem Begriff ›Leadership‹ alles verstanden wird, was als gut und wichtig angesehen wird. Leadership soll demnach all das sein, was weitsichtig ist, die Zukunft betrifft, innovativ und visionär ist, also jene Dinge umfasst, die man als wünschenswert ansieht«.[397] Der Eindruck trügt wohl nicht: Leadership ist gut und zukunftsweisend, so die Meinung, Management und Führung sind schlecht und rückwärtsorientiert. Unterstützt wird dieses Denkmuster durch die vereinfachte Darstellung in der angelsächsischen Literatur bei der Gegenüberstellung von Leadership und Management. Hier wird Leadership zumeist ein Fokus auf Menschen, Visionen und Purpose zugewiesen, dem Management unterstellt man dagegen die Fixierung auf Organisation, Daten, Zahlen, Fakten und die Aufgaben.[398] Leader würden demnach mehr die Seele, Manager mehr den Verstand nutzen.[399] Wenn Menschen in Krisenzeiten Schutz und Halt von Führungskräften erwarten, scheint also Leadership erste Wahl zu sein. Im Deutschen ist hingegen die genannte Unterscheidung der Aufgaben von Leadership und Management schwierig, weil Führung oft als direkte Übersetzung für den englischen Begriff Management verwendet wird.[400]

Was ist also besser? Die beschriebene Führung oder das Kuschelmanagement? Keines von beidem, gefragt ist Führung, die situationsgerecht, aber konsequent angewandt wird. Führungskräfte sind keine »Bespaßungsmanager«, die nur dafür zu sorgen hätten, dass eine gute Stimmung im Unternehmen herrscht.[401] Sie haben eben auch eine Verantwortung gegenüber dem Unternehmen, den Kunden, den anderen Stakeholdern, der sie durch ihr Managementhandeln gerecht werden müssen. Natürlich können und müssen die Führungskräfte die notwendigen Rahmenbedingungen schaffen, damit Zufriedenheit auch entstehen kann. Aber mehr eben nicht. Das ist dann eine Sache der Mitarbeiter selbst. Hier müssen Führungskräfte sehr wohl die Grenzen kennen und beachten. Kuschelmanagement mag vielleicht nett und menschenfreundlich klingen, ist aber in der Realität meist alles andere als gut. Denn hier besteht aufgrund fehlender Konsequenz nicht selten das Risiko, schnell in die sogenannte »Kuschelfalle« abzugleiten.[402] Was ist das? Führungskräfte versuchen, den Mitarbeitern jeglichen Druck zu nehmen und durch Lob Entspannung herbeizuführen. Die Leistung der Mitarbeiter wird überbewertet, für Fehl- oder Minderleistungen werden nur externe Faktoren verantwortlich gemacht. Also Wertschätzung pur, ganz nach Zeitgeist und Geschmack der Beschäftigten. Dieser »Kuschelkurs« der Führungskräfte scheint den Mitarbeitern aber ihre richtige Vorgehensweise zu bestätigen, sodass am Ende die schlechte Leistung den Führungskräften in die Schuhe geschoben wird.[403] Ein Teufelskreis!

5.2.2 Führung bedeutet auch Zumutung – und Verantwortung

Folgt man dem im vorhergehenden Kapitel beschriebenen angelsächsischen Ansatz, so besteht die in Deutschland unter Führung bekannte Aufgabe aus Tätigkeiten des personenbezogenen Leaderships und des mehr administrativ-organisatorischen Managements. Führungskräfte schlüpfen dabei immer wieder in verschiedene Rollen wie beispielsweise als Koordinator, Verhandlungsführer, Konfliktmanager oder Repräsentant.[404] Es kommen aber auch regelmäßig die Rollen des Problemlösers, des Personalentwicklers oder des Ressourcenzuteilers vor[405], denn Ressourcen sind in Unternehmen, Institutionen und sonstigen Organisationen in der Regel knapp, wenn keine Verschwendung stattfinden soll. Management ist aber die Transformation von Ressourcen in Nutzen[406], weshalb es im Management auf die Resultate ankommt, die man damit erzielt.[407] Dementsprechend zählen zu den Aufgaben von Managern und Führungskräften, ambitionierte Ziele zu setzen, die knappen Ressourcen entsprechend zuzuteilen sowie eine angemessene Prozessdisziplin einzufordern. Schon allein an diesen drei Punkten wird klar, dass dies meist nicht zur vollen Zufriedenheit aller Beteiligten führt, weil manche beispielsweise scheinbar weniger ehrgeizige Ziele haben als andere. Dies gehört zum Manageralltag. Die für uns entscheidende Implikation ist, dass dadurch den Mitarbeitern eben oft nicht all das gegeben und zugeteilt werden kann, was sie gerne hätten. Genau das ist aber im Zuge der beschriebenen »Liebhabe-Leadership« lange Zeit geschehen. Lange wurden den Mitarbeitern nahezu alle Wünsche erfüllt, ganz in Füllhornmanier des Staates und Effizienz, Effektivität und Ergebnisse des Unternehmens wurden auf dem Altar dieses »Kuschelmanagements« geopfert. In Anbetracht notwendiger Sparsamkeit und zu Zwecken der Produktivitäts- und Effizienzsteigerung diese Wunscherfüllungspolitik nun zu beenden und von den Mitarbeitern Einschränkungen zu verlangen, bedeutet für viele eine Zumutung. Man denke nur an den Kampf um Homeoffice nach den Corona-Jahren.[408] Zumutung deshalb, weil der Mensch eben nicht gerne etwas hergibt, was er schon besessen oder errungen hat. Doch diese Zumutungen, denn es gibt deren noch mehrere, müssen Führungskräfte den Mitarbeitern wieder verstärkt abverlangen, wenn Produktivität, Effizienz und Wirtschaftlichkeit der Unternehmen im Kontext einer verbesserten Wettbewerbsfähigkeit wieder steigen sollen. Denn Führungskräfte tragen Verantwortung und gute, effektive Führungskräfte nehmen sie auch an.[409] Aber eben nicht nur gegenüber ihren Mitarbeitern, sondern eben auch gegenüber ihrem Chef, gegenüber dem Unternehmen, den Kunden oder allen anderen Gruppen, die berechtigte Ansprüche an das Unternehmen und die Führungskraft stellen können.

Führung ist eine Rolle, eine Aufgabe, an deren Ende das Erreichen von Zielen und das Abliefern von angestrebten Ergebnissen steht. Die Ergebnisse sind es, die am Ende des Tages im Unternehmen zählen,[410] sie entscheiden über die Zukunft eines Unternehmens oder einer Institution. Um hier als Führungskraft erfolgreich sein zu können, muss man diese Rolle mit der entsprechenden Haltung ausfüllen: »Ja, ich möchte die Ziele so gut und so verträglich für alle wie möglich erreichen und akzeptiere dabei, dass man es nicht allen hundertprozentig Recht machen kann.« Das hat nichts mit Überheblichkeit, mangelnder Wertschätzung oder Egoismus zu tun. Das bringt der Job einfach mit sich. Das wusste bereits Steve Jobs auf den Punkt zu bringen: »If you want to make everyone happy, don't be a leader, sell ice cream«.[411] Dementsprechend ist Führung auch als Rolle zu verstehen und nicht mit den Titeln zu verwechseln, die oft damit verbunden sind. Denn Management ist nicht gleichbedeutend mit Rang, Status und Privilegien.[412] Eine gewisse Bescheidenheit, gepaart mit einem gesunden, aber nicht übertriebenem Selbstbewusstsein helfen, diese Aufgabe in ihrem eigentlichen Sinn zu erfüllen. Dann ist man auch in der Lage, die negativen Emotionen, welche die genannten Zumutungen zwangsläufig implizieren werden, im Sinne des guten Zweckes zu ertragen. Die haben in den Boomjahren aber viele Führungskräfte gescheut, weshalb es eben zu diesen gehäuften Fällen von Kuschelmanagement kam. Dies war allerdings nicht nur davon geprägt, dass den Mitarbeitern nahezu alle Wünsche erfüllt wurden. Vielfach blieben Verfehlungen oder Minderleistungen von Mitarbeitern bis hin zu respektlosem Verhalten gegenüber Führungskräften ohne Konsequenzen. Ein gewisses Mindestmaß an Respekt gebührt aber jeder Führungskraft, eigentlich schon allein aus Gründen des Anstands, aber erst recht deshalb, weil das Gesetz dies so vorsieht.[413] Diese bereits beschriebene Entwicklung war ein guter Nährboden für die immer stärker werdende Verantwortungsflucht.

Es steht einer Führungskraft trotz solcher Widrigkeiten dennoch gut zu Gesicht, sich in den Dienst der Mitarbeiter, des Unternehmens und seiner Stakeholder zu stellen. Dementsprechend ist das in den 1970er-Jahren erstmals beschriebene und erst viele Jahre später populär gewordene Konzept des Servant Leader, also der dienenden Führungskraft, im eigentlichen Sinn der Sache. Denn dann akzeptiert man eben auch, dass eine Führungskraft im Sinne der Sache kein reiner »Wohlfühlmanager« sein kann, sondern eben im Rahmen seiner Verantwortung gegenüber seinen verschiedenen Dienstherren auch viele andere Gesichtspunkte bei seinen Entscheidungen und Handlungen berücksichtigen muss. Die Kunst ist dabei natürlich, jeweils möglichst das richtige Maß zu finden. Doch einem jeden Recht getan, ist eine Kunst, die niemand kann, das weiß schon der Volksmund. Wenn es Ressourcen und Zielsetzung aber erlauben, spricht nichts dagegen, dass sich die Mitarbeiter auch wohl fühlen. Eine Führungskraft muss nicht unbedingt ein »Manager des Unbehagens« sein. Aber alles mit Maß und Ziel.

Last but not least kann eine nach den Boomjahren plötzlich wieder eingeforderte Maßnahme tatsächlich für viele eine große Zumutung bedeuten, nämlich Anstrengung. Wenn Leistung und Zielerfüllung wieder eingefordert werden. Wenn die Menschen wieder dazu angehalten sind, ihre Arbeitsleistung wie vom Bundesarbeitsgericht gefordert in jeder Situation auch angemessen auszuschöpfen.[414] Also vorbei mit Gang zurückschalten oder Dienst nach Vorschrift, weil die Führungskräfte Druck machen. Wenn dies in einer anständig akzeptablen Weise erfolgt und für die Erreichung der Unternehmensziele erforderlich ist, spricht prinzipiell nichts dagegen. Führung muss nicht jedem Mitarbeiter zu jedem Zeitpunkt gefallen. Er muss auch mit gewissen Belastungen zurechtkommen, sofern sie gesetzeskonform, fair und zumutbar sind. Das Leben ist nun mal kein Wunschkonzert und auch kein Ponyhof, das gilt auch für den Arbeitsplatz. Dementsprechend dürfen und müssen Führungskräfte ihren Mitarbeitern im Rahmen ihrer Verantwortung durchaus auch die ein oder andere Zumutung »zumuten«. Hier stünde es wiederum den Mitarbeitern gut zu Gesicht, sowohl die Zumutungen als auch ihre Aufgaben anzunehmen und sich, wie im Rahmen von »Servant Leadership« erwartet, in den Dienst anderer Mitarbeiter, der Führungskräfte, des Unternehmens und seiner Stakeholder zu stellen. Denn Leader und Follower kreisen um das gemeinsame Ziel, den Unternehmenszweck.

5.2.3 Was gute Chefs von guten Mitarbeitenden unterscheidet

Der Titel dieses Kapitels lässt sich im Prinzip in einem Satz zusammenfassen. Der Unterschied besteht darin, dass Chefs zwar wie die Mitarbeiter sowohl Sach- als auch Follower-Aufgaben wahrnehmen, zusätzlich aber auch als Leader agieren müssen. Die Sachaufgaben der Chefs bestehen nach angelsächsischem Verständnis im Wesentlichen aus den

Management- und Führungsaufgaben des Leaderships. Follower sind dabei beide, denn jeder im Unternehmen ist Follower, auch der oberste Boss: Denn auch er muss etwa gegenüber dem Aufsichtsrat oder seinen Kunden und den Gesetzesvertretern als Follower agieren.[415] Gute Chefs müssen aber auch gute Leader sein, damit ihre Mitarbeiter auch gute Follower sein können. Denn beide sind zwangsläufig aufeinander angewiesen und können nur im Wechselspiel die besten Ergebnisse für das Unternehmen erzielen. Diese Wechselbeziehung besteht natürlich auch während des Tagesgeschäftes, sodass für diese Leader-Aufgabe weniger die strategischen und visionären Aspekte wichtig sind, sondern eher die personenbezogenen: Ansprechpartner sein, motivieren, mit Werten und sinnstiftenden Inhalten im Tagesgeschäft anführen, fachliche Weiterentwicklung, Veränderungsbereitschaft und Leistungssteigerung ermöglichen.[416] Gerade letzteres ist einer der Aspekte, die meist weniger mit dem Begriff Leadership in Verbindung gebracht werden. Wenig überraschend, denn Leadership ist wie Management eben nicht eindeutig definiert. Der bereits erwähnte Management-Vordenker Peter Drucker hat beschrieben, dass Leader »die Vision und die Leistung einer Person auf ein höheres Niveau heben und eine Persönlichkeit über ihre normalen Grenzen hinaus aufbauen«.[417] Was sich ein wenig pathetisch anhört, enthält im Kern aber zwei wesentliche Elemente: Die Entwicklung und Förderung von Menschen, die auch Malik als eine der grundsätzlichen Aufgaben von Führungskräften beschreibt[418], und die Steigerung der Leistung. Denn Leistung ist für Drucker das Wesen von Leadership.[419] Auch wenn das im digitalen Zeitalter viele überraschen mag, so hat sich daran nichts Wesentliches geändert. Denn Leistung ist es, die den wirtschaftlichen Erfolg oder Misserfolg eines Unternehmens entscheidend beeinflusst. Damit sind aber nicht nur Wirtschaftsunternehmen gemeint, sondern auch öffentliche Einrichtungen oder Ämter.

Hohe Leistung lässt sich bei Mitarbeitern aber nicht dauerhaft nur durch das bloße Erfüllen von Wünschen und gutes Zureden und Loben in Form wohlgemeinter Motivation erreichen. Dieser zwangsläufig irgendwann zur Heuchlerei verkommende Ansatz ist ähnlich jenem Kuschelmanagement, dessen Ergebnisse in vielen Unternehmen nach Corona zu beobachten waren. Leader müssen dafür sorgen, dass ihre Follower erfolgreich sein können. Dass sie performen können und wollen. Genau so, wie Follower durch das passende Managing up dafür sorgen müssen, dass ihre Führungskräfte (und somit sie gemeinsam) erfolgreich sind. Das Können kann beispielsweise durch die entsprechende Gestaltung von Arbeitsplatz, Aufgabe, Qualifizierung und Personaleinsatz beeinflusst werden. Das Wollen zu großen Teilen durch die Unternehmenskultur, die persönliche Förderung und Forderung und natürlich auch durch die Gestaltung des Führungsprozesses selbst. Leadership ist also Arbeit[420], die nicht selten hart und anstrengend sein kann. Also auch Führungskräfte müssen sich dabei richtig anstrengen, wenn sie Erfolg haben wollen. Führungskräfte müssen wie die Mitarbeiter ihre Aufgaben erfüllen und nicht nur so tun als ob. Durch ihre Arbeit müssen sie einen spürbaren Beitrag zum Unternehmenserfolg leisten. Für eine Führungskraft reicht es nicht aus, nur wichtig sein zu wollen, so Fredmund Malik, sie muss vielmehr durch ihre Tätigkeit einen erkennbaren Wert für das Unternehmen schaffen. Wer nur bekannt und berühmt sein will, sollte nicht Manager werden, sondern besser ins Unterhaltungsgeschäft gehen.[421]

Wie Leader ihren Führungsalltag nun detailliert ausgestalten und welchen speziellen Führungsansatz sie jeweils verwenden, wollen wir hier nicht näher diskutieren. Dies und die mittlerweile fast inflationär hinzukommenden Ansätze für »wirklich gute Führung« können den einschlägigen Büchern, Blogs oder Kanälen entnommen werden. Egal, welchen Führungsansatz man wählt, sollte er immer in einer gewissen Weise an die aktuelle Zeit angepasst werden, ohne eine modeartige Erscheinung zu entfalten. Auch klassische Führungsansätze können in der digitalen Welt zum Erfolg einer guten Followership führen, wenn sie in die aktuelle Zeit »übersetzt« werden. Es ist Leadern auch nicht zu empfehlen, jedem Hype und jeder Mode, wie man inzwischen schon sagen muss, an modernen Managementmethoden und Führungstools nachzulaufen. Dies beraubt den Leader nicht nur seiner Glaubwürdigkeit und schürt Zweifel an seiner Kompetenz, sondern lässt eine verlässliche Stabilität und Kontinuität im Ansatz vermissen.

Führung ist wie ein Arbeitsplatz keine Einbahnstraße. Es reicht, gerade im digitalen Zeitalter, nicht mehr aus, nur einmal im Jahr ein Gespräch zu den Jahresergebnissen, den persönlichen Entwicklungsmaßnahmen, zur Zielvereinbarung und vor allem zur persönlichen Performance zu führen. Jenseits dessen, dass sich Leader und Follower diesbezüglich viel häufiger austauschen sollten, zählen auch Dinge wie die Klärung der gegenseitigen Erwartungshaltung, die Reflexion von Ziel, Sinn und Zweck der Follower-Rolle und ein in angemessenen Zeitabständen und situationsgerecht durchgeführtes Feedback in beide Richtungen dazu. Ohne Letzteres ist bei Leader und Follower keine Optimierung der jeweiligen Leistung möglich. Die Kommunikation sollte von gegenseitiger Wertschätzung geprägt sein, die dem Namen auch gerecht wird. Dazu zählen dann aber auch Tadel, Kritik oder der konkrete Hinweis, was an der erbrachten Leistung gut oder schlecht war. Das ist bei respektvoller Formulierung auch wertschätzend, weil ehrlich und hat schon allein deshalb einen Wert, weil dem Feedbacknehmer die Chance zur Verbesserung gegeben wird. Andernfalls müsste es ja nicht »Wertschätzung vermitteln« heißen, sondern nur »loben«. Das ginge aber an der Realität vorbei, denn niemand macht stets alles nur gut. Diese Facette des Führens ist definitiv anstrengend, für eine erfolgreiche Beziehung zwischen Follower und Leader aber nötig. Gleichgültig, welchen Führungsansatz man anwendet, Respekt, ein angemessener Ton, auch und gerade im Konfliktfall, hinreichendes Vertrauen und aufrichtige Ehrlichkeit sind gefragt – und zwar auf beiden Seiten!

Wer allerdings von einem Management-Hype zum nächsten springt, hat ebenso wenig Stehvermögen wie ein Leader, der den Mitarbeitern stets nach dem Mund redet, sie mit ihrer Überforderung alleinlässt und sich nicht traut, konsequent zu entscheiden, auch wenn das Zumutungen bringt. Das gilt insbesondere auch für agile und selbstorganisierte Teams mit häufiger wechselnden Führungspersonen. Dementsprechend können solche Führungskräfte auch keine Followership aufrechterhalten, nach der eigenverantwortliche Follower für das Unternehmen, die Mitarbeiter und Führungskräfte mitdenken und sich dafür auch zielorientiert einsetzen. Zwischen Servant Leadern und »Schwächlingsmanagern« ist ein himmelweiter Unterschied. Mangelnde Followership hat also zweifellos mit den Führungskräften zu tun. Das Praktizieren guter Leadership unterscheidet also gute Chefs von guten Mitarbeitern.

5.3 Neue Allianzen: Loyalität, Respekt, Anstand – neu codiert

Wer immer dasselbe tut, wird immer die gleichen Ergebnisse erhalten, das haben wir am Anfang des Kapitels festgestellt. Will man also die beschriebene Entwicklung umkehren oder in eine andere Richtung lenken, müssen verändernde Maßnahmen ergriffen werden. Die beschriebene Kluft zwischen Mitarbeiter und Unternehmensleitung gilt es zu überwinden. Denn beide ziehen betriebswirtschaftlich letztendlich am selben Strang. Auch die scheinbaren Interessengegensätze zwischen den Generationen[422] müssen wie der Graben zwischen Wirtschaft (Stichwort »tricksende Unternehmen«) und Gesellschaft überwunden werden – denn dies hat zur beschriebenen Entwicklung beigetragen. Hierzu müssen also neue Allianzen gebildet werden, denn es geht langfristig nur miteinander. Wie wichtig Allianzen sind, erkennt man im Kleinen wie im Großen: Die im Jahr 2019 vom französischen Präsidenten Macron noch als »hirntot« bezeichnete NATO hat mit dem Beginn des Ukraine-Krieges im Februar 2022 schlagartig neue Bedeutung gewonnen.[423] Für die Allianz der Europäischen Staaten in Form der EU gilt dies im Handelsstreit mit den USA im Jahr 2025 genauso wie für die Aufrechterhaltung des Europäischen Gewichts auf politischer Bühne weltweit. Deutschland als Einzelstaat kann hier nicht allzu viel ausrichten. Damit sich Allianzen bilden und verfestigen können, müssen sich die Partner auf ihre Gemeinsamkeiten konzentrieren, sonst kann keine Gemeinschaft entstehen.

Arbeitgeber und Arbeitnehmer haben aber vieles gemeinsam, wenn auch nicht alles. Sie wollen durch ihre Arbeit Geld verdienen. Sie wollen sich verwirklichen und sonstige Bedürfnisse durch ihre Arbeit stillen. Beide Parteien können aber nur erfolgreich sein, wenn sie trotz verschiedener Ziele und Interessen zu einem gewissen Maß miteinander arbeiten. Denn ein Gegeneinander bedeutet zusätzliche Verluste, bedeutet ein Zurückbleiben hinter den Möglichkeiten, bedeutet eine geringere Wettbewerbsfähigkeit auf den entscheidenden internationalen Märkten, ohne die der deutsche Wohlstand nicht zu erhalten ist. Andere Länder warten nur darauf, sich vom deutschen Wohlstandskuchen eine größere Scheibe abzuschneiden. Unser Wohlstand wird aber nur Bestand haben, wenn die deutsche Wirtschaft international wieder wettbewerbsfähiger wird. Es müssen sich nämlich alle Unternehmen und Institutionen an den Standards der Spitzenreiter messen lassen, unabhängig, ob sie nur national oder international arbeiten.[424] Das verlangt aber größtmöglichen Erfolg der Unternehmen im Bestreben um Wettbewerbsfähigkeit und das geht am besten miteinander. Dann haben alle am meisten davon. Ansonsten gibt es Sieger und Verlierer, kleine Sieger und große Verlierer oder am Ende nur Verlierer. Für Unternehmen und ihre Mitarbeiter bedeutet das, dass sie, Leader und Follower, in der täglichen Praxis ein anderes, ein neues Miteinander brauchen, das den gemeinsamen Erfolg im Fokus hat. Und dazu muss auf der Mitarbeiterseite auch einiges passieren, denn mit 52 Prozent, die regelmäßig nicht ihr Bestes geben, und 78 Prozent, die nur Dienst nach Vorschrift machen, wird das auch bei noch so vielen staatlichen Hilfsprogrammen und Investitionsmaßnahmen nicht gelingen können. Wenn Deutschland sich nicht aus der momentanen Lähmung befreien und international wieder gefragt sein kann, wird der langfristige Wohlstand darunter leiden. Daran ändern auch scheinbar kleine Lichtblicke der wirtschaftlichen Erholung nichts, weil diese ohne die beschriebenen Veränderungsmaßnahmen wieder verpuffen oder von anderen Entwicklungen überlagert werden können. Ergo: Es muss etwas passieren.

5.3.1 Was Unternehmen jetzt wirklich brauchen

Die Unternehmen in Deutschland brauchen wieder mehr Wettbewerbsfähigkeit, zu der auch eine spürbar höhere Produktivität und bessere Qualität zählen. Das verlangt aber eine Belegschaft, die sich nicht überwiegend als Opfer sieht, sondern die eigenverantwortlich arbeiten und auch für das Team, die Führungskräfte und das gesamte Unternehmen Mitverantwortung übernehmen will. Dies ist im Prinzip der Kern von Followership. Doch egal, wie man es nennt, diese Elemente sind entscheidend für die Rückkehr zum Erfolg. Dementsprechend muss natürlich auch die Führungsmannschaft ihren Teil leisten durch passende Führung und Leadership, damit der wechselseitige Ansatz unterm Strich auch erfolgreich sein kann. Dies gilt selbstverständlich auch für agile und selbstorganisierte Teams, sodass auch alle, die irgendwann Führungsaufgaben übernehmen, die entsprechenden Skills benötigen. Der beste Sachbearbeiter ist nicht automatisch auch eine gute Führungskraft. Führung und Leadership sind Kompetenzen, die wie die Followership erworben werden müssen. Doch es bedarf auch eines entsprechenden Gegenstücks auf der Followerseite. Mitarbeiter, die sich führen lassen wollen, die für das Unternehmen mitdenken und sich dafür auch einsetzen und anstrengen. Auch dann, wenn es mal nicht ganz nach ihren Vorstellungen läuft, wenn sie nicht nur positives Feedback bekommen oder andere im Unternehmen profitieren und Erfolg haben. Jenseits der beschriebenen Kompetenzen sind hierfür aber die jeweiligen Haltungen und Einstellungen wichtige Einflussgrößen. Dass man sich auch in den Dienst von Unternehmen, Chefs und anderen Mitarbeitern stellen will, so wie man es ja auch von den Führungskräften erwartet. Denn Unternehmen brauchen Mitstreiter, auf die sie sich beim Kampf um den Unternehmenserfolg verlassen können. Keine Konsumenten, die nur kommen und gehen, wann sie wollen und nur geben und nehmen, was ihnen gerade gefällt, ohne Rücksicht auf die Bedürfnisse des Unternehmens und der anderen dort beschäftigten Personen; Zuverlässigkeit, Engagement und Loyalität sind hier wichtige Stichwörter. Dass man dabei bleibt, auch in schwierigen Situationen, dass sich die Kollegen auf einen verlassen können, dass man sie bei der Problembewältigung auch unterstützt. Dass man im Rahmen der eigenen Möglichkeiten seinen Beitrag leistet, der gerade notwendig ist, und nicht nur das Minimalmaß abliefert, weil einem etwas nicht gefallen hat oder man befürchtet, danach ständig zu Gunsten anderer übervorteilt zu werden. Dazu ist eine entsprechende Einstellung nötig, damit ein gedeihliches Geben und Nehmen im Unternehmen möglich wird. Dies sollte aber auch fester Bestandteil der Unternehmenskultur sein, damit alle ein entsprechendes Verhalten und Engagement an den Tag legen. Und zwar so, dass auch jene geben und nehmen können, die nur kurzzeitig an Bord sind. Dass auch die zu dem kommen, was ihnen »zusteht«, wenn sie ihren Beitrag geleistet haben. Darum muss dieses Geben und Nehmen auch an das jeweilige Unternehmen angepasst werden und kann nur in groben Zügen überall gleich sein. Damit sich das in der Praxis aber einstellen kann, sind nicht nur die Führungskräfte, sondern vor allem die Arbeitnehmer gefragt. Dies verlangt auch den festen Willen, mit den Führungskräften partnerschaftlich zu kooperieren und sie nicht als vermeintliche Gegner zu sehen. Vielmehr in ihnen Leader zu erkennen, die wie die Follower das gleiche Ziel haben, den Unternehmenserfolg, zum größtmöglichen Wohl aller. Denn es ist experimentell nachgewiesen, dass sich hohe Leistungen und große Produktivitätszuwächse dann einstellen, wenn sich zwischen Leadern und Followern eine belastbare Partnerschaft etabliert.[425]

Alles schön und recht, aber wie erreicht man das? Was kann man denn schon tun, wenn der Schlendrian bereits im Unternehmen ist und – wie in Deutschland – 52 Prozent der Beschäftigten regelmäßig nicht ihr Bestes geben? Wie überall dort, wo man feststellt, so geht's nicht weiter, müssen auch in den Unternehmen dann entsprechende Veränderungen her. Es liegt an den Unternehmen selbst, zu versuchen, durch passende Maßnahmen Prozesse, Strukturen und vor allem die Kultur in die richtige Richtung zu verändern. Es handelt sich deswegen um Versuche, weil Organisationen komplexe Systeme mit Menschen sind[426], die man nicht wie eine Maschine einfach durch die Veränderungen einzelner Einstellungsparameter schnell zu einem anderem Arbeitsverhalten führen kann.[427] Hier sind das altbekannte Change Management oder die im digitalen Zeitalter passendere Unternehmenstransformation entscheidende Maßnahmen. So wie die Geschäftsprozesse auf die digitale Welt umgestellt werden müssen, so müssen auch die Zusammenarbeit und die Kultur im Unternehmen entsprechend transformiert werden, damit sie den momentanen und den zukünftigen Herausforderungen gerecht werden können – und hierzu sind Leader und Follower gefragt. Ohne hinreichenden Willen und Mitwirkung der Mitarbeiter bleibt nämlich solch ein Unterfangen, wie schon viele Veränderungsprojekte in der Vergangenheit gezeigt haben[428], am Ende des Tages erfolglos. Es liegt wesentlich an ihnen, ob die Transformation zu einer neuen Unternehmenskultur gelingt. Natürlich bedarf dies der Mitwirkung des Unternehmens durch entsprechende Maßnahmen wie die Personal- und Organisationsentwicklung. Denn so, wie sich die Welt stets weiter verändert, entwickeln sich auch Menschen und Mitarbeiter ständig weiter. Das kann und soll kein Chef und keine Führungskraft verhindern. Die Frage ist dann eben nur, wohin sie sich verändern, sodass ein Unternehmen im besten Fall versuchen kann, diese Veränderung gezielt zu beeinflussen.[429] Somit liegt es eben zum großen Teil an den Mitarbeitern, ob sie die Veränderung wollen oder nicht. Ob sie weiterhin in der Opferrolle und bei der Verantwortungsflucht bleiben wollen oder nicht. Denn solche Transformationen können nur Prozesse und Strukturen gezielt beeinflussen, nicht aber das Verhalten der Menschen direkt steuern oder gar eine ganz bestimmte Organisationskultur herbeiführen.[430] Die Mitarbeiter sind es, die den Aufbruch wollen müssen. Heraus aus der Bequemlichkeit der Komfortgesellschaft, hin zu einer Arbeitswelt des fairen Gebens und Nehmens, in der jeder seinen Teil der Verantwortung mit übernimmt und sich als Akteur und Mitwirkender am Unternehmenserfolg und nicht als Opfer sieht. Natürlich müssen die Chefs und Führungskräfte einen solchen Wandel initiieren, ermöglichen und begleiten. Doch er steht und fällt mit der Bereitschaft der Mitarbeiter zum Mitmachen. Wünschenswert wäre natürlich ein neuer Gesellschaftspakt, bei dem die gesamte Gesellschaft sich aus dieser Opfer- und Komfortposition herausbewegt. In dem Wirtschaft und Gesellschaft zusammen mit den staatlichen Institutionen wieder mehr an einem Strang ziehen. Ein Pakt, bei dem man in Deutschland wieder positiver zu Unternehmen, Unternehmern und der Wirtschaft steht und sich als Arbeitnehmer dementsprechend einbringt. Dass man als Nicht- oder Nicht-mehr-Arbeitnehmer vom Staat nichts Unmögliches verlangt und kein unverschämtes Nehmen ohne Geben in »Das steht mir zu-Manier« praktiziert. Denn das müssen am Ende alle gemeinsam tragen. Das ist zwar vorrangig eine Aufgabe der Politik, doch jeder kann in gewisser Weise dabei mitwirken. Die Unternehmen können sich aber bis auf Weiteres erst einmal nur auf sich selbst stützen und besagten Wandel hin zu mehr Verantwortung, mehr Miteinander und einem fairen Geben und Nehmen im Unternehmen selbst einleiten und gestalten.

Geben und Nehmen geht aber nicht ohne Respekt vor den Bedürfnissen des anderen und ohne dem Gegenüber ein gewisses Wohlwollen entgegenzubringen. Das heißt: »Ja, ich möchte, dass der andere auch etwas von unserer Partnerschaft hat, und ich gönne ihm das. Wir sind Partner und brauchen einander«. Respekt und Wohlwollen aber sind Teil der Wertschätzung. Der andere hat für mich einen Wert, weil ich ihn brauche, weil es ohne ihn nicht geht und/oder weil ich ihn als Partner oder Person sogar schätze. Dies verhindert, dass man sich grämt, sich permanent als übervorteiltes Opfer sieht oder zurückschlägt, wenn sich die Dinge anders entwickeln, als man es gerne hätte oder wie es vielleicht sein sollte. Weil der Partner vielleicht einmal seinen Teil nicht so erbracht hat, wie er eigentlich sollte. Das Geben und Nehmen vertraut aber darauf, dass es in dieser Partnerschaft auch wieder Situationen geben wird, in denen das Pendel in die andere Richtung ausschlägt. Es kann nämlich immer wieder vorkommen, dass man bei allem guten Willen dem anderen einmal nicht geben kann, was man schuldet und was ihm eigentlich zusteht. In solchen Situationen ist man dann froh, wenn der andere Nachsicht übt und weder die Beziehung noch das betriebliche Miteinander darunter leiden. Darum ist das Führen von »Strichlisten«, die enthalten, wer einem wann was schuldig geblieben ist, um dann im Gegenzug wieder genau aufzurechnen, was man dem anderen auch einmal abgeluchst hat, damit wieder scheinbarer Gleichstand entsteht, keine adäquate Vorgehensweise eines partnerschaftlichen Gebens und Nehmens. Es muss eine gewisse Großzügigkeit in der täglichen Auslegung der Regeln geben, ohne dass diese gleich zur Farce verkommen müssen. Weil man ein gewisses Vertrauen in den anderen hat, das nicht gleich schwinden darf, wenn es auch mal auf eine harte Probe gestellt oder auch einmal enttäuscht wird. Denn Vertrauen, so Sprenger, ist eben nicht absolut, nicht nur schwarz oder weiß.[431] Dieses Vertrauen hat Einfluss darauf, wie Menschen ihr persönliches Geben und Nehmen gestalten. Das hängt zu großen Teilen vom Menschenbild, von der Haltung und der Einstellung der Einzelpersonen ab. Sehe ich den anderen, etwa die Führungskraft, als Knecht oder Feind oder sehe ich ihn als Mitmenschen, Kollegen und Geschäftspartner. Einem Geschäftspartner muss man aber auch regelmäßig »seinen Deal machen« lassen und ihm etwas Gutes gönnen, sonst wird die Partnerschaft nicht lange bestehen bleiben – ganz nach dem Motto »Leben und leben lassen«. Mit einem Fokus nur auf den eigenen Nutzen kann ein ausgewogenes Geben und Nehmen nicht gelingen. Dieser Balanceakt gehört zwar in einem gewissen Maß auch zur Kollegialität dazu, ist aber letztendlich dennoch mehr. Wenn dieses Geben und Nehmen unter dem Strich ausgewogen ist, haben die Partner in der Regel mehr davon, als wenn sich jeder nur an das hält, was ihm zusteht und was er genau geben muss. Ziel sollte daher sein, diesen Balanceakt zwischen im Unternehmen Tätigen zur Regel zu machen, weil dann unterm Strich für alle mehr herauskommt. Da ist dann auch kein Platz mehr für falsche Neiddiskussionen oder ein beleidigtes Getue – gelebte Followership eben. Dieses Geben und Nehmen ist wie ein Arbeitsvertrag keine Einbahnstraße. Es unterscheidet sich vom bloßen Ausnutzen, denn hier müssen Leader und Follower geben und nehmen, hier müssen Arbeitnehmer und Arbeitgeber mitmachen, wenn es funktionieren soll. Das kann freilich nur gelingen, wenn hier weder falsche Erwartungen und Wertmaßstäbe an den Tag gelegt noch Inhalte und Ergebnisse durch falsche Interpretation getrübt werden. Denn es gibt in allen Lebenslagen und erst recht am Arbeitsplatz immer wieder Situationen, in denen ein Verzicht besser ist als das Beharren auf einem, vielleicht sogar berechtigten Anspruch. Die in Kapitel 4.3.4 beschriebene Solidarität bedeutet im Arbeitsalltag letztendlich auch ein praktiziertes Geben und Nehmen, die Einschränkung der eigenen Ansprüche zugunsten derer, die unsere Unterstützung wirklich brauchen. Das kann aber durchaus jemand sein, der einen höheren Rang und mehr Einkommen hat als wir selbst, der Unternehmenschef beispielsweise. Dennoch müssen wir uns dann im beschriebenen Sinn mit ihm solidarisch zeigen. Dieses Vorgehen war in vielen deutschen Unternehmen lange Zeit gang und gebe und hatte einen Teil des Erfolgs von Unternehmen und Wirtschaft ausgemacht. Es funktioniert also. Es funktioniert auch im digitalen Zeitalter, denn das ist eine zwischenmenschliche Sache und hat nichts mit der Technik zu tun. Hier scheint aber in den letzten zehn Jahren den Menschen die Balance abhanden gekommen zu sein. Sie scheinen aus den Augen verloren zu haben, dass man mit anderen eben auch ordentlich umgehen muss, wenn man das für sich selbst beansprucht, unabhängig davon, was der andere »hat oder ist«. Denn wer nehmen will, muss auch geben können. Wer austeilen will, muss auch einstecken können. Das ist eine alte Regel. Das gehört zu Fairness und Anstand. Der Balanceakt des Gebens und Nehmens hat also mit

Anstand und Fairness im Unternehmen zu tun. Und diesen Anstand gilt es passend für die Arbeitswelt des digitalen Zeitalters neu zu codieren.

5.3.2 Die stille Kraft von Selbstmanagement, Mitdenken und Loyalität

Die meisten Menschen erlangen ihre Effektivität durch die Zusammenarbeit mit anderen Menschen.[432] Allein können sie meist nur wenig bewirken. Selbstmanagement bezeichnet die Fähigkeit, sich durch selbstregulierende Gedanken und Verhaltensweisen all seinen Aufgaben zu widmen und mit schwierigen oder herausfordernden Situationen umzugehen.[433] Um aber durch dieses Selbstmanagement überhaupt wirksam tätig werden zu können, müssen Mitarbeiter zueinander in Beziehung treten und Beziehungsverantwortung übernehmen. Das bedeutet zu akzeptieren, dass andere Menschen, sowohl Führungskräfte als auch andere Mitarbeiter, in gleichem Maße Individuen sind wie der Mitarbeiter selbst, und dass die anderen auch ihre eigenen Wertvorstellungen und ihre eigene Art und Weise des Arbeitens haben.[434] Selbstmanagement ist die Steuerung des eigenen Arbeitsverhaltens und die Gestaltung der eigenen Arbeitssituation möglichst unabhängig von externen Stimuli wie den Anweisungen einer Führungskraft oder den (manchmal auch störenden) Impulsen anderer Mitarbeiter.[435] Sie ersetzt jedoch auf keinen Fall, wie das so oft vermutet wird, Führung, sondern reduziert deren Funktion auf die notwendige Unterstützung und die Verdeutlichung der Aufgabengrenzen.[436] Sie sorgt für die Einbindung der Mitarbeiter in die Organisation sowie den Abgleich von Zielen und Ansätzen. Für den Einsatz der eigenen Arbeitskraft und die Erzielung von Ergebnissen ist aber der Mitarbeiter zuständig, worauf Selbstmanagement entsprechenden Einfluss hat. Dies erfordert die richtige Einschätzung der Situation, die Beurteilung von Aufgabe und Lösungsmöglichkeit, die Durchführung der Arbeit unter Berücksichtigung eventueller Prioritäten sowie das Begutachten des Ergebnisses. Diese Verhaltensweise, das »still vor sich Hinarbeiten« zur Erbringung der Arbeitsergebnisse, ist die Keimzelle jeden Unternehmenserfolgs, denn diese Ergebnisse sind es, die in irgendeiner Form, direkt oder indirekt, gewinnbringend an den Kunden verkauft werden können. Spinnt man die beschriebene Vorgehensweise weiter, so lässt sich der Erfolg des Mitarbeiters jenseits der von ihm erbrachten Einzelleistung aber noch wesentlich vergrößern. Indem er über seinen Tellerrand hinaussieht und prüft, ob er seine eigene Wertschöpfung und die seiner Mitstreiter durch die Anpassung seiner Arbeit nicht noch verbessern kann, weil er nicht nur seine eigene Situation, sondern die Bedürfnisse seines Umfelds in seine Handlungen und Entscheidungen einbezieht. Weil er sozusagen für die anderen Mitarbeiter und Arbeitsbereiche mitdenkt und durch sein angepasstes Handeln Verantwortung für ihre Arbeit mitübernimmt. In Kapitel 5.1.1 haben wir gesehen, was praktizierte Followership ausmacht: Verantwortung für die Organisation übernehmen und dazu auf Leader und andere Follower einwirken. Followership hat also mit einem Mitdenken für das Unternehmen, die anderen Mitarbeiter und die Führungskräfte zu tun. Dieses Mitdenken steht spätestens seit dem Beginn der Corona-Pandemie bei vielen Unternehmen auf der Wunschliste dessen, was sie von ihren Mitarbeitern erwarten würden. Auf die Frage angesprochen, welche Mitarbeiter sie bräuchten und gerne hätten, geben Führungskräfte und Personalverantwortliche oft sinngemäß folgende Antwort:[437] Menschen, die für das Unternehmen mitdenken, die ihre Arbeit gut machen, selbst sehen, was zu tun ist und nicht für alles eine Führungskraft brauchen. Menschen, die sich nicht vor ihren Aufgaben drücken und der Führungskraft zwar zur richtigen Zeit Paroli bieten, jedoch nicht ständig aufmüpfig sind, nicht ständig opponieren und ihre eigene Verantwortung wahrnehmen. Also Menschen, die Selbstmanagement und Followership praktizieren und im Sinne des Unternehmens agieren, also mitdenken. Letzteres bedeutet, dass Mitarbeiter über ihre eigene Arbeit hinaus den Kontext, in dem sie diese erbringen, die daraus resultierenden Anforderungen an ihre Arbeit und deren Auswirkungen auf die ganze Organisation durchdenken und daran orientiert ihre Handlungen so anpassen, dass der größte Nutzen erzielt wird. Dieses Vorgehen verleiht der eigenen Arbeit einen höheren Sinn, der gefordert wird, so wie es Malik den Managern als einen der Grundsätze wirksamer Führung empfiehlt.[438] Dies umfasst letztendlich hier und da auch die Bereitschaft, die eigenen Befindlichkeiten zurückzustellen, sofern dies in der jeweiligen Situation zumutbar ist, und für das Unternehmen da zu sein. Das ist dann praktiziertes Geben und Nehmen. Für das Unternehmen mitdenkende Mitarbeiter müssen dabei nicht notwendigerweise »Unternehmer im Unternehmen« (Intrapreneure) sein, sondern vielmehr Personen, die auch berechtigte Kritik am Unternehmen und den Chefs üben, aber nicht um der Kritik willen, sondern um das Unternehmen konstruktiv zu verbessern.[439] Das ist gelebte Mitverantwortung, die einer Opferhaltung keinen Raum bietet. Richtig praktiziert geschieht dieses Mitdenken zwar still und leise, hat aber enormen Einfluss auf das Ergebnis eines Unternehmens.

Wir wollen an diesem Punkt nochmals auf die bereits in Kapitel 2.3.1 diskutierte Tugend der Loyalität zurückkommen, die in den letzten Jahren sprichwörtlich unter die Räder gekommen zu sein scheint. Denn ihr wohnt wie dem Mitdenken bei aller Stille, in der sie im Tagesgeschäft stattfindet, eine enorme Kraft inne. Loyalität beeinflusst u. a. die Wahrnehmung des Leistungsangebotes auf Seiten der Kunden positiv und stärkt damit die Zuverlässigkeit der Leistungserbringung. Sie ist aber generell für die Kooperation zwischen Leader und Follower von hoher Bedeutung.[440] Loyalität bedeutet eine Instanz respektierend, vertragstreu, redlich, anständig zu sein.[441] Den Leader oder die Führungskraft also respektieren und sich ihr gegenüber auch im Konfliktfall anständig zu verhalten. Also nicht beim erstbesten, nicht so rosig ausfallenden Feedback sich gleich in die Schmollecke zurückziehen und in die Opferrolle schlüpfen. Sich trotzdem an den (Arbeits-)Vertrag halten und weiterhin ein faires Tauschgeschäft praktizieren. Das bedeutet auch loyal zu sein. Und zwar der Rolle des Leaders gegenüber, und nicht unbedingt seiner Person, auch wenn sich beides nicht ausschließt. Denn der Leader-Rolle gegenüber loyal zu sein ermöglicht, diese Loyalität in jenen Fällen zu praktizieren, in denen man die Person des Leaders nicht besonders schätzt. Das ist professionell, denn zur Beziehungsverantwortung zählt eben auch die Akzeptanz des anderen. Wer diese Form der Loyalität lebt, kann auch die Widrigkeiten, die in der Zusammenarbeit zwischen Leader und Follower entstehen können, in Mitverantwortung für das Unternehmen besser ertragen, ohne Kritik und hier und da vielleicht fehlende Wertschätzung gleich persönlich zu nehmen. Betrachtet man Leadership und Followership als Formen des Verwaltens der Belange des Unternehmens, dann richtet sich die Loyalität auf den Zweck und die Ziele der Organisation und ihrer Stakeholder.[442] Dann ist man loyal gegenüber dem Unternehmen und seinen Vertretern, den Führungskräften und Chefs. Dies macht es dann auch leichter, Loyalität in der agilen und digitalen Arbeitswelt zu praktizieren, in der sich häufig keine starke persönliche Beziehung zwischen Follower und Leader mehr ausbildet. Professionelle Follower haben auch Mut, die eventuell nötigen Unternehmenstransformationen aktiv zu unterstützen.[443] Dieser Mut zeigt sich u. a. auch darin, dass Follower trotz aller Schwierigkeiten gegenüber Leader und Organisation loyal bleiben und die Herausforderungen der Transformation annehmen.[444] Gelebte Loyalität ist eine stille Kraft, die nicht nur ein dauerhaft gedeihliches Zusammenwirken von Mitarbeitern und Führungskräften ermöglicht, sondern auch die notwendigen Veränderungen im Unternehmen erfolgreich werden lässt. Weglaufen und Blaumachen kann jeder. Aber auch in schwierigen Situationen zum Unternehmen und zur Führungskraft zu stehen, ist eine Eigenschaft, die Mitarbeiter auszeichnet.

5.3.3 Aufbruch statt Abrechnung: Warum wir uns wieder anstrengen dürfen

Es sei zu Beginn dieses abschließenden Kapitels noch einmal in Erinnerung gebracht: Wer immer dasselbe macht, wird immer dieselben Ergebnisse erhalten. Wenn nun am Ende dieses Buches die Frage im Raum steht, wie es denn nun weitergehen soll, dann kann man entweder dasselbe machen wie bisher oder die Dinge ändern. Blickt man auf die letzten 10 bis 15 Jahre zurück, so wurde bei schwerwiegenden gesellschaftlichen Problemen fast immer dasselbe gemacht: Lamentieren, Schuldige suchen, die Schuld auf sie abladen, den Bedarf und die Schwierigkeit der Veränderung lang und breit diskutieren, einen Maßnahmenplan aufstellen und diesen aber nicht umsetzen, sobald die Diskussion über das Thema in Politik und Medien wieder abgeklungen war. Getan wurde am Ende nur dort etwas, wo es ganz ohne Maßnahmen überhaupt nicht mehr weitergegangen wäre. Beispiele für Herausforderungen, die nach diesem Schema abgearbeitet wurden (oder auch nicht), sind die Reformen der Renten-, Pflege- und Krankenversicherung, das Gesundheitssystem als Ganzes, das Problem der zunehmenden Belastung durch Beamtenpensionen oder der Umgang mit der Frage der illegalen Migration. Weil aber nicht das Notwendige getan wurde, haben sich die Dinge nicht wirklich verbessert, sondern die Belastungen für Staat und Gesellschaft sind geblieben, die nötigen Reformen wurden nur zeitlich verschoben und am Ende das jeweilige Problem weiter verschlimmert. Diese Vogel-Strauß-Manier der Problembewältigung löst eben keine Probleme, egal welche Partei sie betreibt. Da half und hilft es auch nicht, dass die politisch Verantwortlichen im Rahmen von (skandalisierten) »Showdowns« in den Parlamenten »gestellt« wurden und dann eine (verbale) »Abrechnung« stattfindet.[445] Für mich alles Augenwischerei, weil solche Veranstaltungen vielleicht das Ohnmachtsgefühl der Bürger hinsichtlich der Aktionen der Mächtigen etwas mildern und dem Bedürfnis, die Politiker deswegen »zur Rede stellen«, abhelfen, aber natürlich keine wirklichen Verbesserungen zu bewirken vermögen – ganz im Sinne Shakespeares: Viel Lärm um nichts. Wenn es nun darum geht, die Wettbewerbsfähigkeit der deutschen Wirtschaft wieder zu stärken und die Produktivität zu erhöhen, könnte man genauso verfahren: eine Abrechnung in Sündenbockmanier. Aber, auch das wird die Lage nicht entscheidend verbessern. Am Ende des Tages hilft nur eines, nämlich anpacken und aufbrechen. Jeder bei sich, jeder mit in seinem Unternehmen, seinem Verein, seiner Familie, seiner Kirche, seiner Gemeinde oder mit wem auch immer. Nur dann wird sich wirklich etwas verändern. Am meisten wird dann in den Unternehmen geschehen, wenn dies in einer Art »konzertierter Aktion« stattfindet, bei der möglichst alle mit- und in die gleiche Richtung ziehen. Was also tun, wenn die Produktivität schlecht ist? Die Antwort ist ganz einfach: Sie verbessern durch eigenes Anpacken. Durch Suchen und Umsetzen von Möglichkeiten zur Verbesserung der eigenen Arbeitsleistung. Dazu kann auch gehören, dass man sich wieder oder etwas mehr als bisher anstrengt, sofern das eine reale Möglichkeit darstellt. Denn Arbeit und Leistung sind anstrengend, aber das ist legitim. Und nur, weil das in den letzten zehn Jahren in Vergessenheit geraten oder aus der Mode gekommen ist, muss das in der Zukunft nicht unbedingt so bleiben. Denn wenn es möglich und zumutbar ist, dürfen wir uns auch wieder mehr anstrengen.

Warum aber dürfen? Erinnern wir uns noch einmal kurz an die Handlungsdeterminanten nach Lutz von Rosenstiel: das persönliche Können und Wollen sowie das soziale Dürfen und Sollen. Die Erklärung mit dem Dürfen fällt uns relativ leicht: »Wieder dürfen« heißt, dass es in letzter Zeit durchaus gesellschaftlich verpönt war, in irgendeiner Form als »Schufter« und »Malocher« zu gelten, der »nie genug kriegt«. Auch wenn es bereits in den 1990er-Jahren hier und da einige als chic empfanden, damit zu prahlen, wie wenig sie für ihr großes Gehalt tun müssen, ist es seit 5 bis 10 Jahren wieder en vogue, anderen zu zeigen, wie viel man bei so kurzer Arbeitszeit verdienen kann. Trotz der teilweise aufgebauschten Diskussion um die Work-Life-Balance war es nicht mehr »in«, viel für sein Geld tun zu müssen. So, wie man früher damit prahlen konnte, Leistungsträger zu sein und unter einer 60 Stundenwoche nicht aus dem Büro zu kommen, um seine eigene Bedeutung und Leistungsfähigkeit zu demonstrieren, war es zuletzt attraktiv, zu zeigen, dass man es auch in 35 Stunden zu einem erklecklichen Einkommen inklusiv großem Firmenwagen bringen kann. Wer Freizeit hatte, war smart, wer sich dann auch noch einen flotten Lebensstil leisten konnte, war hip. Und wer dafür »hart arbeiten« musste, war dumm. Spätestens mit dem Ende von Corona im Rezessionsjahr 2023 ist dieses Gedankenmuster zumindest in meinem Wahrnehmungsbereich fast völlig aus den Köpfen der Menschen verschwunden. Denn es gab plötzlich nicht mehr gutbezahlte Jobs an jeder Ecke. Stattdessen hört man mittlerweile zunehmend Diskussionen, ob man in Anbetracht von Wirtschaftsflaute und demografischer Entwicklung nicht bald wieder mehr zu arbeiten habe. Demnach verbietet es »der gute Ton« eben nicht mehr, wieder mehr zu arbeiten. Wir »dürfen« uns also wieder mehr anstrengen. Das mit dem »Können« ist in Anbetracht der in Kapitel 1.2.3 dargestellten Zerrissenheit ein zweischneidiges Schwert. Während die einen unter der Arbeits- und Stressbelastung scheinbar zusammenzubrechen drohen, hat die Chill- und Freizeitkultur bei den anderen schon Spuren hinterlassen. Man denke nur an die Sorglosigkeit in Kapitel 4.1.2. Zumindest die Sorglosen »können« sich daher wahrscheinlich durchaus wieder mehr anstrengen. Das mit dem »Sollen« ist in Anbetracht der 1.349 Stunden jährlicher Arbeitszeit, 30 Tagen bezahltem Urlaub und den je nach Quelle bis zu etwa 19 durchschnittlichen Krankheitstagen pro Mitarbeiter und Jahr ja so eine Sache. Ein Blick auf die Unternehmensergebnisse, die Produktivität und die Wettbewerbsfähigkeit sprechen zusammen mit den 52 Prozent, die nicht ihr Bestes geben, und den 78 Prozent, die nur noch Dienst nach Vorschrift machen, hingegen meines Erachtens eindeutig für ein Ja: Wir sollten uns mehr anstrengen! Andernfalls kann daraus sehr bald ein Müssen werden, wenn wir den Sozialstaat weiter finanzieren und den Wohlstand einigermaßen erhalten wollen. In Anbetracht der genannten 52 bzw. 78 Prozent ist dieses »Sollen« aber schon allein aus dem Blickwinkel des Anstands mit einem klaren »Ja« zu beantworten. Denn wer erwartet, dass ein Unternehmen anständig und ohne »Tricksereien« arbeitet, wer von Chef und Führungskräften Anstand erwartet, in Form angemessener Wertschätzung und ohne die Mitarbeiter als bloße Mittel zu betrachten[446], kommt nicht umhin, im

System Unternehmen selbst auch entsprechend anständig zu agieren. Und 100 Prozent Gehalt zu bekommen, regelmäßig aber nur 70 Prozent oder weniger Leistung abzuliefern, hat für mich nichts Anständiges. Wer neben der Quantität seiner Arbeit auch noch regelmäßig und bewusst die Qualität schleifen lässt, der handelt nicht fair im Sinne des von beiden Seiten eingegangenen Vertrages. Er ist auch unanständig hinsichtlich des Gebens und Nehmens, weil er stets mehr nimmt als er gibt und »anständig« bedeutet »moralisch gut und verantwortungsvoll«.[447] Und in Ego-Manier in einer auf längere Zeit angelegten Partnerschaft immer nur mehr herausholen zu wollen als einem »zusteht« oder stets nicht das Geschuldete zu leisten, ist moralisch sehr fragwürdig. Es ist unanständig, um es mit den Worten von Reinhard Sprenger auszudrücken, ständig »mit einer Hand in der Tasche anderer Leute zu leben« und das tun die Menschen, die nicht das Geschuldete geben, aber auf ihren Teil bestehen. Das ist so ähnlich, als wenn man an der Supermarktkasse stets einem anderen ins Portemonnaie greift, weil es bei einem selbst regelmäßig nicht reicht. Nur merkt man das beim Blaumachen oder dem Gang zurückschalten eben nicht so unmittelbar wie im Supermarkt. Es ist in einer marktwirtschaftlichen Erwerbswirtschaft eben anständig, das Geld, das man bekommt, auch selbst durch seine Wertschöpfung zu verdienen.

Ich möchte hier zum Abschluss noch die vierte Platonsche Kardinaltugend der Gerechtigkeit erwähnen: Sie besteht in der Bereitschaft, das Geschuldete und das Vereinbarte zu leisten, Verträge einzuhalten. Sie erkennt den anderen als Partner an, respektiert seine Interessen und sein Recht, bewirkt Fairness und Toleranz und ist so Grundlage des sozialen Friedens.[448] Das »Sollen« steht für mich daher außer Frage. Bleibt es letztendlich beim persönlichen »Wollen« als letzter Hürde dafür, dass wir uns wieder mehr anstrengen. Hier steht die beschriebene Bequemlichkeits- und Komfortgesellschaft im Weg. Daher gilt es, sie zu überwinden, wenn wir wollen, dass es wirtschaftlich wieder besser wird. Wir erinnern uns in diesem Zusammenhang an das in Kapitel 2.2.3

Ausgeführte, nämlich pacta sunt servanda – Verträge sind einzuhalten. Das gilt zunächst und vor allem auch für den Arbeitsvertrag. Das ist die Pflicht und sich darüber hinaus zu engagieren, damit Unternehmen wieder wettbewerbs- und zukunftsfähig werden können, das ist die Kür. Dabei gilt es unbedingt zu berücksichtigen, dass auch »Besserverdiener« im Unternehmen nicht nur eine gewisse Daseinsberechtigung haben, sondern eine Notwendigkeit sind. Denn auch ohne sie, ohne Leistungsträger, ohne Chefs und Führungskräfte, läuft im Unternehmen nichts. Nicht nur ohne die Mitarbeiter. Jeglicher »Futterneid« ist aber nicht nur für die Unternehmen schädlich, er spaltet auch die Gesellschaft. Er ist aber vor allem den Betroffenen gegenüber unfair. Wenn wir uns zum Aufbruch begeben und uns wieder mehr anstrengen wollen, sollte daher gleich auch diese unsägliche Neiddebatte ein Ende finden. Schließlich ist ein jeder seines Glückes Schmied und absolut gleiche Verhältnisse hat es in der Menschheitsgeschichte nie gegeben. Auch nicht bei jenen, die sich solche Zustände im »Paradies des Kommunismus« versprochen hatten.[449] Ein Arbeitsplatz ist keine Einbahnstraße, Arbeitgeber und Arbeitnehmer müssen sich darin im Bewusstsein eines fairen Austausches und Ausgleichs bewegen und anstrengen, damit für beide auch dauerhafter Erfolg möglich wird – und er ist möglich.

Anmerkungen

1 DIHK-Konjunkturumfrage: 2025 droht drittes Krisenjahr in Folge, online unter: https://www.dihk.de/de/aktuelles-und-presse/aktuelle-informationen/dihk-konjunkturumfrage-2025-droht-drittes-krisenjahr-in-folge-128508. Abgerufen 01.08.2025.

2 Insolvenzen in Deutschland auf Zehn-Jahres-Hoch, online unter https://www.zeit.de/wirtschaft/unternehmen/2025-06/firmenpleiten-hoechststand-seit-zehn-jahren. Abgerufen 01.08.2025.

3 Martin Seiwert: Erschreckende Bilanz der Autoverschrottung, online unter: https://www.wiwo.de/unternehmen/abwrackpraemie-erschreckende-bilanz-der-autoverschrottung/5707118.html. Abgerufen 01.08.2025.

4 Bundesministerum für Verkehr: Öffentlich zugängliche Ladeinfrastruktur für Elektrofahrzeuge in Deutschland, online unter: https://www.bmv.de/SharedDocs/DE/Artikel/G/foerderrichtlinie-ladeinfrastruktur-elektrofahrzeuge.html. Abgerufen 01.08.2025.

5 Treier: »Deutschland verliert an Wettbewerbsfähigkeit«, online unter: https://www.dihk.de/de/aktuelles-und-presse/aktuelle-informationen/treier-deutschland-verliert-an-wettbewerbsfaehigkeit--128364.

6 ifo Konjunkturprognose Herbst 2024: Deutsche Wirtschaft steckt in der Krise fest, online unter: https://www.ifo.de/fakten/2024-09-05/ifo-konjunkturprognose-herbst-2024-deutsche-wirtschaft-steckt-in-krise-fest. Wie wettbewerbsfähig ist Deutschland?, online unter: https://www.deutschlandfunk.de/wettbewerbsfaehigkeit-deutschland-wirtschaft-wachstum-fachkraeftemangel-100.html. Abgerufen 01.08.2025.

7 Sabine Kinkartz: Kaputte Infrastruktur: Wie marode ist Deutschland?, online unter: https://www.dw.com/de/kaputte-infrastruktur-deutschland-sonderverm%C3%B6gen-schuldenbremse-cdu-spd-br%C3%BCcken-bahn-wohnungen-v3/a-71893602. Abgerufen 01.08.2025.

8 SVR-Jahresgutachten 2024/25: Versäumnisse angehen, entschlossen modernisieren, Kurzfassung online unter: https://www.sachverstaendigenrat-wirtschaft.de/jahresgutachten-2024.html. Abgerufen 01.08.2025.

9 SVR: Wettbewerbsfähigkeit in Zeiten geopolitischer Veränderungen. Nationaler Produktivitätsbericht 2022, online unter: https://www.sachverstaendigenrat-wirtschaft.de/fileadmin/d.ateiablage/gutachten/jg202223/2022_Nationaler_Produktivitaetsbericht.pdf. Abgerufen im Juli 2025.

10 Konjunkturindikatoren: Registrierte Arbeitslose und Arbeitslosenquote nach Gebietsstand, online unter: https://www.destatis.de/DE/Themen/Wirtschaft/Konjunkturindikatoren/Lange-Reihen/Arbeitsmarkt/lrarb003ga.html. Abgerufen im Juli 2025.

11 Arbeitslose und Arbeitslosenquote, online unter: https://www.bpb.de/system/files/dokument_pdf/01%20Arbeitslose%20und%20Arbeitslosenquote_0.pdf. Abgerufen 01.08.2025.

12 Arbeitslosenquote in Deutschland im Jahresdurchschnitt von 2005 bis 2025, online unter: https://de.statista.com/statistik/daten/studie/1224/umfrage/arbeitslosenquote-in-deutschland-seit-1995/. Abgerufen 01.08.2025.

13 Bundesagentur für Arbeit: https://www.arbeitsagentur.de/news/arbeitsmarkt, online unter: https://www.arbeitsagentur.de/news/arbeitsmarkt Zahlen für 2025. Abgerufen 01.08.2025.

14 Ifo Konjunkturumfrage: Konjunkturflaute entschärft Fachkräftemangel, online unter: https://www.ifo.de/fakten/2025-02-17/konjunkturflaute-entschaerft-fachkraeftemangel. Abgerufen 04.08.2025.

15 Fachkräftemangel und Wirtschaftsschwäche, online unter: https://www.dihk.de/resource/blob/127242/6ffb666cfa53e926e07b3cf91d5d021f/fachkraefte-dihk-report-fachkraeftesicherung-2024-2025-data.pdf. Abgerufen 04.08.2025.

16 Ebd.

17 Stichwort »Fachkraft«, online unter: https://www.duden.de/rechtschreibung/Fachkraft. Abgerufen 04.08.2025.

18 BAMF: Was ist eine Fachkraft in Sinne des Gesetzes?, online utner: https://www.bamf.de/SharedDocs/FAQ/DE/Fachkraefteeinwanderungsgesetz/004-fachkraft-im-sinne-des-gesetzes.html?nn=282388. Abgerufen 04.08.2025.

19 Fachkräftemangel trifft auf Strukturprobleme, online unter: https://www.dihk.de/de/themen-und-positionen/fachkraefte/beschaeftigung/fachkraeftemangel-trifft-auf-strukturprobleme-127192. Abgerufen 04.08.2025.

20 1,8 % weniger neue Ausbildungsverträge in der dualen Berufsausbildung im Jahr 2024, online unter: https://www.destatis.de/DE/Presse/Pressemitteilungen/2025/04/PD25_138_212.html. Abgerufen 04.08.2025.im April 2025

21 https://www.iab-forum.de/obwohl-fachkraefte-fehlen-haben-immer-mehr-junge-menschen-keine-ausbildung/ Abgerufen im April 2025

22 Obwohl Fachkräfte fehlen, haben immer mehr junge Menschen keine Ausbildung, online unter: https://www.igmetall.de/politik-und-gesellschaft/sozialpolitik/rente/umfrage-mehrheit-will-gesetzliche-rente-staerken. Abgerufen 04.08.2025.

23 Noch geht der Trend zum Akademiker, online unter: https://www.iwd.de/artikel/der-trend-geht-zum-akademiker-334262/. Abgerufen 04.08.2025.

24 Severing, Eckart; Teichler, Ulrich (Hrsg.): Akademisierung der Berufswelt? Berichte zur beruflichen Bildung. Bundesinstitut für Berufsbildung, Bonn 2013.

25 Gewerkschaft Erziehung und Wissenschaft im Deutschen Gewerkschaftsbund (2017): E & W Zeitschrift der Bildungsgewerkschaft GEW, Ausgabe 10/2017.

26 Daten zum Ausbildungsmarkt, online unter: https://www.destatis.de/DE/Themen/Gesellschaft-Umwelt/Bildung-Forschung-Kultur/Bildungsindikatoren/ausbildungsmarkt.html. Abgerufen 04.08.2025

27 Obwohl Fachkräfte fehlen, haben immer mehr junge Menschen keine Ausbildung, online unter: https://iab-forum.de/obwohl-fachkraefte-fehlen-haben-immer-mehr-junge-menschen-keine-ausbildung/. Abgerufen 04.08.2025.

28 Initiative Made in Germany: Voraussetzung für Made in Germany, online unter: https://www.german-ma.de/voraussetzung-fuer-made-in-germany/. Abgerufen 04.08.2025.

29 Jurik Caspar Iser: »Made in Germany« ist nicht mehr so gefragt, online unter: https://www.zeit.de/wirtschaft/2023-09/exporte-auftragslage-aussenhandel; Export: Made in Germany weniger gefragt, online unter: https://www.dw.com/de/export-made-in-germany-weniger-gefragt/a-64291521. Abgerufen 04.08.2025.

30 Mark Simon Wolf: Exportweltmeister im Sinkflug: Die Welt zweifelt zunehmend an »Made in Germany«, online unter: https://www.merkur.de/wirtschaft/exportkrise-usa-und-china-zweifeln-an-waren-aus-deutschland-zr-93202435.html. Abgerufen 04.08.2025.

31 Daten zum Außenhandel, online unter: https://www.destatis.de/DE/Themen/Wirtschaft/Aussenhandel/_inhalt.html. Abgerufen 04.08.2025.

32 Export: Made in Germany weniger gefragt, online unter: https://www.dw.com/de/export-made-in-germany-weniger-gefragt/a-64291521. Abgerufen 04.08.2025.

33 Elektroauto-Hersteller Polestar schließt Standort in Deutschland aus, online unter: https://www.deutschlandfunk.de/elektroauto-hersteller-polestar-schliesst-standort-in-deutschland-aus-102.html. Abgerufen 04.08.2025

34 VW kündigt Tarifvertrag für Beschäftigungssicherung, online unter: https://www.spiegel.de/wirtschaft/unternehmen/volkswagen-kuendigt-tarifvertrag-fuer-beschaeftigungssicherung-a-b53ddc3b-44a6-4d62-8e47-49d1f75efbf4. Abgerufen 04.08.2025.

35 Insolvenzen nach Jahren, online unter: https://www.destatis.de/DE/Themen/Branchen-Unternehmen/Unternehmen/Gewerbemeldungen-Insolvenzen/Tabellen/lrins01.html#242428. Abgerufen 04.08.2025.

36 Energieprobleme verfestigen Abwanderungstendenzen, online unter: https://www.dihk.de/de/themen-und-positionen/wirtschaftspolitik/energie/energiewende-barometer-24/energieprobleme-verfestigen-abwanderungstendenzen-120314. Abgerufen 04.08.2025.

37 Industrie verlagert Investitionen ins Ausland, online unter: https://www.dihk.de/de/themen-und-positionen/internationales/industrie-verlagert-investitionen-ins-ausland-129670. Abgerufen 04.08.2025.

38 Ebd.

39 Ebd.

40 Ebd.

41 Ebd.

42 Bettina Menzel: Studie zeigt: Bürgergeld bringt Menschen dazu, keinen neuen Job anzunehmen – lohnt sich arbeiten noch?, online unter: https://www.merkur.de/wirtschaft/buergergeld-job-studie-grundsicherung-ampel-koalition-loesungsansaetze-93082380.html. Abgerufen 05.08.2025.

43 Felix Seifert: Wir sind nicht mehr klüger, schneller, besser. Sonst wäre die Situation eine andere, online unter: https://www.welt.de/wirtschaft/plus255095090/Wirtschaft-Wir-sind-nicht-mehr-klueger-besser-schneller-Sonst-waere-die-Situation-eine-andere.html. Abgerufen 05.08.2025.

44 Wong-Leung, Jennifer; Robin, Stephan; Cave, Danielle (2024): ASPI's two-decade Critical Technology Tracker: The rewards of long-term research investment. Australian Strategic Policy Institute Canberra, online unter: https://www.aspi.org.au/report/aspis-two-decade-critical-technology-tracker/. Abgerufen 04.08.2025.

45 Maas, Rüdiger (2024): Generation arbeitsunfähig: Wie uns die Jungen zwingen, Arbeit und Gesellschaft jetzt neu zu denken, München. Nickel, Susanne (2024): Verzogen, verweichlicht, verletzt: Wie die Generation Z die Arbeitswelt auf den Kopf stellt und uns zum Handeln zwingt, 3. Auflage, München.

46 Maas, Rüdiger (2025): Konflikt der Generationen. Boomer, Gen X, Millennials und Gen Z – wie wir uns wirklich unterscheiden und was das für unsere Zukunft bedeutet, München, S. 15.

47 Ebd.

48 Maas, Rüdiger (2025): Konflikt der Generationen. Boomer, Gen X, Millennials und Gen Z – wie wir uns wirklich unterscheiden und was das für unsere Zukunft bedeutet, München, S. 168.

49 Lea Oetjen: Gen Z gilt als »verzogen, verweichlicht, verletzt« – eine Beraterin hat 5 Tipps, wie die Zusammenarbeit mit Boomern trotzdem klappt, online unter: https://www.businessinsider.de/karriere/gen-z-gilt-als-verzogen-so-arbeitet-sie-trotzdem-gut-mit-boomern-millenials/. Abgerufen 05.08.2025.

50 Nickel, Susanne (2024): Verzogen, verweichlicht, verletzt: Wie die Generation Z die Arbeitswelt auf den Kopf stellt und uns zum Handeln zwingt. Finanzbuch Verlag, 3. Auflage, München.

51 Ebd.

52 Schulenberg, Nils (2016): Führung einer neuen Generation. Wie die Generation Y geführt werden sollte. Springer Gabler Verlag, Wiesbaden.

53 Maas, Rüdiger (2022): Neueste Generationenforschung in ökonomischer Perspektive. Reichen Generation X, Y, Z zur Beschreibung der Wirklichkeit aus? Stuttgart, S. 20.

54 Nickel, Susanne (2024): Verzogen, verweichlicht, verletzt: Wie die Generation Z die Arbeitswelt auf den Kopf stellt und uns zum Handeln zwingt, 3. Auflage, München.

55 Ebd.

56 Maas, Rüdiger (2025): Konflikt der Generationen. Boomer, Gen X, Millennials und Gen Z – wie wir uns wirklich unterscheiden und was das für unsere Zukunft bedeutet, München, S. 162.

57 Maas, Rüdiger (2025): Konflikt der Generationen. Boomer, Gen X, Millennials und Gen Z – wie wir uns wirklich unterscheiden und was das für unsere Zukunft bedeutet, München, S. 168.

58 Ebd., S. 156.

59 Maas, Rüdiger (2022): Neueste Generationenforschung in ökonomischer Perspektive. Reichen Generation X, Y, Z zur Beschreibung der Wirklichkeit aus? Stuttgart, S. 29.

60 Ebd., S.50.

61 Kraus, Josef (2015): Helikopter-Eltern: Schluss mit Förderwahn und Verwöhnung, Reinbek bei Hamburg.

62 Paul Watzlawick – Wenn die Lösung das Problem ist (1987), online unter: https://www.youtube.com/watch?v=cl4aZTPsTSs. Abgerufen 04.08.2025.

63 Maas, Rüdiger (2025): Konflikt der Generationen. Boomer, Gen X, Millennials und Gen Z – wie wir uns wirklich unterscheiden und was das für unsere Zukunft bedeutet, München, S. 11.

64 Schöffner, Günther; Hagehülsmann, Ute; Schöffner, Kerstin (2023): Zukunftsfähige Machtsysteme in Unternehmen: Die Verantwortung richtig auf die Beine stellen, Stuttgart, S. 45.

65 A. M. Wöhrmann (2016): Psychische Gesundheit in der Arbeitswelt – Work-Life-Balance, S. 12, online unter: www.baua.de/dok/7930558. Abgerufen 04.08.2025.

66 Sandy Lanuschny: »Work-Life-Balance«, online unter: https://www.papershift.com/lexikon/work-life-balance; HR-Lexikon: »Work-Life-Balance«, online unter: https://www.hrworks.de/lexikon/work-life-balance/. Abgerufen 04.08.2025.

67 Das Konzept der Work-Life-Balance – Sinn und Unsinn eines Modebegriffes, online unter: https://cobaltrecruitment.de/blog/das-konzept-der-work-life-balance-sinn-und-unsinn-eines-modebegriffes-2. Abgerufen 04.08.2025.

68 Interinstitutionelle Proklamation zur europäischen Säule sozialer Rechte (2017/C 428/09), Kapitel II, Absatz 9.

69 Zum Beispiel https://forum.dguv.de/ausgabe/6-2024/artikel/erhalt-der-beschaeftigungsfaehigkeit-und-rolle-der-gesetzlichen-unfallversicherung Abgerufen im Juli 2025.

70 Das Konzept der Work-Life-Balance – Sinn und Unsinn eines Modebegriffes, online unter: https://cobaltrecruitment.de/blog/das-konzept-der-work-life-balance-sinn-und-unsinn-eines-modebegriffes-2. Abgerufen 05.08.2025.

71 Hierzu beispielhaft: Michael Page: Work-Life-Integration: Neuer Trend am Arbeitsmarkt, online unter: https://www.michaelpage.de/advice/karriere-tipps/arbeitswelt/work-life-integration-der-neue-trend-am-arbeitsmarkt. Abgerufen 05.08.2025.

72 Dazu die Präsentation Schmitz, Bernhard (2025): Lebenskunst und Wohlbefinden, online unter: https://www.psychologie.tu-darmstadt.de/media/positive_psychologie/dokumente_1/download_1/Schmitz_Lebenskunst09122021.pptx. Abgerufen 05.08.2025.

73 Mehr Geld, mehr Urlaub – Bund und Kommunen einigen sich bei Tarifverhandlung, online unter: https://www.handelsblatt.com/politik/deutschland/oeffentlicher-dienst-mehr-geld-mehr-urlaub-bund-und-kommunen-einigen-sich-bei-tarifverhandlungen/100119412.html. Abgerufen 05.08.2025.

74 Ebd.

75 Stichwort »chillen«, online unter: https://www.duden.de/rechtschreibung/chillen. Abgerufen 05.08.2025.

76 https://arbeits-abc.de/weniger-schuften-mehr-leben-warum-menschen-nicht-mehr-arbeiten-wollen/ Abgerufen im Mai 2025.

77 https://www.hdi.de/konzern/presse/hdi-berufe-studie-2023/, file:///C:/Users/HP/Downloads/20230921_UM_HDI_Berufe-Studie_2023_Kernergebnisse.pdf Abgerufen im Mai 2025.

78 Arbeits-ABC-Redaktion: Weniger schuften, mehr leben: Arbeit ist nicht mehr alles, online unter: https://arbeits-abc.de/weniger-schuften-mehr-leben-warum-menschen-nicht-mehr-arbeiten-wollen/. Abgerufen 05.08.2025.

79 Dazu die Insights der Studie, online unter: https://www.berufe-studie.de/2023_01-kernergebnisse.html. Abgerufen im Mai 2025.

80 Ebd.

81 Dazu https://www.berufe-studie.de/2024_02-teilzeit-arbeit.html. Abgerufen im Mai 2025.

82 Ebd.

83 Zum Beispiel https://www.rheinpfalz.de/pfalzleben/freizeit-erlebnis_artikel,-niksen-faulenzen-f%C3%BCr-mehr-effektivit%C3%A4t-_arid,5288845.html Abgerufen im Mai 2025.

84 https://de.wikipedia.org/wiki/Niksen Abgerufen im Mai 2025.

85 Lavrijsen, Annette (2021): Niksen: Wie man Glück im Nichtstun findet. Knesebeck Verlag, München.

86 https://www.berufe-studie.de/2023_01-kernergebnisse.html Abgerufen im Mai 2025.

87 Arbeits-ABC-Redaktion: Weniger schuften, mehr leben: Arbeit ist nicht mehr alles, online unter: https://arbeits-abc.de/weniger-schuften-mehr-leben-warum-menschen-nicht-mehr-arbeiten-wollen/. Abgerufen 05.08.2025.

88 Psychische Erkrankungen in der Arbeitswelt: 2024 verursachten Depressionen erneut die meisten Fehltage, online unter: https://www.dak.de/presse/bundesthemen/umfragen-studien/psychische-erkrankungen-in-der-arbeitswelt-2024-verursachten-depressionen-erneut-die-meisten-fehltage_131626. Abgerufen 05.08.2025.

89 Gesundheit und Beruf in den Lebensphasen: Junge Menschen von psychischen Problemen betroffen, Ältere haben Rücken, online unter: https://www.swisslife.de/ueber-swiss-life/medienportal/news/2022/22-04-26-lebensphasen.html. Abgerufen 05.08.2025.

90 Arbeitsunfähigkeitsfälle aufgrund von Burn-out-Erkrankungen* in Deutschland in den Jahren 2004 bis 2023 (je 1.000 AOK-Mitglieder), online unter: https://de.statista.com/statistik/daten/studie/239872/umfrage/arbeitsunfaehigkeitsfaelle-aufgrund-von-burn-out-erkrankungen/. Abgerufen 08.05.2025.

91 Ebd.

92 Daten zur Gefährdung durch Stress am Arbeitsplatz, online unter: https://www.destatis.de/DE/Themen/Arbeit/Arbeitsmarkt/Qualitaet-Arbeit/Dimension 1/stress-arbeitsplatz.html. Abgerufen 08.05.2025.

93 Jüngere bekommen öfter Burnout, Ältere Rücken, online unter: https://www.mdr.de/wissen/juengere-bekommen-oefter-burnout-aeltere-ruecken-100.html. Abgerufen 08.05.2025.

94 Fakten, Fakten, Fakten und an die Leser denken. Das Nachrichtenmagazin »Fokus« wird 25, online unter: https://www.bayerische-staatszeitung.de/staatszeitung/leben-in-bayern/detailansicht-leben-in-bayern/artikel/fakten-fakten-fakten-und-an-die-leser-denken.html#topPosition. Abgerufen 05.08.2025.

95 Marcus Lu: Visualizing Annual Working Hours in OECD Countries, online unter: https://www.visualcapitalist.com/annual-working-hours-in-countries-2023/. Abgerufen 05.08.2025.

96 Ebd.

97 Ergebnisse der IAB-Arbeitszeitrechnung für das Jahr 2024: Erstmals seit Corona sinkt das Arbeitsvolumen, online unter: https://iab.de/presseinfo/ergebnisse-der-iab-arbeitszeitrechnung-fuer-das-jahr-2024-erstmals-seit-corona-sinkt-das-arbeitsvolumen/. Abgerufen 05.08.2025.

98 Ebd.

99 Aktuelle Graphiken, online unter: https://www.sozialpolitik-aktuell.de/files/sozialpolitik-aktuell/_Politikfelder/Arbeitsmarkt/Datensammlung/PDF-Dateien/abbIV3.pdf. Abgerufen 05.08.2025.

100 Ebd.

101 Extrem viele Krankmeldungen – Mercedes-Benz-Chef ermahnt Beschäftigte, online unter: https://www.manager-magazin.de/unternehmen/autoindustrie/mercedes-benz-extrem-viele-krankmeldungen-ola-kaellenius-ermahnt-beschaeftigte-a-f0e5e9fc-400c-43eb-bf26-995285df4e0d. Abgerufen 05.08.2025.

102 Lutz Heyser: Mercedes-Benz-Chef Källenius findet das Krankmelden zu einfach, online unter: https://www.swr.de/swraktuell/baden-wuerttemberg/stuttgart/mercedes-chef-kaellenius-kritik-krankmeldungen-100.html. Abgerufen 08.05.2025.

103 David Frey: Mercedes-Betriebsratschef kontert Källenius' Kranken-Kritik und verrät »beste Medizin« für Mitarbeiter, online unter: https://www.merkur.de/wirtschaft/krankenstand-beste-medizin-mitarbeiter-mercedes-betriebsratschef-luemali-kritik-kaellenius-93368841.html. Abgerufen 05.08.2025.

104 Felix Kühn: »Das ist doch irre« – Allianz-Chef will Lohn für ersten Krankheitstag abschaffen, online unter: https://www.welt.de/wirtschaft/article255044798/Allianz-Chef-will-Lohn-fuer-ersten-Krankheitstag-abschaffen-Das-ist-doch-irre.html; Sebastian Matthes, Jakob Blume: Oliver Bäte für Lohnstreichung am ersten Krankheitstag, online unter: https://www.handelsblatt.com/finanzen/banken-versicherungen/versicherer/allianz-ceo-oliver-baete-fuer-lohnstreichung-am-ersten-krankheitstag-01/100098096.html. Abgerufen 05.08.2025.

105 Fabian Hartmann: Kein Lohn am ersten Krankheitstag? Das würden die Deutschen tun, online unter: https://web.de/magazine/politik/lohn-krankheitstag-waeren-folgen-40549566. Abgerufen 08.05.2025.

106 Zum Beispiel https://www.tagesschau.de/wirtschaft/verbraucher/arbeitsmarkt-deindustrialisierung-100.html Abgerufen im Mai 2025.

107 https://www.destatis.de/DE/Themen/Wirtschaft/Volkswirtschaftliche-Gesamtrechnungen-Inlandsprodukt/Tabellen/inlandsprodukt-personenkonzept.html Abgerufen im Mai 2025.

108 Ebd.

109 Matthias Janson: Produktivität der deutschen Wirtschaft stagniert, online unter: https://de.statista.com/infografik/33692/reales-bip-je-erwerbstaetigem-und-je-erwerbstaetigenstunde-in-deutschland/. Abgerufen 05.08.2025.

110 Friedrich Merz appelliert an deutsche Leistungsbereitschaft, online unter: https://www.n-tv.de/politik/Friedrich-Merz-appelliert-an-deutsche-Leistungsbereitschaft-article25765798.html. Abgerufen 05.08.2025.

111 Linnemann: »Life-Life-Balance« produziert keinen Wohlstand, online unter: https://www.n-tv.de/politik/Linnemann-Life-Life-Balance-produziert-keinen-Wohlstand-article25791479.html. Abgerufen 05.08.2025.

112 Lars-Eric Nievelstein: »Mehrere Feiertage streichen« – Bayerns Wirtschaft stagniert und stellt Forderungen, online unter: https://www.merkur.de/wirtschaft/wirtschaft-mehrere-feiertage-streichen-vbw-stellt-forderungen-fuer-bayerns-zr-93729460.html. Abgerufen 05.08.2025.

113 Vier von zehn Angestellten denken über Jobwechsel nach, online unter: https://www.ey.com/de_de/newsroom/2025/01/ey-work-reimagined-2024-2025. Abgerufen 05.08.2025.

114 Sind wir Deutschen einfach zu faul?, online unter: https://www.spiegel.de/karriere/arbeitsmoral-in-deutschland-sind-wir-deutschen-einfach-zu-faul-bloomberg-sieht-verbesserungspotenzial-a-630483bc-8e86-4ad3-bd0c-bb01c90d961a. Abgerufen 05.08.2025.

115 https://www.merkur.de/wirtschaft/leistungsbereitschaft-vollkaskomentalitaet-unternehmen-deutschland-hunger-leistung-gehalt-zr-92990807.html Abgerufen im Juni 2025.

116 https://www.wiwo.de/erfolg/beruf/gehalt-darum-sollten-high-performer-mehr-verdienen-als-ihre-chefs/29724376.html Abgerufen im Juni 2025.

117 Schöffner, Günther; Senne, Petra (2021): Professionelle Zusammenarbeit von Geschäftsführung und Betriebsrat. Ein Praxisleitfaden für Führungskräfte und Manager, Berlin, S. 257-259.

118 Max Schäfer: Gegen die »Vollkaskomentalität«: Wie ein Experte den »Hunger nach Leistung« wecken will, online unter: https://www.welt.de/debatte/kommentare/article252074218/Griechenland-Was-Deutschland-von-den-fleissigen-Griechen-lernen-kann.html. Abgerufen 05.08.2025.

119 Stichwort: »fleißig«, online unter: https://www.duden.de/rechtschreibung/fleiszig. Abgerufen 05.08.2025.

120 Umfrage: Mehr Beschäftigte in Deutschland denn je machen Dienst nach Vorschrift, online unter: https://www.stern.de/news/umfrage--mehr-beschaeftigte-in-deutschland-denn-je-machen-dienst-nach-vorschrift-35547152.html. Abgerufen 05.08.2025.

121 Hamm, Ingo (2024): Lust auf Leistung: Wie wir Arbeit (wieder) lieben lernen, München.

122 Anant Agarwala: Die Bundesjugendspiele sollen kein Wettkampf mehr sein, online unter: https://www.zeit.de/2023/30/bundesjugendspiele-reform-leistung-paedagogik. Abgerufen 05.08.2025.

123 Lisa Gilz: Reduzierte Überstunden, mehr Halbtagsjobs – »Psychologisch macht das Sinn«, online unter: https://www.merkur.de/wirtschaft/reduzierte-ueberstunden-mehr-halbtagsjobs-psychologisch-macht-das-sinn-zr-93709278.html. Abgerufen 05.08.2025.

124 Deutsche laut Studie immer unzufriedener mit ihrem Leben, online unter: https://www.welt.de/wirtschaft/article251979968/Gallup-Studie-Einbruch-um-acht-

Prozent-Deutsche-immer-unzufriedener-mit-ihrem-Leben.html. Abgerufen 05.08.2025.

125 Lisa Gilz: Reduzierte Überstunden, mehr Halbtagsjobs – »Psychologisch macht das Sinn«, online unter: https://www.merkur.de/wirtschaft/reduzierte-ueberstunden-mehr-halbtagsjobs-psychologisch-macht-das-sinn-zr-93709278.html. Abgerufen 05.08.2025.

126 Mehr Life statt Work! Österreich arbeitet immer weniger, online unter: https://www.heute.at/s/weniger-work-mehr-life-wir-arbeiten-immer-weniger-120109028. Abgerufen 05.08.2025.

127 Leistungsbereitschaft im internationalen Vergleich, online unter: https://www.standort-wirtschaft.at/2024/06/26/leistungsbereitschaft-im-internationalen-vergleich/. Abgerufen 05.08.2025.

128 Michael Jäger: Kommentar: Arbeiten verlernt?, online unter: https://kurier.at/meinung/kommentar-arbeiten-verlernt/400043923. Abgerufen 05.08.2025.

129 Weg mit der Vollkasko-Mentalität zum Nulltarif und Aufbruch: Yes, we can do it!, online unter: https://www.aic.co.at/media/news/Androsch_G_62016_1011_22414647720237127024.pdf. Abgerufen 05.08.2025.

130 Frank Stocker: Zu satt und-träge. Das unterschätzte Deutschland, online unter: https://www.welt.de/wirtschaft/plus253738836/Zu-satt-und-traege-Das-unterschaetzte-Deutschland-Problem.html Abgerufen im Juni 2025.

131 Georg Meck: Ist Deutschland zu satt?, online unter: https://www.focus.de/magazin/archiv/editorial-ist-deutschland-zu-satt_id_203774415.html. Abgerufen 05.08.2025.

132 Wie Länder im 21. Jahrhundert reich werden können, online unter: https://www.focus.de/magazin/archiv/wohlstand-wie-laender-im-21-jahrhundert-reich-werden-koennen_id_259580209.html. Abgerufen 05.08.2025.

133 Max Nebel: »Menschen müssen im Ernstfall drei Tage ohne Hilfe klarkommen«: Bundeswehr-Oberst verlangt Deutlichkeit, online unter: https://www.merkur.de/politik/menschen-muessen-im-ernstfall-drei-tage-ohne-hilfe-klarkommen-bundeswehr-oberst-verlangt-deutlichkeit-zr-93490531.html. Abgerufen 05.08.2025.

134 Fabian Hartmann: Rekord-Insolvenzen für 2025 zu erwarten: Trendwende bleibt aus, online unter: https://www.fr.de/wirtschaft/rekord-insolvenzen-2025-trendwende-bleibt-aus-93674740.html. Abgerufen 05.08.2025.

135 Die Hartz-Gesetze, online unter: https://www.lpb-bw.de/hartz-gesetze. Abgerufen 05.08.2025.

136 Zum Beispiel Astrid Schmitt: Mein Chef, der Idiot!, online unter: https://www.datev-karriereblog.de/2021/04/16/mein-chef-der-idiot/; Mirjam Stegherr: Mein Chef, der Idiot!, online unter: https://www.humanresourcesmanager.de/leadership/toxische-fuehrung-das-kleine-bisschen-gift/; Heiner Thorborg: »Der Chef war ein Vollidiot«, online unter: https://www.spiegel.de/karriere/manager-mit-toxischem-fuehrungsstil-der-chef-war-ein-vollidiot-kolumne-a-b82a257f-31d5-41c8-811b-f3513e3c50d6. Abgerufen 05.08.2025; Hesse, Jürgen (2022): Mein Chef ist irre – Ihrer auch?: Warum Psychopathen Führungskräfte werden und wie Sie das überleben, Berlin.

137 Zum Beispiel Weber, Tommy (2017): Hilfe, mein Chef ist ein Idiot! Überlebensstrategien im Berufsalltag. Books in Demand; Schönberger, Margit (2006): Mein Chef ist ein Arschloch, Ihrer auch? Von Machtmenschen, Feiglingen und Wichtigtuern, München.

138 Job: Deutsche Arbeitnehmer entfremden sich von ihren Unternehmen, online unter: https://www.welt.de/wirtschaft/plus255673708/Job-Deutsche-Arbeitnehmer-entfremden-sich-von-ihren-Unternehmen.html. Abgerufen 05.08.2025.

139 Maren Hoffmann: Wenn alles Schlechte von oben kommt, online unter: https://www.spiegel.de/karriere/bossing-mobbende-chefs-wenn-alles-schlechte-von-oben-kommt-a-92668aed-361b-4d1b-aab7-8c317aa7337b. Abgerufen 05.08.2025.

140 Schöffner, Günther (2024): Followership im agilen Zeitalter. Mitarbeiterloyalität und Verantwortungsübernahme als Erfolgsfaktoren, Stuttgart, S. 7.

141 Ebd.

142 Schöffner, Günther; Hagehülsmann, Ute; Schöffner, Kerstin (2023): Zukunftsfähige Machtsysteme in Unternehmen: Die Verantwortung richtig auf die Beine stellen, Stuttgart, S. 140.

143 Sozialverband VdK: Wertschätzung auch nach der Coronakrise, online unter: https://www.deutschlandfunk.de/pflegeberufe-sozialverband-vdk-wertschaetzung-auch-nach-der-100.html. Abgerufen 06.08.2025.

144 Schulz von Thun, Friedemann (2014): Miteinander reden: I. Störungen und Klärungen. Allgemeine Psychologie der Kommunikation, Reinbek bei Hamburg, S. 187.

145 Gehle: »Klatschen allein reicht nicht«, online unter: https://www.bundesaerztekammer.de/presse/aktuelles/detail/gehle-klatschen-allein-reicht-nicht. Abgerufen 06.08.2025.

146 Wertschätzung durch Tariferhöhungen überfällig, online unter: https://handel-bayern.verdi.de/++co++c5967ff4-2703-11ef-ae95-5b4f9c283084. Abgerufen 06.08.2025.

147 Schulz von Thun, Friedemann (2014): Miteinander reden: I. Störungen und Klärungen. Allgemeine Psychologie der Kommunikation, Reinbek bei Hamburg, S. 187.

148 Schöffner, Günther; Senne, Petra (2021): Professionelle Zusammenarbeit von Geschäftsführung und Betriebsrat. Ein Praxisleitfaden für Führungskräfte und Manager, Berlin, S. 116.

149 Schöffner, Günther; Hagehülsmann, Ute; Schöffner, Kerstin (2023): Zukunftsfähige Machtsysteme in Unternehmen: Die Verantwortung richtig auf die Beine stellen, Stuttgart, S. 400f.

150 Yukl, Gary; Gardner, William L. (2020): Leadership in Organizations, 9th Edition, Harlow (UK), S. 296-299.

151 Ulrich Breulmann: 95 Energie- und Lebensmittelkonzerne verdoppeln Gewinne Raffgierige Manager ohne jede Scham, online unter: https://www.ruhrnachrichten.de/regionales/95-energie-und-lebensmittelkonzerne-verdoppeln-gewinne-raffgierige-manager-ohne-jede-scham-w684890-2000723309/. Abgerufen 06.08.2025.

152 Zum Beispiel https://www.morgenpost.de/wirtschaft/article242091970/Autokonzerne-erzielen-satte-Gewinne-aber-der-Absatz-stockt.html Abgerufen im Juni 2025.

153 Zum Beispiel Autokonzerne erzielen satte Gewinne – aber es droht Gefahr , online unter: https://www.merkur.de/politik/ard-zdf-berichterstattung-studie-politisch-links-nachrichten-parteien-92811635.html. 06.08.2025.

154 Ob »Tatort" oder "Derrick«, der Mörder ist immer der Unternehmer, online unter: https://www.theeuropean.de/gesellschaft-kultur/rainer-zitelmann-ob-tatort-oder-derrick-der-moerder-ist-immer-der-unternehmer. Abgerufen 06.08.2025.

155 Arbeitgeberpräsident beklagt Misstrauen in Unternehmer , online unter: https://www.merkur.de/wirtschaft/arbeitgeberpraesident-beklagt-misstrauen-in-unternehmer-zr-92842418.html; Peter Jungblut: »Zerrbild von Unternehmern«: Wirtschaft kritisiert ARD-»Tatort«, online unter: https://www.br.de/nachrichten/kultur/wirtschaft-kritisiert-ard-tatort-zerrbild-von-unternehmern,U6EjlUS. Abgerufen 06.08.2025.

156 ARD weist Vorwurf zurück, die »Tatort«-Mörder seien überproportional oft Manager, online unter: https://www.n-tv.de/der_tag/Der-Tag-am-Freitag-23-Februar-2024-auf-ntv-de-article24757500.html. Abgerufen 06.08.2025.

157 Zum Beispiel Habeck übergibt Förderbescheid an Northvolt: 155 Mio. Euro für Batteriefabrik in Deutschland, online unter: https://www.bundeswirtschaftsministerium.de/Redaktion/DE/Pressemitteilungen/2022/05/20220511-habeck-uebergibt-foerderbeschedi-an-northvolt-155-mio-euro.html; Förderung für digitale Gründerzentren, online unter: https://www.bayern.de/frderung-fr-digitale-grnderzentren/. Abgerufen 06.08.2025.

158 Schöffner, Günther; Senne, Petra (2021): Professionelle Zusammenarbeit von Geschäftsführung und Betriebsrat. Ein Praxisleitfaden für Führungskräfte und Manager, Berlin, S. 29.

159 Ebd.

160 Ebd., S. 27.

161 Dazu BAG 11.12.2003 - 2 AZR 667/02.

162 78 Prozent der Deutschen machen nur noch Dienst nach Vorschrift, online unter: https://www.handelsblatt.com/karriere/gallup-studie-78-prozent-der-deutschen-machen-nur-noch-dienst-nach-vorschrift/100112991.html. Abgerufen 06.08.2025.

163 Hillmann, Karl-Heinz (2007): Wörterbuch der Soziologie, Stuttgart. S. 31f.

164 Niedrige Löhne empfindet die große Mehrheit als ungerecht, online unter: https://www.diw.de/de/diw_01.c.597905.de/niedrige_loehne_empfindet_die_grosse_mehrheit_als_ungerecht.html. Abgerufen 06.08.2025.

165 Staehle, Wolfgang H. (1999): Management. Eine verhaltenswissenschaftliche Perspektive, München, S. 170.

166 Schreyögg, Georg; Koch, Jochen (2010): Grundlagen des Managements, 2. Auflage, Wiesbaden, S. 196f.

167 Ebd., S. 197.

168 Zu den Kritikpunkten an Maslows Ansatz Staehle, Wolfgang H. (1999): Management. Eine verhaltenswissenschaftliche Perspektive. Verlag Franz Vahlen, München, S. 171 und 224.

169 Pfläging, Niels (2009): Die 12 neuen Gesetze der Führung: Der Kodex: Warum Management verzichtbar ist, Frankfurt.

170 Dazu Art. 12 (1) GG, online unter: https://www.gesetze-im-internet.de/gg/art_12.html. Abgerufen 07.08.2025.

171 BAG 11.12.2003 - 2 AZR 667/02

172 Schöffner, Günther; Senne, Petra (2021): Professionelle Zusammenarbeit von Geschäftsführung und Betriebsrat. Ein Praxisleitfaden für Führungskräfte und Manager, Berlin, S. 190.

173 Thorsten Firlus: Anleitung zum Krankfeiern, online unter: https://www.wiwo.de/unternehmen/dienstleister/arbeitsunfaehigkeitsbescheinigungen-anleitung-zum-krankfeiern/22662030.html. Abgerufen 07.08.2025.

174 Felicitas Breschendorf: Mit »Quiet Vacationing« riskiert die Generation Z ihren Job, online unter: https://www.merkur.de/deutschland/gen-z-quiet-vacationing-arbeit-urlaub-mitarbeiter-karriere-anstellung-tiktok-job-zr-93227757.html. Abgerufen 07.08.2025.

175 Datengrundlage: Krankheitstage je Beschäftigten pro Jahr, online unter: https://www.destatis.de/DE/Themen/Arbeit/Arbeitsmarkt/Qualitaet-Arbeit/Dimension-2/_Interaktiv/2-4-krankenstand.html. Abgerufen 07.08.2025. Die verschiedenen Statistiken zum Krankenstand unterscheiden sich in ihrer Darstellung je nach Quelle nicht unerheblich. Hier wurde als Quelle das Statistische Bundesamt verwendet, das im Vergleich zu anderen Quellen niedrigere Zahlen ausweist. Da es hier nur um die qualitative Entwicklung im Laufe der Jahre geht, ist die Wahl der Datenquelle hier weniger entscheidend, weil die qualitative Entwicklung überall sehr ähnlich ist.

176 Fenner, Dagmar (2008): Ethik. Wie soll ich handeln? Tübingen, S. 212.

177 Zum Beispiel Hoffmann, Anne F.: "Tugendethik" (Version 1.0 vom 12.07.2018), in: Ethik-Lexikon, online unter: https://www.ethik-lexikon.de/lexikon/tugendethik; Sylke Tempel: Die Welt der Spießer, online unter: https://www.deutschlandfunkkultur.de/die-welt-der-spiesser-100.html. Abgerufen 07.08.2025.

178 Zum Beispiel Nachhaltiger Wohlstand, online unter: https://www.ifo.de/themen/nachhaltiger-wohlstand. Abgerufen 07.08.2025.

179 Regina Kusch und Andreas Beckmann: Mentalitätswandel in Deutschland, online unter: https://www.deutschlandfunk.de/jenseits-von-fleiss-und-puenktlichkeit-mentalitaetswandel-100.html. Abgerufen 07.08.2025.

180 Hennerkes, Brun-Hagen; Augustin, George (2012): Wertewandel mitgestalten: Gut handeln in Gesellschaft und Wirtschaft, Freiburg, S. 322ff und 394ff.

181 René Schlott: "Wir schaffen das!" Vom Entstehen und Nachleben eines Topos, online unter: https://www.bpb.de/shop/zeitschriften/apuz/312826/wir-schaffen-das/. Abgerufen 07.08.2025.

182 Wonneberger, Astrid; Stelzig, Sabina; Weidtmann, Katja; Lölsdorf, Diana (2023): Werte und Wertewandel in der postmigrantischen Gesellschaft, Wiesbaden, S. 1.

183 Stichwort »loyal«, online unter: https://www.duden.de/rechtschreibung/loyal. Abgerufen 07.08.2025.

184 Sprenger, Reinhard K. (2018): Das anständige Unternehmen: Was richtige Führung ausmacht - und was sie weglässt. Deutsche Verlags-Anstalt, München, 3. Auflage, S. 57ff.

185 Rache 2.0. Job-Bewertungsportale sind Spielwiesen für Rachegelüste, online unter: https://www.derstandard.at/story/1276412932132/rache-20-job-bewertungsportale-sind-spielwiesen-fuer-rachegelueste. Abgerufen 07.08.2025.

186 Zum Beispiel Dinsing, Udo (2007): Manager, Führungskräfte und ihre Unfähigkeit, Ulm.

187 »Überheblichkeit ist der stärkste Feind des Respekts«, online unter: https://www.rpi-loccum.de/material/pelikan/pel3-15/3-15_huber. Abgerufen 07.08.2025.

188 Jan Klauth: Deutsche Arbeitnehmer entfremden sich von ihren Unternehmen, online unter: https://www.welt.de/wirtschaft/plus255673708/Job-Deutsche-Arbeitnehmer-entfremden-sich-von-ihren-Unternehmen.html. Abgerufen 07.08.2025.

189 LinkedIn-Beitrag von Marcus Corbisi, online unter: https://www.linkedin.com/posts/marcus-cobisi_deutschland-macht-nur-noch-dienst-nach-vorschrift-activity-7340619638541574147-KRLj?utm_source=share&utm_medium=member_ios&rcm=ACoAAAHCnd0Bdib2Tkjt7_jey-QUByclMhlFkMw. Abgerufen 07.08.2025.

190 Gallup Engagement Index Deutschland 2024, online unter: https://www.gallup.com/de/472028/bericht-zum-engagement-index-deutschland.aspx. Abgerufen 07.08.2025.

191 Gallup Engagement Index Deutschland 2024, online unter: https://www.n-tv.de/ratgeber/Viele-nicht-stolz-auf-Arbeitgeber-article15147.html. Abgerufen 07.08.2025.

192 Julius G. Fiedler: Über 60 Prozent stolz auf ihre Arbeit, online unter: https://www.personalwirtschaft.de/news/hr-organisation/mehrheit-stolz-auf-und-zufrieden-mit-job-97850/. Abgerufen 07.08.2025.

193 Cornelia Grill: Über 60 Prozent stolz auf ihre Arbeit, online unter: https://www.greatplacetowork.at/blog/kennzahlen-zur-mitarbeiterzufriedenheit-im-dach-raum/. Abgerufen 07.08.2025.

194 Martin Tomasik: Ich bin stolz... und damit bin ich nicht alleine, online unter: https://www.psychologie.uzh.ch/de/bereiche/dev/lifespan/erleben/berichte/stolz.html. Abgerufen 07.08.2025.

195 Hofert, Svenja (2018): Agiler führen. Einfache Maßnahmen für bessere Teamarbeit, mehr Leistung und höhere Kreativität, Wiesbaden, 2. Auflage, S. VII. Schöffner, Günther; Hagehülsmann, Ute; Schöffner, Kerstin (2023): Zukunftsfähige Machtsysteme in Unternehmen. Die Verantwortung richtig auf die Beine stellen, Stuttgart, S. 346.

196 Hofert, Svenja (2018): Agiler führen. Einfache Maßnahmen für bessere Teamarbeit, mehr Leistung und höhere Kreativität, 2. Auflage, Wiesbaden, S. 348.

197 Oestereich, Bernd; Schröder, Claudia (2017): Das kollegial geführte Unternehmen. Ideen und Praktiken für die agile Organisation von morgen, München, S. VII.

198 Laloux, Frederic (2024): Reinventing Organizations: Ein Leitfaden zur Gestaltung sinnstiftender Formen der Zusammenarbeit, München, 2. Auflage.

199 Schöffner, Günther; Senne, Petra (2021): Professionelle Zusammenarbeit von Geschäftsführung und Betriebsrat. Ein Praxisleitfaden für Führungskräfte und Manager, Berlin, S. 27.

200 Das Kündigungsschutzgesetz findet nur auf Betriebe Anwendung, die den in § 23 Absatz 1 Satz 3 KSchG genannten Schwellenwert von zehn regelmäßig beschäftigten

Arbeitnehmern überschreiten. Vgl. hierzu zum Beispiel Senne, Petra (2025): Arbeitsrecht. Das Arbeitsverhältnis in der betrieblichen Praxis, 11. Auflage, München, S. 230.

201 Dazu § 1 KSchG, online unter: https://www.gesetze-im-internet.de/kschg/__1.html. Abgerufen 07.08.2025.

202 Telefonische Krankschreibung, online unter: https://www.bundesregierung.de/breg-de/aktuelles/telefonische-krankschreibung-1800026. Abgerufen 07.08.2025.

203 Dazu § 280 BGB, online unter: https://www.gesetze-im-internet.de/bgb/__280.html. Abgerufen 07.08.2025.

204 Dazu § 823 BGB, online unter: https://www.gesetze-im-internet.de/bgb/__823.html. Abgerufen 07.08.2025.

205 Schöffner, Günther; Senne, Petra (2021): Professionelle Zusammenarbeit von Geschäftsführung und Betriebsrat. Ein Praxisleitfaden für Führungskräfte und Manager, Berlin, S. 224.

206 Ebd.

207 Ebd.

208 Stichwort »Fairness«, online unter: https://www.duden.de/rechtschreibung/Fairness. Abgerufen 08.08.2025.

209 Jan Klauth: Deutsche Arbeitnehmer entfremden sich von ihren Unternehmen, online unter: https://www.welt.de/wirtschaft/plus255673708/Job-Deutsche-Arbeitnehmer-entfremden-sich-von-ihren-Unternehmen.html. Abgerufen 08.08.2025.

210 Dazu § 241 BGB, online unter: https://www.gesetze-im-internet.de/bgb/__241.html. Abgerufen 08.08.2025.

211 Isabella Schütz: Loyalität gegenüber dem Arbeitgeber: Eine Schlüsselkomponente der Arbeitsbeziehungen der Zukunft, online unter: https://arbeitsrechthaberei.de/leadership/loyalitaet-gegenueber-dem-arbeitgeber-eine-schluesselkomponente-der-arbeitsbeziehungen-der-zukunft/. Abgerufen 08.08.2025.

212 BAG, 11.12.2003 - 2 AZR 667/02

213 I schaff beim Bosch und halt mei Gosch… , online unter: https://greenspotting.de/i-schaff-beim-bosch-und-halt-mei-gosch/. Abgerufen 08.08.2025.

214 Isabella Schütz: Loyalität gegenüber dem Arbeitgeber: Eine Schlüsselkomponente der Arbeitsbeziehungen der Zukunft, online unter: https://arbeitsrechthaberei.de/leadership/loyalitaet-gegenueber-dem-arbeitgeber-eine-schluesselkomponente-der-arbeitsbeziehungen-der-zukunft/. Abgerufen 08.08.2025.

215 BAG 11.12.2003 - 2 AZR 667/02

216 Rosenstiel, Lutz von (1998): Wertewandel und Kooperation. In: Spieß, Erika (Hrsg.): Formen der Kooperation. Bedingungen und Perspektiven, Göttingen, S. 279-294.

217 Stichwort Blaumachen, online unter: https://www.duden.de/rechtschreibung/blaumachen. Abgerufen 13.08.2025.

218 Manfred Spieker (2021): Subsidiarität. In: Andersen, Uwe;Wichard Woyke (Hrsg.): Handwörterbuch des politischen Systems der Bundesrepublik Deutschland. 8. Auflage, Heidelberg, online unter: https://www.bpb.de/kurz-knapp/lexika/handwoerterbuch-politisches-system/202191/subsidiaritaet/. Abgerufen 13.08.2025.

219 Dazu § 1 SGB V, online unter: https://www.gesetze-im-internet.de/sgb_5/__1.html. Abgerufen 13.08.2025.

220 Politiker und ihre umstrittenen Äußerungen zum Sozialstaat, online unter: https://www.zeit.de/politik/deutschland/2010-02/zitate-hartz. Abgerufen 13.08.2025.

221 78 Prozent der Deutschen machen nur noch Dienst nach Vorschrift, online unter: https://www.handelsblatt.com/karriere/gallup-studie-78-prozent-der-deutschen-machen-nur-noch-dienst-nach-vorschrift/10011299l.html. Abgerufen 13.08.2025.

222 Neuberger, Oswald (2007): Mikropolitik und Moral in Organisationen, 2. Auflage, Stuttgart, S. 191.

223 Ebd, S. 196.

224 78 Prozent der Deutschen machen nur noch Dienst nach Vorschrift, online unter: https://www.handelsblatt.com/karriere/gallup-studie-78-prozent-der-deutschen-machen-nur-noch-dienst-nach-vorschrift/10011299l.html. Abgerufen 13.08.2025.

225 Sprenger, Reinhard K. (2009): Mythos Motivation. Wege aus einer Sackgasse, Frankfurt/New York, S. 26.

226 BAG 11.12.2003 - 2 AZR 667/02

227 Dazu § 263 StGB, online unter: https://www.gesetze-im-internet.de/stgb/__263.html. Abgerufen 14.08.2025.

228 78 Prozent der Deutschen machen nur noch Dienst nach Vorschrift, online unter: https://www.handelsblatt.com/karriere/gallup-studie-78-prozent-der-deutschen-machen-nur-noch-dienst-nach-vorschrift/10011299l.html. Abgerufen 14.08.2025.

229 Dazu Art. 3 GG, online unter: https://www.gesetze-im-internet.de/gg/art_3.html. Abgerufen 14.08.2025.

230 Dazu § 209 SGB IV, online unter: https://www.gesetze-im-internet.de/sgb_9_2018/__209.html. Abgerufen 14.08.2025.

231 Daft, Richard L. (2015): The Leadership Experience, 6th edition, Stamford, S. 239.

232 Dazu Equity Theory nach Adams, online unter: https://welt-der-bwl.de/Equity-Theorie. Abgerufen 14.08.2025.

233 Sandel, Michael J. (2017): Gerechtigkeit. Wie wir das Richtige tun, Berlin, 5. Auflage, S. 214.

234 Lohngerechtigkeit, online unter: https://www.bmfsfj.de/bmfsfj/themen/gleichstellung/frauen-und-arbeitswelt/lohngerechtigkeit. Abgerufen 15.08.2025.

235 20.000 Euro für jeden Volljährigen, online unter: https://www.tagesschau.de/inland/innenpolitik/ostbeauftragter-startkapital-100.html. Abgerufen 15.08.2025.

236 Faust-Scalisi, Mario (2020): Gefühlte Gerechtigkeit. Gerechtigkeit(sempfinden) als Herausforderung für zivilgesellschaftliche Kooperation. Institut für Sozialstrategie, Laichingen, online unter: https://institut-fuer-sozialstrategie.de/2020/11/23/gefuhlte-gerechtigkeit/?utm_source=newsletter&utm_medium=email . Abgerufen 15.08.2025.

237 Weisbach, C. R.; Sonne-Neubacher, P. (2009): Unternehmensethik in der Praxis, München, S.24.

238 Jan Henrich: Hitzewelle: Das sind Ihre Rechte, online unter: https://www.zdfheute.de/ratgeber/hitze-arbeitsplatz-wohnung-rechte-100.html. Abgerufen 15.08.2025.

239 Michael Sittig: Diese Fluggastrechte haben Sie, online unter: https://www.test.de/Fluggastrechte-Der-Weg-zur-Entschaedigung-4667375-0/. Abgerufen 15.08.2025.

240 Pauline Emde: Diese Rechte haben Sie, wenn Sie im Urlaub erkranken, online unter: https://www.handelsblatt.com/karriere/krank-im-urlaub-diese-rechte-haben-sie-wenn-sie-im-urlaub-erkranken/100134596.html. Abgerufen 18.08.2025.

241 Online unter: https://www.aphorismen.de/zitat/3111. Abgerufen 18.08.2025.

242 78 Prozent der Deutschen machen nur noch Dienst nach Vorschrift, online unter: https://www.handelsblatt.com/karriere/gallup-studie-78-prozent-der-deutschen-machen-nur-noch-dienst-nach-vorschrift/100112991.html. Abgerufen 18.08.2025.

243 Schöffner, Günther; Senne, Petra (2021): Professionelle Zusammenarbeit von Geschäftsführung und Betriebsrat. Ein Praxisleitfaden für Führungskräfte und Manager, Berlin, S. 116.

244 Ebd., S. 132.

245 Gabarro, John J.; Kotter, John P. (2005): Managing Your Boss. Harvard Business Review, Januar 2005, Reprint des Originalartikels von 1980.

246 Daft, Richard L. (2015): The Leadership Experience, 6th ed., Stamford (CT), S. 207.

247 Lippmann, Eric (2019): Konfliktmanagement. In: Lippmann, Eric; Pfister, Andres; Jörg, Urs (Hrsg.): Handbuch Angewandte Psychologie für Führungskräfte, 5. Auflage, Berlin, S. 776.

248 Rosenstiel, Lutz von (1998): Wertewandel und Kooperation. In: Spieß, Erika (Hrsg.): Formen der Kooperation. Bedingungen und Perspektiven, Göttingen, S. 279-294.

249 Dazu aktuelle Daten zur Lohnentwicklung, online unter: https://www.bpb.de/kurz-knapp/hintergrund-aktuell/547787/lohnentwicklung-in-deutschland/. Abgerufen 18.08.2025.

250 Ulrich Herbert; Jacob Schönhagen: Vor dem 5. September. Die »Flüchtlingskrise« 2015 im historischen Kontext, online unter: https://www.bpb.de/shop/zeitschriften/apuz/312832/vor-dem-5-september/. Abgerufen 18.08.2025.

251 Scholz zu Corona-Kosten: »Wir können das lange durchhalten«, online unter: https://www.rnd.de/politik/staatsverschuldung-durch-corona-pandemie-scholz-zu-kosten-und-massnahmen-wir-konnen-das-lange-durchhalten-CCAJW2M2YXN7HXO2IPP6T73FRF.html. Abgerufen 18.08.2025.

252 Josef Schmid: Die Soziale Frage: Der Weg zum Wohlfahrtsstaat, online unter: https://www.boell.de/de/2022/03/02/die-soziale-frage-der-weg-zum-wohlfahrtsstaat. Abgerufen 18.08.2025.

253 Bundesministerium für Wohnen, Stadtentwicklung und Bauwesen: Wohngeld plus, online unter: https://www.bmwsb.bund.de/DE/wohnen/wohngeld/wohngeld-plus/wohngeld-plus_node.html. Abgerufen 18.08.2025.

254 SPD-Fraktion im Bundestag: Wir liefern! Unsere Erfolge 2023, online unter: https://www.spdfraktion.de/themen/erfolge-2023. Abgerufen 18.08.2025.

255 BASF-Chef: »Vollkasko-Mentalität« muss ein Ende haben, online unter: https://www.antennemuenster.de/artikel/basf-chef-vollkasko-mentalitaet-muss-ein-ende-haben-1892641.html. Abgerufen 18.08.2025.

256 Tom Afheldt: »Es herrscht eine Vollkasko-Mentalität«, online unter: https://www.ehico.ch/wp-content/uploads/2022/09/EhingerCie_1810-Kundenbrief_09.pdf. Abgerufen 18.08.2025.

257 CDU-Wirtschaftsrat kritisiert »Vollkasko-Mentalität«, online unter: https://www.hasepost.de/cdu-wirtschaftsrat-kritisiert-vollkasko-mentalitaet-344147/. Abgerufen 18.08.2025.

258 Bundesarbeitsgemeinschaft Familienerholung: Urlaubszuschuss, online unter: https://bag-familienerholung.de/urlaubszuschuss/. Abgerufen 18.08.2025.

259 Tom Afheldt: »Es herrscht eine Vollkasko-Mentalität«, online unter: https://www.ehico.ch/wp-content/uploads/2022/09/EhingerCie_1810-Kundenbrief_09.pdf. Abgerufen 18.08.2025.

260 Städtebund kritisiert Vollkaskomentalität der Deutschen, online unter: https://www.spiegel.de/politik/deutschland/staedtebund-geschaeftsfuehrer-kritisiert-vollkaskomentalitaet-der-deutschen-a-1245372.html. Abgerufen 18.08.2025.

261 Marcel Fratzscher: Schluss mit der Vollkaskomentalität der Unternehmen!, online unter: https://www.diw.de/de/diw_01.c.880479.de/nachrichten/schluss_mit_der_vollkaskomentalitaet_der_unternehmen.html. Abgerufen 18.08.2023.

262 Thomas Tuma: Das wahre Deutschland-Problem: Wenn Vollkasko-Denke auf Nanny-Staat trifft, online unter: https://www.focus.de/politik/deutschland/focus-briefing-von-thomas-tuma-das-wahre-deutschland-problem-wenn-vollkasko-denke-auf-nanny-staat-trifft_id_260615430.html. Abgerufen 18.08.2025.

263 Christoph Meyer: Es ist nicht die Aufgabe des Staates, jedem ein bequemes Leben zu finanzieren, online unter: https://www.welt.de/debatte/kommentare/article247535126/Sozialleistungen-Es-ist-nicht-die-Aufgabe-des-Staates-jedem-ein-bequemes-Leben-zu-finanzieren.html. Abgerufen 18.08.2025.

264 Michael Ferber: »In der Schweiz hat sich eine Art Vollkasko-Mentalität entwickelt«, warnt der Präsident des Versicherungsverbands, online unter: https://www.nzz.ch/finanzen/in-der-schweiz-hat-sich-eine-art-vollkasko-mentalitaet-entwickelt-sagt-der-praesident-des-versicherungsverbands-warnend-ld.1777641. Abgerufen 18.08.2025.

265 Hannes Androsch: Weg mit der Vollkasko-Mentalität zum Nulltarif und Aufbruch: Yes, we can do it!, online unter: https://www.aic.co.at/media/news/Androsch_G_62016_1011_22414647720237127024.pdf. Abgerufen 18.08.2025.

266 Wer zur Oberschicht gehört: Ab diesem Einkommen gilt man als reich, online unter: https://www.iwkoeln.de/presse/pressemitteilungen/judith-niehues-maximilian-stockhausen-ab-diesem-einkommen-gilt-man-als-reich.html. Angerufen 18.08.2025.

267 20.000 Euro für jeden Volljährigen, online unter: https://www.tagesschau.de/inland/innenpolitik/ostbeauftragter-startkapital-100.html. Abgerufen 18.08.2025.

268 Rüdiger Maas im Gespräch mit Ute Welty: »Überbehütung hat ähnliche Folgen wie Vernachlässigung«, online unter: https://www.deutschlandfunkkultur.de/kinder-der-generation-alpha-ueberbehuetung-hat-aehnliche-100.html. Abgerufen 18.08.2025.

269 Länder rechnen 2026 mit Deutschlandticket-Kosten von 3,8 Mrd Euro, online unter: https://www.spiegel.de/auto/deutschlandticket-laender-rechnen-2026-mit-

kosten-von-3-8-mrd-euro-a-e7c26657-66dd-41c6-ac73-c4b1991fd727. Abgerufen 19.08.2025.

270 Ein Ticket für ganz Deutschland, online unter: https://www.bundesregierung.de/breg-de/aktuelles/deutschlandticket-2134074. Abgerufen 19.08.2025.

271 Paul Vorreiter: Versinkt die EU in Regulierungswut?, online unter: https://www.tagesschau.de/europawahl/eu/eu-regulierung-100.html. Abgerufen 19.08.2025.

272 Europäische Kommission: Hürden abbauen, Möglichkeiten schaffen, online unter: https://commission.europa.eu/news-and-media/news/bringing-down-barriers-single-market-create-opportunities-all-2025-05-21_de. Abgerufen 19.08.2025.

273 Immer mehr Gesetze, Verordnungen und Normen, online unter: https://www.tagesschau.de/inland/gesellschaft/buerokratie-regelungsdichte-zunahme-100.html . Abgerufen 19.08.2025.

274 Aktuelle Daten zur Bevölkerung – Einwohnerzahl von Deutschland von 1990 bis 2024, online unter: https://de.statista.com/statistik/daten/studie/2861/umfrage/entwicklung-der-gesamtbevoelkerung-deutschlands/. Abgerufen 19.08.2025.

275 Aktuelle Daten zu Erwerbstätige und geleistete Arbeitsstunden 1970-2024, online unter: https://www.sozialpolitik-aktuell.de/files/sozialpolitik-aktuell/_Politikfelder/Arbeitsmarkt/Datensammlung/PDF-Dateien/tabIV46.pdf. Abgerufen 19.08.2025.

276 Aktuelle Daten zu Beschäftigten des öffentlichen Dienstes nach Geschlecht und der Art des Dienst- oder Arbeitsverhältnisses, online unter: https://www.destatis.de/DE/Themen/Staat/Oeffentlicher-Dienst/Tabellen/beschaeftigte-geschlecht.html?nn=212936. Abgerufen 19.08.2025.

277 Thomas Tuma: Das wahre Deutschland-Problem: Wenn Vollkasko-Denke auf Nanny-Staat trifft, online unter: https://www.focus.de/politik/deutschland/focus-briefing-von-thomas-tuma-das-wahre-deutschland-problem-wenn-vollkasko-denke-auf-nanny-staat-trifft_id_260615430.html Abgerufen im Juli 2025.

278 Zitiert nach: https://gutezitate.com/zitat/103952. Abgerufen 19.08.2025.

279 Jonathan Lindenmaier: Kürzungen beim Bürgergeld bleiben vorerst aus, online unter: https://www.augsburger-allgemeine.de/politik/wann-kommen-die-kuerzungen-beim-buergergeld-110402259. Abgerufen 19.08.2025.

280 Zum Beispiel: Basitan Hebbeln: Löst drastische Erhöhung der Beitragsbemessungsgrenze die GKV-Probleme?, online unter: https://www.dasinvestment.com/beitragsbemessungsgrenze-gkv-pkv-christos-pantazis/. Abgerufen 19.08.2025.

281 Weniger schuften, mehr leben: Arbeit ist nicht mehr alles, online unter: https://arbeits-abc.de/weniger-schuften-mehr-leben-warum-menschen-nicht-mehr-arbeiten-wollen/. Abgerufen 19.08.2025.

282 Aktuelle Daten zu Steuereinnahmen aus der Erbschaftsteuer in Deutschland von 2010 bis 2023, online unter: https://de.statista.com/statistik/daten/studie/235806/umfrage/einnahmen-aus-der-erbschaftsteuer/. Abgerufen 19.08.2025.

283 Braun, Reiner (2024): Erben in Deutschland 2015-2024: Volumen, Verteilung und Verwendung, Berlin, S.7.

284 Zum Beispiel Patricia Huber: Mit 40 in Rente: So klappt es mit dem frühen Ruhestand, online unter: https://www.merkur.de/wirtschaft/rente-mit-40-fruehrente-ruhestand-frugalist-geld-sparen-91804324.html. Abgerufen 19.08.2025.

285 Zum Beispiel Jakob Pallinger: Generation Erbe: »Für mich stand nie zur Debatte, neben der Uni noch arbeiten zu müssen«, online unter: https://www.derstandard.de/story/3000000216531/generation-erbe. Abgerufen 19.08.2025.

286 Mehr für Dich. Besser für Deutschland, online unter: https://www.spd.de/service/pressemitteilungen/detail/news/mehr-fuer-dich-besser-fuer-deutschland/17/12/2024. Abgerufen 19.08.2025.

287 So holen Sie möglichst viele freie Tage am Stück für 2025 und 2026 raus, online unter: https://www.br.de/radio/bayern1/brueckentage-104.html; Zum Beispiel Hermann-Josef Tenhagen: So holen Sie am meisten bei Ihrer Steuererklärung raus, online unter: https://www.spiegel.de/wirtschaft/service/so-holen-sie-am-meisten-bei-ihrer-steuererklaerung-raus-a-9a2f4ab9-d457-4b2f-a250-82be679de541; Tipps vom Profi: So holen sie das Maximum für ihren Gebrauchten rau, online unter: https://www.rnd.de/wirtschaft/tipps-vom-profi-so-holen-sie-das-maximum-fur-ihren-gebrauchten-raus-2KIAWFFNZRG5ZF57ZGXU63TT44.html. Abgerufen 19.08.2025.

288 Thorsten Firlus: Anleitung zum Krankfeiern, online unter: https://www.wiwo.de/unternehmen/dienstleister/arbeitsunfaehigkeitsbescheinigungen-anleitung-zum-krankfeiern/22662030.html. Abgerufen 19.08.2025.

289 Aktuelle Daten zu Umfang der Schattenwirtschaft in Deutschland von 2006 bis 2023 und Prognose für 2024, online unter: https://de.statista.com/statistik/daten/studie/20063/umfrage/entwicklung-des-umfangs-der-schattenwirtschaft-seit-1995/. Abgerufen 19.08.2025. Der Wert von 481 Mrd. € für 2024 war vorläufig und basierte auf aktuellen Prognosen. Im Jahr 2023 betrug der Wert 443 Mrd. €.

290 Mehr Geld, mehr Urlaub – Bund und Kommunen einigen sich bei Tarifverhandlung, online unter: https://www.handelsblatt.com/politik/deutschland/oeffentlicher-dienst-mehr-geld-mehr-urlaub-bund-und-kommunen-einigen-sich-bei-tarifverhandlungen/100119412.html. Abgerufen 19.08.2025.

291 Die Ergebnisse der PISA-Studien sind öffentlich verfügbar, z. B. unter https://de.statista.com/statistik/daten/studie/248896/umfrage/pisa-studie-punktzahl-von-deutschland-im-bereich-lesekompetenz/ Abgerufen im Juli 2025. Auf weiteres Anführen dieser Quellen wird hier daher verzichtet.

292 Diedrich, Jennifer; Lewalter, Doris (2023): PISA 2022: die Grundlagen, in: Lewalter, Doris; Diedrich, Jennifer; Goldhammer, Frank; Köller, Olaf; Reiss, Kristina (Hrsg.): PISA 2022. Analyse der Bildungsergebnisse in Deutschland, Münster, S. 27f.

293 Ebd., S. 54.

294 Ebd., S. 19 und 22.

295 Thorsten Mumme: Lehrer warnen: Die Handschrift geht verloren, online unter: https://www.morgenpost.de/printarchiv/politik/article139028546/Lehrer-warnen-Die-Handschrift-geht-verloren.html. Abgerufen 19.08.2025.

296 Ingrid Müller im Gespräch mit Sandra Pfister: »Wer mit der Hand schreibt, merkt sich den Inhalt besser«, online unter: https://www.deutschlandfunk.de/tag-der-handschrift-wer-mit-der-hand-schreibt-merkt-sich-100.html. Abgerufen 19.08.2025.

297 Gen Z verliert eine Fähigkeit, welche die Menschheit seit 5.500 Jahren besitzt, online unter: https://mein-mmo.de/gen-z-verliert-faehigkeit-schreiben-handschrift/. Abgerufen 19.08.2025.

298 Forscherin: Schreiben zu können ist die Voraussetzung fürs Denken, online unter: https://evangelische-zeitung.de/forscherin-schreiben-zu-koennen-ist-die-voraussetzung-fuers-denken. Abgerufen 19.08.2025.

299 Severing, Eckart; Teichler, Ulrich (Hrsg.): Akademisierung der Berufswelt? Berichte zur beruflichen Bildung, Bonn 2013.

300 Pressemitteilung: Anteil der Studierenden an privaten Hochschulen auf 12 % gestiegen, online unter: https://www.destatis.de/DE/Presse/Pressemitteilungen/2023/10/PD23_N054_21.html. Abgerufen 19.08.2025.

301 Zum Beispiel Hochschulen: Sinkendes Niveau durch Privatisierung?, online unter: https://doktorandenforum.de/board/viewtopic.php?t=8460 . Abgerufen 19.08.2025.

302 Ulf Poschardt: Make Economy Great Again: Und damit haben wir die Grundlage für die Wohlstandsvernichtung geschaffen, online unter: https://www.welt.de/politik/deutschland/plus255093166/Make-Economy-Great-Again-Und-damit-haben-wir-die-Grundlage-fuer-die-Wohlstandsvernichtung-geschaffen.html. Abgerufen 19.08.2025.

303 Dazu https://www.aphorismen.de/zitat/104098. Abgerufen 19.08.2025.

304 Winterhoff, Michael (2008): Warum unsere Kinder Tyrannen werden: Oder: Die Abschaffung der Kindheit, Gütersloh.

305 Zum Beispiel Bayerisches Jugendrotkreuz: Kinder an die Macht, online unter: https://jrk-bayern.de/mybaff/artikel/3114. Abgerufen 19.08.2025.

306 Susanne Nickel: Egoismus, Arroganz: Beim Thema Pünktlichkeit zeigt die Gen Z ihre schlechteste Seite, online unter: https://www.focus.de/politik/meinung/beim-thema-puenktlichkeit-zeigt-die-gen-z-ihre-schlechteste-seite_ddca4199-4c1d-4dc1-be2c-bb9744378e0b.html. Abgerufen 19.08.2025.

307 Schöffner, Günther; Hagehülsmann, Ute; Schöffner, Kerstin (2023): Zukunftsfähige Machtsysteme in Unternehmen: Die Verantwortung richtig auf die Beine stellen, Stuttgart, S. 101, 104.

308 Baby an Bord. Autoaufkleber dokumentiert Familie als Sonderfall, online unter: https://www.beliebte-vornamen.de/3194-baby-an-bord.htm. Abgerufen 20.08.2025.

309 Zum Beispiel aktuelle Daten: Welche Aspekte sind in Bezug auf Individualität sehr wichtig?, online unter: https://de.statista.com/statistik/daten/studie/981839/umfrage/umfrage-unter-ausgewaehlten-generationen-zur-bedeutung-von-individualitaet/. Abgerufen 20.08.2025.

310 Schöffner, Günther; Hagehülsmann, Ute; Schöffner, Kerstin (2023): Zukunftsfähige Machtsysteme in Unternehmen: Die Verantwortung richtig auf die Beine stellen, Stuttgart, S. 247.

311 Millionen können nicht richtig Deutsch lesen und schreiben, online unter: https://www.forschung-und-lehre.de/politik/millionen-koennen-nicht-richtig-deutsch-lesen-und-schreiben-1743; Matthias Janson: So viele Deutsche können nicht richtig lesen und schreiben, online unter: https://de.statista.com/infografik/17918/analphabetismus-in-deutschland/. Abgerufen 20.08.2025.

312 Leichte Sprache in den Medien – Chancen und Herausforderungen inklusiver Angebote, online unter: https://www.frankfurterpresseclub.de/leichte-sprache-in-

den-medien-chancen-und-herausforderungen-inklusiver-angebote/. Abgerufen 20.08.2025.

313 Zum Beispiel: Schaumburg: Viele Schulabgänger können nicht richtig schreiben, lesen und rechnen – woran liegt das?, online unter: https://www.szlz.de/lokales/schaumburg/bueckeburg/schaumburg-viele-schulabgaenger-koennen-nicht-richtig-schreiben-lesen-und-rechnen-das-sind-die-XIWRVD5MFBCTJK57YAIAIXJ4EQ.html. Abgerufen 20.08.2025.

314 Carl Bossard: Die jüngste Pisa-Studie zeigt: Das Unbehagen am Lesen steigt. Nun müsste die Schule aktiv werden, online unter: https://bildung-wissen.eu/fachbeitraege/die-juengste-pisa-studie-zeigt-das-unbehagen-am-lesen-steigt-nun-muesste-die-schule-aktiv-werden.html. Abgerufen 20.08.2025.

315 Dramatische Lage an unseren Schulen: »Nur noch 60 Prozent können rechnen und lesen«, online unter: https://www.focus.de/familie/ausbildung/schulen-in-dramatischer-lage-nur-noch-60-prozent-koennen-rechnen-und-lesen_e14b9dac-8586-4d41-b6fa-17afe9c82fc8.html. Abgerufen 20.08.2025.

316 Kerstin Haug: Schülerinnen und Schüler haben keine Lust mehr zu lesen, online unter: https://www.spiegel.de/panorama/bildung/pisa-sonderauswertung-schuelerinnen-und-schueler-habe-keine-lust-mehr-zu-lesen-a-7a8f6bb3-c221-4b61-be9b-a279814c9cc7. Abgerufen 20.08.2025.

317 Carl Bossard: Die jüngste Pisa-Studie zeigt: Das Unbehagen am Lesen steigt. Nun müsste die Schule aktiv werden, online unter: https://bildung-wissen.eu/fachbeitraege/die-juengste-pisa-studie-zeigt-das-unbehagen-am-lesen-steigt-nun-muesste-die-schule-aktiv-werden.html. Abgerufen 20.08.2025.

318 Alexandra Mankarios: Warum der Deutschunterricht viele Jugendliche nicht erreicht, online unter: https://deutsches-schulportal.de/unterricht/warum-der-deutschunterricht-viele-jugendliche-nicht-erreicht/. Abgerufen 20.08.2025.

319 Podcast-Boom hält an, online unter: https://www.podcastfabrik.de/news-referenzen/detail/podcast-boom-haelt-an/. Abgerufen 20.08.2025.

320 Alan Posener: Wer mehr KI an Schulen fordert, hat nicht verstanden, was Bildung ist, online unter: https://www.welt.de/debatte/article255279990/Lehrplaene-Wer-mehr-KI-an-Schulen-fordert-hat-nicht-verstanden-was-Bildung-ist.html. Abgerufen 20.08.2025.

321 Zum Beispiel HELDENFINDER©: Fachkräfte und Employer Branding für den Mittelstand, online unter: https://heldenfinder.de/. Abgerufen 20.08.2025.

322 Daft, Richard L. (2015): The Leadership Experience, 6th edition, Stamford (CT), S. 175-179.

323 Schöffner, Günther (2024): Followership im agilen Zeitalter. Mitarbeiterloyalität und Verantwortungsübernahme als Erfolgsfaktoren, Stuttgart, S. 158.

324 Jennings, Ken; Stahl-Wert, John (2007): Dienen Lernen im Leadership. Mit fünf Grundsätzen zum ›Serving Leader‹, Offenbach, S. 37ff.

325 Schöffner, Günther; Hagehülsmann, Ute; Schöffner, Kerstin (2023): Zukunftsfähige Machtsysteme in Unternehmen: Die Verantwortung richtig auf die Beine stellen, Stuttgart, S. 374.

326 Koch, Thorsten (2022): Die meiste Zeit des Lebens strebt der Mensch vergebens, online unter: https://www.th-wildau.de/files/Bibliothek/Bilder/Bibliothekssymposium/Folien/2022-09-13-Koch-Wildau-Scheitern.pdf, S. 5. Abgerufen 20.08.2025.

327 Jan Klauth: Deutsche Arbeitnehmer entfremden sich von ihren Unternehmen, online unter: https://www.welt.de/wirtschaft/plus255673708/Job-Deutsche-Arbeitnehmer-entfremden-sich-von-ihren-Unternehmen.html. Abgerufen 20.08.2025.

328 Debus, Maike E.; Körner, Barbara. (2018): Überqualifizierung im Kontext organisationaler Karrieren. In Gruppe. Interaktion. Organisation, Vol. 49, S. 34-41, online unter: https://doi.org/10.1007/s11612-018-0400-3. Abgerufen 20.08.2025.

329 Frauke Suhr: Millionen Beschäftigte sind überqualifiziert, online unter: https://de.statista.com/infografik/23162/millionen-beschaeftigte-sind-ueberqualifiziert/. Abgerufen 20.08.2025.

330 EU's employment rate reached almost 76 % in 2024, online unter: https://ec.europa.eu/eurostat/en/web/products-eurostat-news/w/ddn-20250415-1. Abgerufen 20.08.2025.

331 Die Generation Z ist die am besten ausgebildete Generation der Geschichte: Leider ist sie auch die am meisten überqualifizierte auf dem Arbeitsmarkt, online unter: https://mein-mmo.de/generation-z-besten-ausgebildete-ueberqualifizierte-arbeitsmarkt/. Abgerufen 20.08.2025.

332 Jan Klauth: Deutsche Arbeitnehmer entfremden sich von ihren Unternehmen, online unter: https://www.welt.de/wirtschaft/plus255673708/Job-Deutsche-Arbeitnehmer-entfremden-sich-von-ihren-Unternehmen.html. Abgerufen 20.08.2025.

333 Förster, Nikolaus (2017): Meine größte Chance. Wie Fehler uns voranbringen. impulse buch, Hamburg, S. 45. Günther Hartmann: Sündenböcke: Einer der mächtigsten Impulse, online unter: https://www.oekologiepolitik.de/2022/04/06/suendenboecke-einer-der-maechtigsten-impulse/. Abgerufen 20.08.2025.

334 Frank Halbach: Schuld sind immer die anderen! Warum wir einen Sündenbock brauchen, online unter: https://www.br.de/mediathek/podcast/radiowissen/schuld-sind-immer-die-anderen-warum-wir-einen-suendenbock-brauchen/2096910. Abgerufen 20.08.2025.

335 Andrea Seibel: »Sozialneid ist typisch deutsch«, online unter: https://www.welt.de/print/die_welt/wirtschaft/article115660192/Sozialneid-ist-typisch-deutsch.html. Abgerufen 20.08.2025.

336 Schöffner, Günther (2020): Changeprozesse positiv gestalten. Kontinuierliche Veränderungsbereitschaft erzeugen und Widerstände überwinden, Stuttgart, S. 98-100.

337 Andrea Seibel: »Sozialneid ist typisch deutsch«, online unter: https://www.welt.de/print/die_welt/wirtschaft/article115660192/Sozialneid-ist-typisch-deutsch.html. Abgerufen 20.08.2025.

338 Sprenger, Reinhard K. (2013): An der Freiheit des anderen kommt keiner vorbei, Frankfurt/New York, S. 72f.

339 Tabuthema Gehalt: Männer lügen häufiger als Frauen, online unter: https://www.handelsblatt.com/dpa/umfrage-zeigt-unterschiede-tabuthema-gehalt-maenner-luegen-haeufiger-als-frauen/30284346.html. Abgerufen 20.08.2025.

340 Hamm, Ingo (2024): Lust auf Leistung: Wie wir Arbeit (wieder) lieben lernen, München.

341 Ebd.

342 Zum Beispiel Gleicher Lohn für gleiche Arbeit gibt es nur mit einem Tarifvertrag!, online unter: https://wir-fuer-tarif.de/gleicher-lohn-fuer-gleiche-arbeit-gibt-es-nur-mit-einem-tarifvertrag/. Abgerufen 20.08.2025.

343 Wiedereinführung der Vermögensteuer: Ein Evergreen des Wahlkampfs, online unter: https://rsw.beck.de/aktuell/daily/meldung/detail/wiedereinfuehrung-vermoegensteuer-bverfg-wahlkampf; Streit über Erhöhung der Kassenbeiträge, online unter: https://www.tagesschau.de/inland/krankenversicherung-beitraege-100.html. Abgerufen 20.08.2025.

344 »Boomer-Soli« kann deutsches Rentensystem stabilisieren, online unter: https://www.diw.de/de/diw_01.c.967996.de/boomer-soli____kann_deutsches_rentensystem_stabilisieren.html . Abgerufen 20.08.2025.

345 Stichwort Solidarität. In: Schubert, Klaus; Klein, Martina (2020): Das Politiklexikon. 7. Auflage, Bonn: Lizenzausgabe Bundeszentrale für politische Bildung, online unter: https://www.bpb.de/kurz-knapp/lexika/politiklexikon/18209/solidaritaet/. Abgerufen 20.08.2025.

346 Konzern beschließt mit Betriebsrat »Zukunft Volkswagen« – Management soll auf Geld verzichten, online unter: https://www.betriebsrat.de/news/unternehmenskrise/vw-keine-werkschliessungen-aber-abbau-von-35-000-stellen-3650493. Abgerufen 20.08.2025.

347 Manuela Tschida-Swoboda: Was Einstein und Co. nie gesagt haben, online unter: https://www.kleinezeitung.at/kultur/17750811/was-einstein-und-co-nie-gesagt-haben. Abgerufen 21.08.2025.

348 VW-Mitarbeiter kritisieren Konzern-Manager scharf: »Wir müssen alles ausbaden«, online unter: https://www.focus.de/finanzen/autobauer-in-der-krise-vw-mitarbeiter-kritisieren-konzern-manager-scharf-wir-muessen-alles-ausbaden_id_260328217.html. Abgerufen 21.08.2025. Schöffner, Günther (2020): Changeprozesse positiv gestalten. Kontinuierliche Veränderungsbereitschaft erzeugen und Widerstände überwinden, Stuttgart, S. 144.

349 Schöffner, Günther (2024): Followership im agilen Zeitalter. Mitarbeiterloyalität und Verantwortungsübernahme als Erfolgsfaktoren, Stuttgart, S. 7.

350 Dixon, Gene (2008): Getting Together. In: Riggio, Ronald E.; Chaleff, Ira; Lipman-Blumen, Jean (Hrsg.): The Art of Followership. How Great Followers create Great Leaders and Organizations, San Francisco (CA), S. 160.

351 Schöffner, Günther (2024): Followership im agilen Zeitalter. Mitarbeiterloyalität und Verantwortungsübernahme als Erfolgsfaktoren, Stuttgart, S. 18.

352 Ebd., S. 7.

353 Ebd. S. 13 sowie Kelley, Robert (1988). In Praise of Followers. Harvard Business Review, 66, S. 142-148.

354 Schöffner, Günther (2024): Followership im agilen Zeitalter. Mitarbeiterloyalität und Verantwortungsübernahme als Erfolgsfaktoren, Stuttgart, S. 26
355 Ebd., S. 24.
356 Staehle, Wolfgang H. (1999): Management. Eine verhaltenswissenschaftliche Perspektive, 8. Auflage, München, S. 387f.
357 Drucker, Peter F.; Maciariello, Joseph A. (2008): Management, New York, S. 290.
358 Howell, Jon P.; Méndez, María J. (2008): Three Perspectives on Followership. In: Riggio, Ronald E.; Chaleff, Ira; Lipman-Blumen, Jean (Hrsg.): The Art of Followership. How Great Followers create Great Leaders and Organizations, San Francisco (CA), S. 26f.
359 Schöffner, Günther (2024): Followership im agilen Zeitalter. Mitarbeiterloyalität und Verantwortungsübernahme als Erfolgsfaktoren, Stuttgart, S. 63.
360 Chaleff, Ira (2009): The Courageous Follower. Standing up to & for our leaders, Oakland (CA), S. 1-8.
361 Schöffner, Günther (2024): Followership im agilen Zeitalter. Mitarbeiterloyalität und Verantwortungsübernahme als Erfolgsfaktoren, Stuttgart, S. 93.
362 Daft, Richard L. (2015): The Leadership Experience, Stamford, S. 199.
363 Kelley, Robert (1992): The Power of Followership. How to create leaders people want to follow and followers who lead themselves, New York, S. 94.
364 Schöffner, Günther (2024): Followership im agilen Zeitalter. Mitarbeiterloyalität und Verantwortungsübernahme als Erfolgsfaktoren, Stuttgart, S. 94.
365 Kelley, Robert (1988). In Praise of Followers. Harvard Business Review, 66, S. 142-148.
366 Chaleff, Ira (2009): The Courageous Follower. Standing up to & for our leaders, Oakland (CA), S. 19.
367 Schöffner, Günther (2024): Followership im agilen Zeitalter. Mitarbeiterloyalität und Verantwortungsübernahme als Erfolgsfaktoren, Stuttgart, S. 117.
368 Kelley, Robert (1992): The Power of Followership. How to create leaders people want to follow and followers who lead themselves, New York, S. 41.
369 Bennis, Warren (2008): Introduction. In: Riggio, Ronald E.; Chaleff, Ira; Lipman-Blumen, Jean (Hrsg.): The Art of Followership. How Great Followers create Great Leaders and Organizations. Jossey-Bass, San Francisco (CA), S. xxiii.
370 Schöffner, Günther (2024): Followership im agilen Zeitalter. Mitarbeiterloyalität und Verantwortungsübernahme als Erfolgsfaktoren, Stuttgart, S. 56.
371 Ebd., S. 46.
372 Ebd., S. 353.
373 Ebd., S. 200f.
374 Schöffner, Günther; Hagehülsmann, Ute; Schöffner, Kerstin (2023): Zukunftsfähige Machtsysteme in Unternehmen: Die Verantwortung richtig auf die Beine stellen, Stuttgart, S. 261.
375 Kellerman, Barbara (2007): What Every Leader Needs to Know About Followers. In: Harvard Business Review, S. 84-91.
376 Kathrin Saheb: So befreit man Mitarbeiter von überflüssigen und sinnlosen Tätigkeiten, online unter: https://www.capital.de/karriere/so-befreit-man-mitarbeiter-von-ueberfluessigen-und-sinnlosen-taetigkeiten-34943032.html. Abgerufen 22.08.2025.

377 Zum Beispiel Vier-Tage-Woche: smarter arbeiten, online unter: https://www.hr-heute.com/magazin/vier-tage-woche. Abgerufen 22.08.2025.

378 Vgl. etwa Liker, Jeffrey K (2004): The Toyota Way. 14 Management Principles from the World`s Greatest Manufacturer, New York.

379 Gabarro, John J.; Kotter, John P. (2005): Managing Your Boss. Harvard Business Review, Januar 2005 (Reprint des Originals von 1980).

380 Schöffner, Günther; Hagehülsmann, Ute; Schöffner, Kerstin (2023): Zukunftsfähige Machtsysteme in Unternehmen: Die Verantwortung richtig auf die Beine stellen, Stuttgart, S. 263.

381 Daft, Richard L. (2018): Management. Cengage Learning, 13th edition, Boston (MA), S. 515.

382 Daft, Richard L. (2015): The Leadership Experience, Stamford, S. 196.

383 Schöffner, Günther; Hagehülsmann, Ute; Schöffner, Kerstin (2023): Zukunftsfähige Machtsysteme in Unternehmen: Die Verantwortung richtig auf die Beine stellen, Stuttgart, S. 262.

384 Schöffner, Günther (2024): Followership im agilen Zeitalter. Mitarbeiterloyalität und Verantwortungsübernahme als Erfolgsfaktoren, Stuttgart, S.122.

385 Gloger, Boris; Rösner, Dieter (2017): Selbstorganisation braucht Führung. Die einfachen Geheimnisse agilen Managements, 2. Auflage, München, S. 38f.

386 Schulz von Thun, Friedemann (2014): Miteinander reden 1: Störungen und Klärungen, Reinbek bei Hamburg, S. 187.

387 Schöffner, Günther; Hagehülsmann, Ute; Schöffner, Kerstin (2023): Zukunftsfähige Machtsysteme in Unternehmen. Die Verantwortung richtig auf die Beine stellen, Stuttgart, S. 403.

388 Schöffner, Günther (2024): Followership im agilen Zeitalter. Mitarbeiterloyalität und Verantwortungsübernahme als Erfolgsfaktoren, Stuttgart, S. 124.

389 Boris B. Schlegelmilch: BANI statt VUCA: So geht Führung in der Welt von morgen, online unter: https://executiveacademy.at/knowledge/leadership/bani-statt-vuca-so-geht-fuehrung-in-der-welt-von-morgen. Abgerufen 22.08.2025.

390 4 New Work Trends und wie die Pandemie sie beschleunigt hat, online unter: https://www.gigwork.de/magazin/4-new-work-trends-und-warum-die-pandemie-sie-beschleunigt-hat/. Abgerufen 22.08.2025.

391 Homeoffice-Pflicht entfällt ab dem 20. März, online unter: https://www.haufe.de/personal/arbeitsrecht/homeoffice-pflicht-arbeitgeber-muessen-homeoffice-anbieten_76_534798.html. Abgerufen 22.08.2025.

392 Die Generation Z ist im Arbeitsmarkt angekommen, online unter: https://www.doktus.de/die-generation-z-ist-im-arbeitsmarkt-angekommen/. Abgerufen 22.08.2025.

393 Schöffner, Günther; Hagehülsmann, Ute; Schöffner, Kerstin (2023): Zukunftsfähige Machtsysteme in Unternehmen. Die Verantwortung richtig auf die Beine stellen, Stuttgart, S. 40-42.

394 Ebd., S. 304.

395 Ebd., S. 19.

396 Ebd., S. 305.

397 Malik, Fredmund (2007): Management. Das A und O des Handwerks, Frankfurt/New York, S. 31-32.

398 Zum Beispiel Kotter, John P. (2014): Accelerate. Building Strategic Agility for a Faster-Moving World, Boston (MA), S. 61; Daft, Richard L. (2018): Management, 13th edition, Boston (MA), S. 501.

399 Daft, Richard L. (2003): Management. South-Western, 6th edition, Mason (OH), S. 515.

400 Malik, Fredmund (2007): Management. Das A und O des Handwerks, Frankfurt/New York, S. 16.

401 Ebd., S. 24.

402 Alter, Urs; Duméril, Jean-Christophe; Heer, Stefan; Künzli, Hansjörg (2019): Schaffung wissensmäßiger und emotionaler Voraussetzungen für die Zusammenarbeit. In: Lippmann, Eric; Pfister, Andres; Jörg, Urs (Hrsg.): Handbuch Angewandte Psychologie für Führungskräfte. Führungskompetenz und Führungswissen. Band 2, 5. Auflage, Berlin, S. 649.

403 Schöffner, Günther; Hagehülsmann, Ute; Schöffner, Kerstin (2023): Zukunftsfähige Machtsysteme in Unternehmen. Die Verantwortung richtig auf die Beine stellen, Stuttgart, S. 360f.

404 Ullmann, Gisela; Jörg, Urs (2019): Arbeiten in und mit Gruppen. In: Lippmann, Eric; Pfister, Andres; Jörg, Urs (Hrsg.): Handbuch Angewandte Psychologie für Führungskräfte. Führungskompetenz und Führungswissen. Band 1, 5. Auflage, Berlin, S. 418.

405 Schreyögg, Georg; Koch, Jochen (2010): Grundlagen des Managements, Springer Fachmedien, 2. Auflage, Wiesbaden, S. 16-18.

406 Malik, Fredmund (2007): Management. Das A und O des Handwerks, Frankfurt/New York, S. 33.

407 Malik, Fredmund (2009): Führen Leisten Leben. Wirksames Management für eine neue Zeit, Frankfurt/New York, S. 84.

408 Der globale Kampf ums Homeoffice, online unter: https://www.marktundmittelstand.de/personal/der-globale-kampf-ums-homeoffice. Abgerufen 04.09.2025.

409 Drucker, Peter F.; Maciariello, Joseph A. (2008): Management, New York, S. 290.

410 Malik, Fredmund (2007): Management. Das A und O des Handwerks, Frankfurt/New York, S. 52.

411 Steve Jobs' Advice: To Make Everyone Happy, Don't Be a Leader, Sell Ice Cream, online unter: https://yourstory.com/2024/06/steve-jobs-leadership-lessons-ice-cream-analogy. Abgerufen 04.09.2025.

412 Malik, Fredmund (2007): Management. Das A und O des Handwerks. Campus Verlag, Frankfurt/New York, S. 22.

413 Christina Gehrig: Abmahnung und Kündigung wegen Beleidigung von Vorgesetzten oder Kollegen, online unter: https://www.kanzlei-hasselbach.de/blog/abmahnung-kuendigung-wegen-beleidigung/ Abgerufen 04.09.2025.

414 BAG 11.12.2003 – 2 AZR 667/02

415 Schöffner, Günther (2024): Followership im agilen Zeitalter. Mitarbeiterloyalität und Verantwortungsübernahme als Erfolgsfaktoren, Stuttgart, S. 33f.

416 Simon, Walter (2009): GABALs großer Methodenkoffer Führung und Zusammenarbeit, 2. Auflage, Offenbach, S. 351-355; Daft, Richard L. (2015): The Leadership Experience, 6th edition, Stamford (CT), S. S. 14.
417 Drucker, Peter F.; Maciariello, Joseph A. (2008): Management, New York, S. 288.
418 Malik, Fredmund (2009): Führen Leisten Leben. Wirksames Management für eine neue Zeit, Frankfurt/New York, S. 242-256.
419 Drucker, Peter F.; Maciariello, Joseph A. (2008): Management, New York, S. 288.
420 Ebd., S. 289.
421 Malik, Fredmund (2007): Management. Das A und O des Handwerks, Frankfurt/New York, S. 22.
422 Zum Beispiel Kommentar von Beate Willms: Wir sind nicht privilegiert!, online unter: https://www.treffpunkteuropa.de/gen-z-gegen-babyboomer-wer-hat-recht?lang=fr. Abgerufen 04.09.2025.
423 Lucia Schulten: Macron und die NATO: vom »Hirntod« auferstanden, online unter: https://www.dw.com/de/macron-und-die-nato-einst-hirntot-jetzt-wiederbelebt/a-65785909. Abgerufen 04.09.2025.
424 Drucker, Peter F. (1999): Management im 21. Jahrhundert. Econ Verlag, München, 2. Auflage, S. 95 - 97.
425 Daft, Richard L. (2015): The Leadership Experience, 6th edition, Stamford (CT), S. 55.
426 Simon, Fritz B. (2008): Einführung in Systemtheorie und Konstruktivismus, 2. Auflage, Heidelberg, S. 39.
427 Schöffner, Günther (2020): Changeprozesse positiv gestalten. Kontinuierliche Veränderungsbereitschaft erzeugen und Widerstände überwinden, Stuttgart, S. 56.
428 Doppler, Klaus; Fuhrmann, Hellmuth; Lebbe-Waschke, Brigitt; Voigt, Bert (2011): Unternehmenswandel gegen Widerstände. Change Management mit den Menschen, 2. Auflage, Frankfurt/New York, S. 62-69.
429 Malik, Fredmund (2009): Führen Leisten Leben. Wirksames Management für eine neue Zeit, Frankfurt/New York, S. 243.
430 Grubendörfer, Christina (2016): Einführung in systemische Konzepte der Unternehmenskultur, Heidelberg, S. 74.
431 Sprenger, Reinhard, K. (2007): Vertrauen führt. Worauf es im Unternehmen wirklich ankommt, 3. Auflage, Frankfurt/New York, S. 70-78.
432 Drucker, Peter F. (1999): Management im 21. Jahrhundert, 2. Auflage, München, S. 255.
433 Daft, Richard L. (2018): Management, 13th edition, Boston (MA), S. 473.
434 Drucker, Peter F. (1999): Management im 21. Jahrhundert, 2. Auflage, München, S. 255.
435 Staehle, Wolfgang H. (1999): Management. Eine verhaltenswissenschaftliche Perspektive, 8. Auflage, München, S. 387f.
436 Ebd., S. 388.
437 Schöffner, Günther (2024): Followership im agilen Zeitalter. Mitarbeiterloyalität und Verantwortungsübernahme als Erfolgsfaktoren, Stuttgart, S. 62.
438 Malik, Fredmund (2009): Führen Leisten Leben. Wirksames Management für eine neue Zeit. Campus Verlag, Frankfurt/New York, S. 98f.
439 Schöffner, Günther (2024): Followership im agilen Zeitalter. Mitarbeiterloyalität und Verantwortungsübernahme als Erfolgsfaktoren, Stuttgart, S. 63.

440 Ebd., S. 158.

441 Stichwort »loyal«, online unter: https://www.duden.de/rechtschreibung/loyal. Abgerufen 08.09.2025.

442 Chaleff, Ira (2009): The Courageous Follower. Standing up to & for our leaders, Oakland (CA), S. 17.

443 Ebd., S. 7.

444 Schöffner, Günther (2024): Followership im agilen Zeitalter. Mitarbeiterloyalität und Verantwortungsübernahme als Erfolgsfaktoren, Stuttgart, S. 164.

445 Zum Beispiel Mario Kubina: Nach dem Ampel-Aus: Abrechnung im Bundestag, online unter: https://www.br.de/nachrichten/deutschland welt/nach-dem-ampel-aus-abrechnung-im-bundestag,UUItTlw; Hanna Bethke: Schlagabtausch im Bundestag: Stunde der Abrechnung, online unter: https://www.welt.de/politik/deutschland/plus255352102/Schlagabtausch-im-Bundestag-Stunde-der-Abrechnung.html. Abgerufen 08.09.2025.

446 Sprenger, Reinhard K. (2015): Das anständige Unternehmen. Was richtige Führung ausmacht – und was sie weglässt, München, S. 57.

447 Schweinsberg, Klaus (2014): Anständig führen. Acht Erfolgstugenden in Zeiten der Ungewissheit, 2. Auflage, Freiburg im Breisgau, S. 25.

448 Harder, Bernd (2007): Die goldenen Regeln der Menschheit, Augsburg, S. 52f.

449 Dazu Martin Hubert: Eine Geschichte von Gleichheit und Terror, online unter: https://www.deutschlandfunk.de/kommunismus-eine-geschichte-von-gleichheit-und-terror-100.html. Abgerufen 08.09.2025.